완벽함보다는 행복함을 선물합니다

다낭, 호이안
프라이빗 패키지 전문여행사

Vietnam Story

 **베트남스토리**
www.vietnamstory.co.kr

 TALK 베트남스토리

NAVER Daum

네이버, 다음에서 **베트남스토리**를 검색하세요

베트남 스토리는 여행자만큼 여행지도 행복한 책임여행을 만들어 갑니다 Tel | 02)554-6565

책임여행	투명비용	현지직판	에코투어	사회공헌

여행자만큼 여행지도 행복한 여행	여행자 뒤통수 안 치는 합리적 여행비용	베트남 현지법인 운영하며 안전하고 투명한 여행	환경을 덜 해치고 동물이 불편하지 않은 여행	더불어 행복한 세상을 우 수익 10% 사회공헌

다낭 홀리데이

다낭 홀리데이

2017년 11월 22일 초판 3쇄 펴냄
2019년 2월 28일 개정판 1쇄 펴냄

지은이 박솔희
발행인 김산환
책임편집 윤소영
디자인 기조숙
지도 글터
영업 마케팅 정용범
펴낸곳 꿈의지도
인쇄 두성 P&L
종이 월드페이퍼

주소 경기도 파주시 경의로 1100, 604호
전화 070-7535-9416
팩스 031-947-1530
홈페이지 www.dreammap.co.kr
출판등록 2009년 10월 12일 제82호

ISBN 979-11-89469-31-3-14980
ISBN 979-11-86581-33-9-14980(세트)

지은이와 꿈의지도 허락 없이는 어떠한 형태로도 이 책의 전부, 또는 일부를 이용할 수 없습니다.
※ 잘못된 책은 구입한 곳에서 바꿀 수 있습니다.

DA NANG
다낭 홀리데이

글 · 사진 박솔희

꿈의지도

프롤로그

이렇게 뜨거운 여행지가 또 있었던가? 2016년 한국인 방문객이 가장 많이 늘어난 도시 1위에 빛나는 다낭은 베트남 중부의 보석 같은 휴양지다. 한국 중에서도 제주는 좀 다르듯이 다낭은 베트남이면서도 베트남이 아닌 곳이다. 베트남 사람들도 여행하고 싶어 하는 휴양지로 손꼽히는 '베트남의 하와이' 다낭. 2015년 봄 처음 다낭을 찾으며 포털사이트에 '다낭'을 검색하면 나오는 거라고는 '다낭...성 난소 증후군' 뿐이었는데, 이제 다낭은 명실상부 최고 인기의 가족 여행지로 자리 잡았다.

샌프란시스코에 심장을 두고 왔다는 그 유명한 노래처럼 어떤 도시에 심장을 남기고 올 수 있다면 내 심장은 아마 다낭에서 뛰고 있을 것이다. 처음 간 다낭에 온통 마음을 빼앗긴 나머지 기회가 될 때마다 베트남을 찾았고, 베트남어를 배우고 베트남의 역사도 공부했다. 하지만 그럴수록 베트남에 대한 정보가 부족함을 절감했다. 사실 확인이 힘든 해외 특성상 인터넷에서는 잘못된 내용이 일파만파 떠돌고, 여행 가이드들도 제대로 모르는 내용이 많았다. 다낭이 너무 단기간에 급속도로 떠오르다 보니, 베트남에 대한 깊이 있는 지식은 물론이고 간단한 여행 정보조차 많이 부족한 상황이었다. 답답한 거 못 참는 오지라퍼인데다가 베트남 홀릭, 다낭 중독자인 내가 〈다낭 홀리데이〉를 쓰게 된 것은 자연스러운 수순이었.

다낭에서 시작해 여러 차례 하노이, 호찌민, 냐짱 등 베트남의 도시들을 다녀봤다. 각 도시마다 특징과 매력이 있지만 내게는 다낭만한 곳이 없었다. 하노이처럼 택시 바가지도 없고 호찌민처럼 교통 체증과 오토바이 매연이 극심하지 않은 것도 좋았지만(물론 다낭도 점점 도시가 커지면서 복잡해지고 있다) 무엇보다 다낭 사람들이 좋았던 것 같다. 조금은 시크한 남쪽 사람들이나, 다소 거칠고 실리에 밝은 북쪽 사람들과 달리 다낭 사람들은 참 순박하고, 친절했다.

어린 시절 외갓집처럼 언제든 편안하게 찾아갈 수 있는 여행지를 하나쯤 품고 살 수 있다면, 외국에 그런 곳을 가질 수 있다면 더없이 황홀하리라. 4시간 남짓 거리의 가까운 해외인 다낭은 그렇게 제2의 고향으로 삼기에 딱이다. 다낭을 그렇게 여러 번 가고도 신혼여행까지 또 다낭으로 간 나를 포함하여!

그리하여 나에게 제2의 고향인 다낭 여행에 대한 책을 세상에 내놓게 되었다. 웬만한 로컬보다 낫다고 자부하는 현지 정보와 네트워크를 풀가동하면서도 여행자의 시선을 놓치지 않으려고 애썼다. 초록창이 자동 완성해준 '다낭...성 난소 증후군'의 황망함을 잊지 않고 여행자들이 가장 알고 싶어 하는 정보를 꼼꼼히 챙겼다. 한국어로 된 자료에는 한계가 있어 영문 자료도 많이 뒤졌고 중국어보다 어려운 6가지 성조의 베트남어를 더듬더듬 공부해가며 숱하게 구글 번역기를 돌렸다. 다낭에 살고 계신 교민과 베트남에서 살다 온 친구, 베트남인 친구들을 끊임없이 귀찮게 하면서 이 책을 썼다.

베트남은 한국만큼이나 역동적인 나라다. 특히 새로이 개발되고 있는 젊은 도시 다낭은 무섭게 발전하는 중이다. 2015년부터 매년 다낭을 드나들며 축적한 내공과 2019년의 최신 정보를 최대한 반영하였으나 물가를 비롯하여 변화가 심할 것으로 예상된다. 블로그나 이메일(solheethedoer@gmail.com)을 통해 제보해주시면 확인 후 가장 빠르고 정확하게 반영할 수 있도록 노력할 것이다. 최신 정보나, 지면 관계상 책에 다 담지 못한 내용은 다낭여행 전문 블로그 베짱이닷넷(bezzangi.net)을 통해 업로드해 나가고자 한다. 무엇보다 다낭 교민의 마인드로 수시로 다낭을 드나들고 있으며 현지 소식도 계속해서 접하기 때문에, 시간이 지날수록 빛이 바래는 것이 아니라 더욱 빛이 나는 가이드북으로 업데이트해 나가고자 한다.

Special Thanks to
스물두 살 때 내일로 기차여행 가이드북으로 데뷔한 이래 복이 많아 매년 책을 냈다. 책을 낼 때마다 느끼는 거지만 정말로 많은 빚을 지게 된다. 매번 귀한 기회를 주시는 김산환 대표님과 작업을 함께 해주신 편집자님께 감사하다. 취재를 도와준 다낭·호이안·후에·랑꼬의 모든 관계자들께도 감사하다. 일일이 열거할 수가 없어 생략한다.

제주에서 **박솔희**

〈다낭 홀리데이〉 100배 활용법

다낭 여행 가이드로 〈다낭 홀리데이〉를 선택하셨군요. '굿 초이스'입니다.
다낭, 호이안, 후에에서 뭘 보고, 뭘 먹고, 뭘 하고, 어디서 자야 할지 더 이상 고민하지 마세요.
친절하고 꼼꼼한 베테랑 〈다낭 홀리데이〉와 함께라면 당신의 다낭 여행이 완벽해집니다.

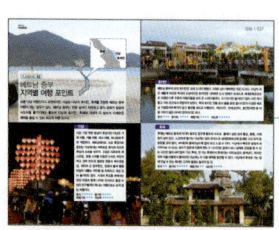

1) 다낭을 꿈꾸다
❶ STEP 01 » PREVIEW를 먼저 펼쳐보세요. 청명한 풍광의 다낭, 반짝반짝한 호이안, 예스러운 후에에서 꼭 즐겨야 할 것, 먹어야 할 것들을 안내합니다. 놓쳐서는 안 될 핵심 요소들을 사진으로 만나보세요.

2) 여행 스타일 정하기
❷ STEP 02 » PLANNING을 보면서 나의 여행 스타일을 정해보세요. 각 지역별 스타일을 통해 여행의 틀을 잡고, 알찬 여행을 보내기 위한 다양한 일정과 최대한으로 시간을 활용할 수 있는 여행 방법에 대해 소개합니다.

3) 할 것, 먹을 것, 살 것 고르기
여행의 밑그림을 그렸다면 구체적으로 여행을 알차게 채워갈 단계입니다.
❸ STEP 03 » ENJOYING에서 ❹ STEP 04 » EATING, ❺ STEP 05 » SHOPPING까지 펜과 포스트잇을 들고 꼼꼼히 체크해보세요. 숨 막히는 자연 경관 포인트, 유네스코 문화 유적, 베트남 중부의 특색을 갖춘 레스토랑, 꼭 사야 할 쇼핑 목록을 미리 찜해 놓으면 됩니다.

4) 숙소 정하기
여행 스타일과 동선에 맞는 숙박 시설이 무엇인지 고려해보세요. 휴양에 오롯이 집중할 수 있는 고급스러운 다낭 리조트부터, 고대도시의 정취를 담은 호이안의 부티크 호텔, 입출국날 이용할 수 있는 가성비 좋은 호텔까지 다양한 형태의 숙소가 있습니다.
⑥ STEP 06 » SLEEPING 에서 꼼꼼 비교 분석해두었습니다.

5) 지역별 일정 짜기
여행의 콘셉트와 목적지를 정했다면 이제 지역별로 묶어 동선을 짜봅시다. ⑦ DANANG BY AREA 에서 다낭과 호이안, 후에에서 추천하는 명소와 효율적으로 돌아볼 수 있는 이동경로를 제시하여 일정을 짜는 것이 수월해집니다.

6) D-day 미션 클리어
여행 일정까지 완성했다면 책 마지막의
⑧ 여행준비 컨설팅 을 보면서 혹시 빠뜨린 것은 없는지 챙겨보세요. 여행 80일 전부터 출발 당일까지 날짜별로 챙겨야 할 것들이 리스트 업 되어 있습니다.

7) 홀리데이와 최고의 여행 즐기기
이제 모든 여행 준비가 끝났으니 〈다낭 홀리데이〉가 필요 없어진 걸까요? 여행에서 돌아올 때까지 내려놓아서는 안 돼요. 여행 일정이 틀어지거나 계획하지 않은 모험을 즐기고 싶다면 언제라도 〈다낭 홀리데이〉를 펼쳐야 하니까요. 〈다낭 홀리데이〉는 당신의 여행을 끝까지 책임집니다.

※ 일러두기
호텔 객실료는 예약 경로에 따라 차이가 많이 난다. 〈다낭 홀리데이〉에서는 여행자들이 실질적으로 예약하는 금액에 가까운 정보를 제시하기 위해 호텔 예약비교 사이트(호텔스컴바인)에 나오는 평균 최저가를 기준으로 객실료를 표기했다. 2019년 1월 기준 성인 2인 조식 포함, 무료 취소 가능 요금을 기준으로 했다. 모든 요금에는 봉사료 5%와 세금 10%가 가산될 수 있다.

CONTENTS

©tourism.danang.vn
©Nguyen Trung Thu

- 010 프롤로그
- 012 100배 활용법
- 017 베트남 전도

DANANG BY STEP
여행 준비 & 하이라이트

STEP 01
PREVIEW
다낭을 꿈꾸다
018

- 020 01 다낭 MUST SEE
- 024 02 다낭 MUST DO
- 028 03 다낭 MUST EAT

STEP 02
PLANNING
다낭을 그리다
030

- 032 01 동남아의 가장 핫한 휴양지, '다낭'은 어떤 곳일까?
- 036 02 베트남 중부 지역별 여행 포인트
- 038 03 언제 가면 좋을까? 다낭의 날씨와 절기
- 040 04 따라만 가면 되는 기본 코스와 예산
- 046 05 패키지 갈까 말까? 에어텔과 옵션 투어 백배 활용하기

STEP 03
ENJOYING
다낭을 즐기다
048

- *050* 01 하늘과 바다, 산의 숨 막히는 비경
- *052* 02 깨끗하고 안전한 베트남, 다낭 시티
- *054* 03 유네스코가 인정한 유적지 탐방
- *056* 04 성지순례, DMZ, 다크투어 등 특별한 투어
- *058* 05 지금 가장 트렌디한 다낭 여행

STEP 04
EATING
다낭을 먹다
060

- *062* 01 세계에서 제일 맛있는 베트남 음식
- *065* 02 미식의 천국 호이안의 대표 음식들
- *066* 03 황제의 밥상과 서민의 국수, 후에 음식
- *068* 04 베트남 열대 과일 가이드
- *070* 05 커피와 맥주, 다낭의 마실 거리

STEP 05
SHOPPING
다낭을 남기다
072

- *074* 01 다낭을 추억하는 기념품 백과사전
- *076* 02 뻔하지 않은 기념품 사기 노하우
- *078* 03 마트 쇼핑 3파전: 롯데마트 vs 빅씨 vs 빈컴 플라자

STEP 06
SLEEPING
다낭에서 자다
080

- *082* 01 다낭의 숙소에 대한 Q&A
- *084* 02 여행 스타일별 리조트 선택 가이드
- *088* 03 리조트 제대로 누리는 호텔 용어 사전

DANANG BY AREA
다낭 지역별 가이드

01 다낭
092

094	PREVIEW
095	BEST OF BEST
096	GET AROUND
098	ONE FINE DAY
100	MAP
104	ENJOY
132	EAT
154	BUY
158	SLEEP

02 호이안
180

182	PREVIEW
183	BEST OF BEST
184	GET AROUND
186	ONE FINE DAY
188	MAP
190	ENJOY
212	EAT
222	BUY
226	SLEEP

03 후에
236

238	PREVIEW
239	BEST OF BEST
240	GET AROUND
244	ONE FINE DAY
246	MAP
250	ENJOY
275	EAT
282	BUY
284	SLEEP
290	여행준비 컨설팅
304	인덱스

Step 01
PREVIEW

다낭을 꿈꾸다

01 다낭 MUST SEE
02 다낭 MUST DO
03 다낭 MUST EAT

STEP 01
PREVIEW

1 세계 6대 아름다운 해변에 꼽히는 미케 비치(104p)

PREVIEW 01
다낭 MUST SEE

4 베트남 최대 크기 불상이 있는 린응사의 일몰(106p)

2 바다와 구름이 만나 이룬 절경, 하이반 고개(117p)

3 대리석 산 응우한선에서 내려다보는 다낭 전경(118p)

기나긴 해안선을 따라 눈부신 화이트샌드 비치가 펼쳐져 있고, 베트남 최대 크기의 불상과 불과 물을 번갈아 뿜는 용의 라이브 쇼는 오직 다낭에서만 볼 수 있다. 형형색색 등불이 밝혀주는 고대 도시 호이안의 밤과 황제들의 도시 후에의 위엄도 놓치지 말자.

5 호텔 루프톱 바에서 감상하는 다낭 시내 야경(147p)

STEP 01
PREVIEW

⑥ 베트남의 겨울을 느낄 수 있는
해발 1,487m 바나 힐스(120p)

⑦ 용의 입에서 물과 불이 나오는
진기명기 꺼우롱 불쇼(111p)

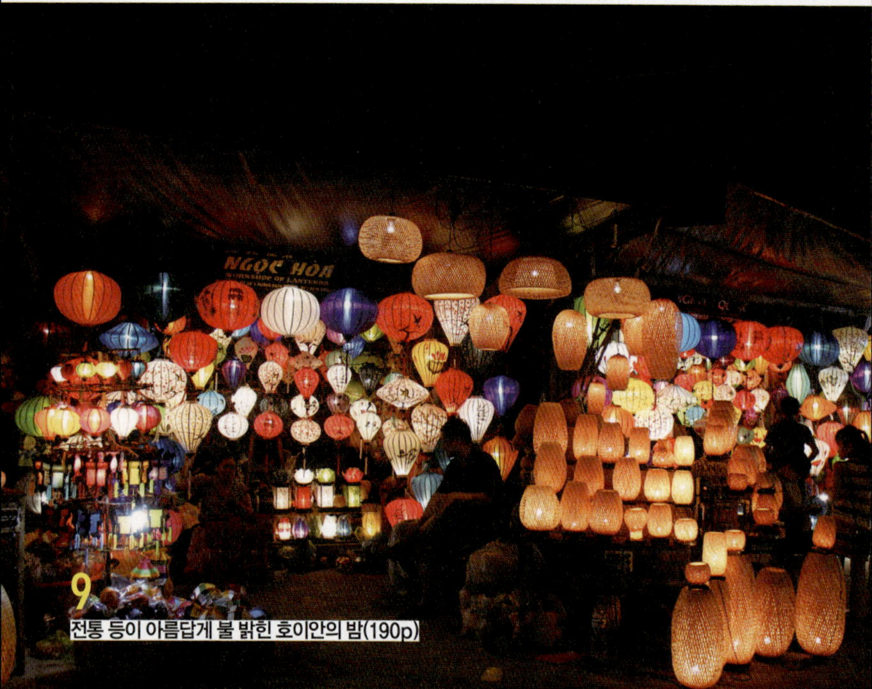

⑨ 전통 등이 아름답게 불 밝힌 호이안의 밤(190p)

8 현지인의 삶을 엿보는
재래시장 탐방(113p)

10 황제의 도시, 베트남의 자존심 후에의 황궁과 황릉들(250p)

STEP 01
PREVIEW

PREVIEW 02
다낭
MUST DO

다낭의 초특급 리조트에서
느긋하게 여유를 즐기다가,
해가 지면 전통 등이 휘황찬란한
고대 도시 호이안에서 시클로를 타고
투본강에 소원등도 띄워보자.
베트남의 마지막 황도 후에에서는
황제의 밥상을 받아보는
로얄 다이닝 체험도 해볼 수 있다.

1 스파, 풀, 비치 삼박자로 완벽한 휴양 누리기(158p)

3 서핑? 패러세일링?
워터 스포츠 맘껏 즐기기(122p)

4 기네스북 기록에 빛나는 세계 최장
바나 힐스 케이블카 타기(120p)

2 끝도 없이 펼쳐진 다낭의 해변 밤산책(104p)

5 다낭 시내를 한눈에 내려다보는
선휠 관람차 타보기(114p)

STEP 01
PREVIEW

6 오토바이 택시와 시클로 타보기(097p)

7 호이안 농촌 체험 에코투어(203p)

9 투본강에 소원등 띄우기(190p)

8 내가 만들어 먹는 쿠킹 클래스(204p)

10 황제의 밥상, 로얄 다이닝 체험하기(276p)

STEP 01
PREVIEW

착한 가격에 즐기는
세계 음식 (064p)

쌀국수만 있는 게 아냐, 다낭 국수
미꽝 (062p)

PREVIEW 03
다낭 MUST EAT

베트남 음식의 대표주자 쌀국수를 다낭 버전으로 맛보고,
미식의 천국 호이안에서는 전통음식을 맘껏 즐겨보자.
인터내셔널 레벨의 맛과 퀄리티에,
가격은 베트남 로컬 수준이니 그저 감동, 감탄!

얼큰한 후에 국수
분보후에 (066p)

담백한 호이안 국수
까오러우 (065p)

고소한 계란부침개
반쎄오 (065p)

이름도 생김도 예쁜 '화이트 로즈'
반바오반박 (065p)

바삭하게 튀긴 완탄
호안탄찌엔 (065p)

베트남 사람들의 데일리 반찬, '모닝글로리'
라오멍사오 (062p)

코코넛보다 사탕수수
느억미아 (071p)

달달 시원한 아이스 연유 커피
카페 스어다 (071p)

Step 02
PLANNING

다낭을 그리다

01 동남아의 가장 핫한 휴양지, '다낭'은 어떤 곳일까?
02 베트남 중부 지역별 여행 포인트
03 언제 가면 좋을까? 다낭의 날씨와 절기
04 따라만 가면 되는 기본 코스와 예산
05 패키지 갈까 말까? 에어텔과 옵션 투어 백배 활용하기

PLANNING 01

동남아의 가장 핫한 휴양지, '다낭'은 어떤 곳일까?

한국인 방문 증가율 세계 1위! 최근 인기 여행지로 급부상한 다낭은 베트남 중부의 항구도시로, 호찌민과 하노이, 하이퐁에 이어 베트남 4위의 경제 규모를 가진 상업도시다.

리조트

다낭이 위치한 베트남 중부 지역은 한때 북베트남의 사이공으로 불릴 만큼 경제적으로 번영했으나 베트남전에서 집중 포화를 받으며 황폐해졌다. 하지만 해안선의 길이가 50km에 달하는 눈부신 화이트 비치와 유네스코 세계문화유산으로 지정된 고대도시 호이안, 황제의 도시 후에 등 수준 높은 관광자원 덕분에 고급 리조트 타운으로 재탄생했다. 착한 물가와 친절한 사람들 덕분에 더욱 기분 좋은 휴양을 즐길 수 있는 다낭은 '베트남의 하와이', '베트남의 마이애미'로 불리며 폭발적인 성장세를 보이고 있다.

오무五無의 도시

다낭은 예로부터 '도둑, 문맹자, 극빈자, 거지, 마약 소지자'가 없는 '오무'의 도시라 불렸다. 정부 차원에서도 다낭을 안전한 고급 휴양지로 만드려는 의지를 보이고 있어 치안이 안전하고 살기 좋다. 베트남의 다른 지역에 비해서도 깨끗하고 안전해 가족 여행지로 적합하며, 베트남 사람들에게도 인기 있는 휴가지다. 베트남의 다른 도시에서 극성을 부리는 택시 바가지나 마약, 성매매 같은 문제를 찾아보기 어려워 여행 초보라도 걱정 없이 떠날 수 있다.

저가 항공 LCC

다낭이 한국에서 단기간에 급격히 인기를 얻게 된 데는 가까운 거리와 저렴한 항공료가 한몫했다. 4시간 30분 비행이면 눈부시게 이국적인 다낭의 풍광을 마주할 수 있고, 'LCC Low Cost Carrier' 즉, 저비용 항공사들이 다낭에 줄줄이 취항하면서 항공요금이 뚝 떨어졌다. LCC는 일반적인 풀서비스 항공사(FSC Full Service Carrier)에 비해서 기내 서비스나 좌석 간격, 수하물 허용량 등을 줄이는 대신 가격을 낮췄다. 4~5시간 정도의 비행에는 큰 불편이 없는 데다 저렴한 가격이 매력. 50만 원가량의 다낭 왕복 항공권이 2015년 이후 LCC가 대거 취항하며 20~40만 원대로 착해졌고, 운 좋으면 10만 원대 특가 티켓도 구입할 수 있으니 마음부터 가볍다.

미케 비치

다낭 휴양의 상징이라면 단연 눈부신 화이트 비치가 아닐까? 포브스지가 '세계에서 럭셔리한 6대 해변'으로 선정한 것으로 유명세를 얻은 다낭의 해변은 모래가 곱고 수심이 얕아 사계절 물놀이하기에 좋다. 다낭의 비치를 흔히 미케 비치라고 부르는데, 베트남의 동쪽 해안선을 따라 수십 킬로미터에 걸쳐 해안선이 이어진다. 북으로는 랑꼬의 하이반 고개, 남으로는 논느억 비치를 지나 호이안으로 연결되는 다낭의 해안선은 길이가 90km에 달해 시야가 탁 트이는 것 또한 매력. 파도가 적당해 베트남 최고의 서핑 해변으로도 꼽힌다.

한강

베트남에도 한강이 흐른다. 현지어로는 쏭 한 Sông Hàn인 다낭의 한강은 다낭 시내를 동서로 가로지르며 아름다운 리버 뷰를 선사한다. 다낭과 서울의 한복판을 가로지르는 강 이름이 같은 것은 우연이지만 한국과 베트남의 깊은 관계는 필연이다. 베트남 GDP의 5% 이상을 차지하는 것이 삼성과 그 계열사라고 할 정도로 한국 기업이 베트남에 많이 진출해 있으며, 교역량도 계속해서 늘고 있다. 젊은이들은 한류에 열광하며 한국인에게 우호적이고, 이념 대립으로 인한 동족상잔의 전쟁이라는 비슷한 역사를 공유하고 있어 동질감이 들기도 한다.

까오다이

베트남에는 까오다이교라는 특이한 종교가 있다. 도교, 불교, 기독교, 유교, 이슬람교 및 베트남 민간 신앙이 혼합된 신흥 종교로 종교 간의 화해와 통합을 지향한다. 신도 수가 많지는 않지만 까오다이의 정신은 실용적이고 포용적인 베트남인의 특징을 잘 보여준다. 베트남은 본래 다민족 국가로 다양한 문화가 섞여 있으며, 국경을 맞댄 중국의 영향과 식민지 시절 프랑스의 영향이 언어, 음식, 건축 양식 등에 골고루 남아 있다. 중부에 위치한 다낭은 다소 거센 북베트남과 도도한 남베트남 사이에 있어서인지 사람들이 순하며 까오다이적인 포용의 정신이 잘 나타난다.

다. 베트남 여행에서 택시만 잘 타면 절반은 성공이라는 말이 있을 정도로 택시 바가지가 극성이지만, 다낭은 다른 지역과 달리 안전한데다 회사 택시만 이용하면 문제가 없다. 현지인들은 오토바이를 가장 많이 이용한다. 오토바이 1대에 온 가족이 올라탄 풍경도 심심찮게 볼 수 있다. 끝없는 오토바이의 행렬은 베트남의 상징적인 풍경이기도 하다.

택시와 오토바이

베트남에서 대중적인 교통수단은 택시와 오토바이다. 특히 교통체계가 발달하지 않은 다낭 여행에서는 택시가 정답. 가장 편하고 빠르며 안전하

유네스코 세계문화유산

다낭 여행이 더욱 매력적인 이유는 30분 거리의 호이안과 3시간 거리의 후에에서 만날 수 있는 역사 유적지에 있다. 휴양을 목적으로 하지 않는 배낭여행자들은 다낭을 건너뛰더라도 호이안과 후에는 꼭 방문할 정도로 볼거리가 많다. 도시 전체가 유네스코 세계문화유산으로 지정된 호이안은 다행히도 베트남전의 포화를 피해 고대 도시의 원형을 보존하고 있고, 후에의 황궁과 황릉은 우리나라 경주의 유적지에 비견되는 위엄으로 여행자들을 유혹한다.

STEP 02
PLANNING

PLANNING 02
베트남 중부
지역별 여행 포인트

보통 다낭 여행간다고 표현하지만 사실상 다낭과 호이안, 후에를 포함한 베트남 중부 여행이 되는 경우가 많다. 베트남 중부는 연중 날씨가 따뜻하고 음식 문화가 발달해 식도락을 즐기기에도 좋으며 다낭과 호이안, 후에의 개성이 다 달라서 다채로운 매력을 즐길 수 있는 최고의 여행 코스다.

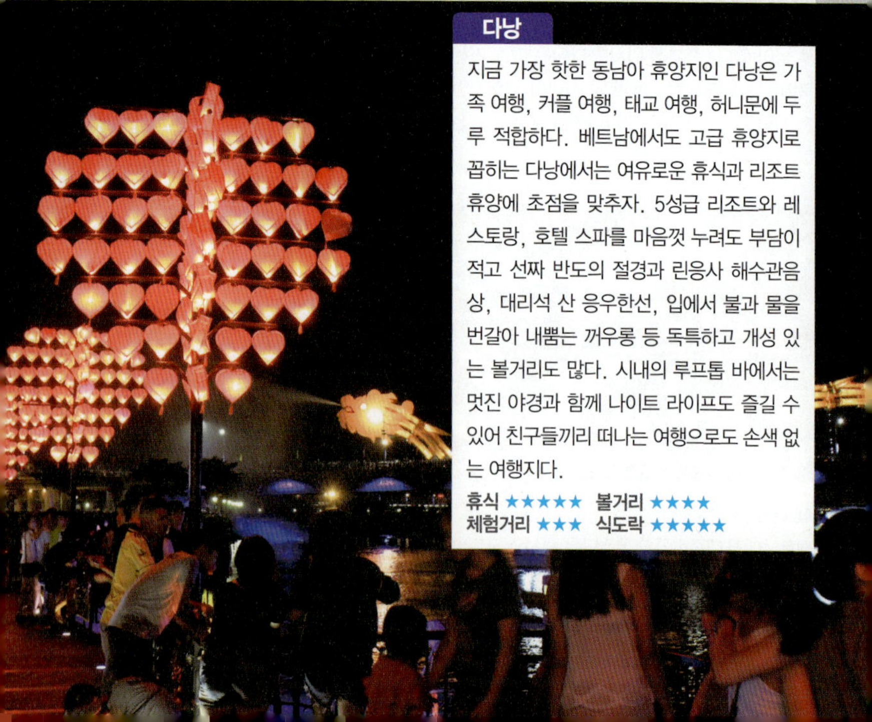

다낭

지금 가장 핫한 동남아 휴양지인 다낭은 가족 여행, 커플 여행, 태교 여행, 허니문에 두루 적합하다. 베트남에서도 고급 휴양지로 꼽히는 다낭에서는 여유로운 휴식과 리조트 휴양에 초점을 맞추자. 5성급 리조트와 레스토랑, 호텔 스파를 마음껏 누려도 부담이 적고 선짜 반도의 절경과 린응사 해수관음상, 대리석 산 응우한선, 입에서 불과 물을 번갈아 내뿜는 꺼우롱 등 독특하고 개성 있는 볼거리도 많다. 시내의 루프톱 바에서는 멋진 야경과 함께 나이트 라이프도 즐길 수 있어 친구들끼리 떠나는 여행으로도 손색 없는 여행지다.

휴식 ★★★★★ 볼거리 ★★★★
체험거리 ★★★ 식도락 ★★★★★

호이안

베트남 중부의 보석 호이안은 고대 도시의 원형이 그대로 남아 매력적인 작은 도시다. 다낭이 최근 새롭게 떠오른 럭셔리 신상이라면 호이안은 1999년 도시 전체가 유네스코 세계문화유산으로 지정된 이후 꾸준히 여행자들을 맞아 온 스테디셀러다. 아기자기한 볼거리가 많아 사진 찍기 좋고 거리 곳곳에서 취향저격 당한다. 특히 호이안 전통 등이 불을 밝힌 올드타운의 야경은 베트남 기념엽서에 빠지지 않고 등장할 정도로 아름답다. 까오러우, 반바오반박, 호안탄찌엔 등 먹을거리가 많은 미식의 천국이기도 하다.

휴식 ★★★ **볼거리** ★★★★ **체험거리** ★★★★ **식도락** ★★★★★

후에

후에는 베트남 왕국의 마지막 왕조인 응우옌 황조의 수도로, 황제가 살던 성과 황궁, 황릉, 사원 등이 남아 있다. 느긋하게 즐기는 다낭과는 달리 유네스코 세계문화유산에 등재된 고대 유적 등 방문할 곳이 많아, 부지런히 돌아다닐수록 많이 보고 느낄 수 있다. 다낭에서 빠듯한 일정의 데이투어로 다녀오는 경우가 많은데 이동에 편도 2~3시간은 걸리다 보니 실제로 관광을 할 수 있는 시간은 얼마 되지 않아 '가도 후회, 안 가도 후회라서 후에'라는 식의 농담도 생겨났다. 하지만 하루 이틀 머물면서 둘러보면 다낭과는 또 다른 매력을 발견할 수 있다. 다낭에서 후에로 가는 길에 만날 수 있는 하이반 고개의 절경도 놓치지 말 것.

휴식 ★★ **볼거리** ★★★★★ **체험거리** ★★ **식도락** ★★★★

PLANNING 03

언제 가면 좋을까?
다낭의 날씨와 절기

동남아라고 해서 1년 내내 해가 쨍쨍할 거라는 생각은 오산! 한국의 사계절 평균보다는 훨씬 따뜻하지만, 겨울철에는 해수욕을 하기 어려울 만큼 쌀쌀할 때도 있기 때문에 미리 날씨 확인은 필수다.

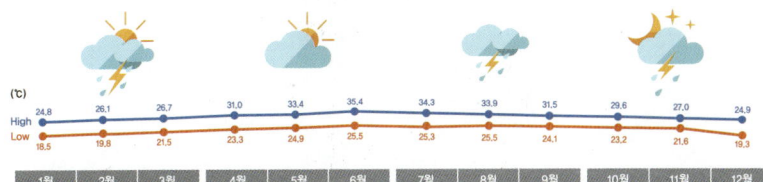

날씨

다낭은 연평균 기온이 28~29℃에 달하며 연중 따뜻하고 맑아 여행하기 좋다. 건기에 해당하는 3월부터 본격적인 더위가 시작되기 전 5월까지는 최고로 화창한 날씨를 자랑해 가장 여행하기 좋고, 8월부터 2월까지는 우기이다. 우기라도 강수량이 많지 않아 여행에 큰 불편이 없고, 오히려 소나기가 더위를 식혀주어 시원하다. 8월 말에서 9월 중에는 태풍이 지나가기도 한다. 덥고 건조한 6~7월에는 체감온도 40℃를 훌쩍 넘길 만큼 뜨겁다. 여름 여행에는 관광 계획보다는 리조트 휴양으로 계획하고, 비가 잦은 12~2월에는 물놀이가 힘들 만큼 쌀쌀한 날도 있기 때문에 후에 유적지 방문으로 일정을 짜면 알차다. accuweather.com나 weather.com에서 자세한 날씨를 실시간으로 확인할 수 있다.

절기

베트남 여행을 계획할 때 설 명절은 가급적 피하자. 우리와 마찬가지로 음력 설을 쇠며 연휴가 7일 정도로 길기 때문에 식당과 상점들이 대부분 문을 닫는다. 평소보다 비싼 돈을 주고 가서 절반도 누리기 어렵고, 특히 다낭 관광의 백미인 호이안 올드타운이나 전통시장 구경을 제대로 할 수 없다. 부득이하게 명절에 가게 된다면 리조트에 집중하는 게 답이다. 추석은 베트남에서 휴일이 아니라 여행에 지장 없다.

베트남의 연휴

– 호텔과 리조트에서 추가 요금 발생

설Tét 연휴
음력 12월 29일~1월 3일

승전기념일&노동절 연휴
4월 30일~5월 2일

크리스마스 및 연말연시
12월 24일~1월 초

베트남의 공휴일

새해 첫날 1월 1일
훙 왕가 기념일 음력 3월 10일
독립기념일 9월 2일

축제과 기념일(공휴일 아님)

공산당 창당기념일 2월 3일
석가탄신일 음력 4월 8일
호찌민 탄신일 5월 19일
어린이날 6월 1일
여성의 날 10월 20일

STEP 02
PLANNING

PLANNING 04
따라만 가면 되는 **기본 코스와 예산**

아무 생각 없이 따라만 가도 결코 실패하지 않는, 다낭 고수의 섬세한 코스 컨설팅.
각 코스별로 예산도 자세하게 소개한다.

3박 5일 기본 휴양 코스

- 목요일 밤 출발, 금요일 하루 휴가 쓰고 월요일 오전 한국 도착해 출근할 수 있는 스케줄
- 다낭의 럭셔리 리조트를 백배 누리며 휴식을 취하고, 호이안 올드타운과 응우한선, 린응사 등 머스트 시 명소를 놓치지 않는 기본 코스

DAY 1 입국

22:00 다낭 도착
23:00 다낭 시내 호텔 체크인

> **Tip** 다낭 항공편은 밤에 도착하고 밤에 떠나는 스케줄이 많다. 첫날은 공항 근처의 저렴한 호텔에서 쉬고 다음날 메인 리조트로 옮기면 알뜰하다.

DAY 2 휴식, 시내 관광

09:00 호텔 조식 후 수영장이나 마사지 즐기기
11:00 체크아웃 후 마트 장보고 리조트로 이동
▲ 보통 호텔 체크아웃 시간은 오전 11~12시, 체크인 시간은 오후 2시이므로 시간 맞춰 이동하자.
14:00 시내 관광(참 조각 박물관, 다낭 대성당, 한 시장, 한강, 까오다이교 사원 등)
▲ 뜨거운 낮에는 현지인도 외출을 자제하니 컨디션과 날씨에 따라 움직이는 것이 좋다.
17:00 린응사로 이동, 선짜 반도 일몰과 해수관음상 감상
18:00 시내 레스토랑에서 저녁식사
20:00 알라까르테 호텔 더 톱이나 노보텔 스카이36에서 칵테일 마시며 야경 즐기기

DAY 3 리조트 즐기기, 호이안 관광

10:00 리조트 액티비티와 프라이빗 비치, 수영장 즐기며 리조트 백배 누리기
16:00 호이안으로 이동, 올드타운 탐방
18:00 호이안 맛집에서 저녁식사
▲ 오후 4시 경 호이안으로 이동하면 호이안의 낮과 밤, 일몰을 모두 볼 수 있다.

DAY 4 체크아웃 투어

08:00 리조트 조식 후 응우한선 다녀오기 혹은 오전 일찍 체크아웃 후 바나 힐스 투어
12:00 체크아웃 후 시내 맛집에서 점심식사
14:00 베트남 커피 맛보기
15:00 마사지로 여행의 피로 싹 풀기
17:00 해산물 레스토랑에서 포식하기
19:00 한강 유람선 혹은 아시아파크 선휠 관람차 타고 다낭 야경 즐기기
21:00 토·일 꺼우롱 불&물 쇼 구경하기
22:00 비행기 시간 맞춰 다낭 공항으로 이동, BYE~

> **Tip** 세부 추천 일정은 각 지역 ONE FINE DAY 참조

예산(2인 기준)

항공료(저가항공 기준 왕복 35만 원×2인)+숙박비(시내 3~4성 호텔 6만 원×1박, 5성 리조트 25만 원×2박)+식비(하루 5만 원×3일)+교통비(하루 1만 원×3일)+관광지 입장료, 쇼핑, 마사지 등 기타 비용(20만 원)   = **약 164만 원**

4박 6일 최소 비용으로 최대 여행하기, 실속 관광 코스

- 리조트에서 쉬기보다는 여기저기 구경하는 것을 선호하는 사람들을 위해 알차게 구성한 관광 코스

DAY 1 입국

22:00 다낭 도착

23:00 다낭 시내 호텔 체크인

▲ 비치 리조트보다는 시내 쪽에 위치한 숙소가 좀 더 저렴하며 공항과도 가깝다.

DAY 2 시내 관광

09:00 시내 관광(미케 비치, 참 조각 박물관, 다낭 대성당, 한 시장, 한강, 까오다이교 사원 등)

12:00 시내 맛집에서 점심식사

13:30 베트남 커피 맛보기

14:30 마사지 받기

16:30 린응사로 이동, 선짜 반도 일몰과 해수관음상 감상

17:30 해산물 레스토랑에서 식사

19:00 한강 유람선 타고 용다리 구경하기

20:00 알라까르테 호텔 더 톱이나 노보텔 스카이36에서 칵테일 마시며 야경 즐기기

▲ 이동이 많은 날은 매번 택시를 잡기보다 기사 있는 렌터카를 대절하면 편하다.

DAY 3 후에 투어

08:00 후에로 이동, 하이반 고개 절경 감상

12:00 후에 호텔 체크인, 궁중정찬으로 점심식사

13:00 후에 관광(띠엔무 사원, 안딘 궁, 봉칸 언덕, 황릉, 딴또안 다리 등)

18:00 후에 시내에서 저녁식사, 후에 야시장과 여행자거리 정취 느끼기

▲ 다낭에서 이동은 여행사 버스나 기차를 이용하고, 관광은 투어 프로그램을 활용하거나 차량을 대절하는 게 편리하다.

DAY 5 체크아웃 투어

08:00 호텔 조식 후 호이안 에코투어
16:00 다낭으로 이동, 쇼핑하기
      (빅씨, 롯데마트, 빈컴 플라자 등)
17:00 마사지로 여행의 피로 풀기
18:00 시내 맛집에서 저녁식사
19:00 한강 유람선 혹은 아시아파크 선휠
      관람차 타고 다낭 야경 즐기기
21:00 토·일 꺼우롱 불&물 쇼 구경하기
22:00 비행기 시간 맞춰 다낭
      공항으로 이동, BYE~

DAY 4 호이안 투어

07:00 호텔 조식 후 황궁 관람
09:00 다낭으로 출발
12:00 점심식사
13:00 호이안 가는 길에 응우한선 관람
14:00 호이안으로 이동, 숙소 체크인
17:00 호이안 맛집에서 저녁식사
18:00 호이안 올드타운 탐방, 야경 감상

예산(2인 기준)

항공료(저가항공 기준 왕복 35만 원×2인)+숙박비(4~5성 호텔 8만 원×4박)+식비(하루 5만 원×4일)+교통비(하루 2만 원×4일)+관광지 입장료, 쇼핑, 마사지 등 기타 비용(20만 원)
= **약 150만 원**

STEP 02
PLANNING

7박 9일 다낭+호이안+후에의 모든 것, 관광&휴양 완성 코스

- 일정이 여유 있다면 리조트 휴양과 후에 유적지 관광 모두 충분히 즐기기.
- 겨울에는 후에 일정을 넉넉하게 잡고, 무더운 여름에는 DMZ 투어 대신 다낭에서 휴양을 즐기기.
- 일정이 긴 경우 2~3박 이상 투숙 시 1박은 무료로 제공되는 리조트 프로모션을 활용.

DAY 1 입국	DAY 2 휴식, 시내 관광	DAY 3 후에 투어	DAY 4 DMZ 투어
다낭 도착 ▼ 다낭 시내 호텔 체크인	호텔 조식 후 리조트 즐기기 ▼ 점심식사, 시내 관광 ▼ 린응사 일몰 ▼ 시내 레스토랑에서 저녁식사 ▼ 루프톱 바 야경 즐기기	후에로 이동 ▼ 하이반 고개 ▼ 후에 궁중정찬 ▼ 후에 관광(띠엔무 사원, 안딘 궁, 황릉 등) ▼ 후에 야시장, 여행자거리	호텔 조식 ▼ DMZ 투어 참가 ▼ 호텔로 드롭오프 ▼ 저녁식사

DAY 5 후에 황궁	DAY 6 호이안 투어	DAY 7 응우한선, 리조트 즐기기	DAY 8 바나 힐스, 체크아웃 투어
호텔 조식 ▼ 황궁 관람 ▼ 다낭으로 이동 ▼ 마트 장보기 ▼ 다낭 리조트 체크인	리조트 조식 후 호이안으로 이동 ▼ 올드타운 탐방, 사이드카 트립 or 호이안 에코투어 참가 ▼ 투본 강 일몰과 호이안 야경 감상 ▼ 호이안 맛집에서 저녁식사	리조트 조식 ▼ 응우한선 다녀오기 ▼ 리조트 액티비티와 프라이빗 비치, 수영장 즐기며 리조트 백배 누리기	체크아웃 ▼ 바나 힐스 다녀오기 ▼ 마사지로 여행의 피로 싹 풀기 ▼ 해산물 레스토랑에서 포식하기 ▼ 한강 유람선이나 아시아파크 관람차 ▼ 다낭 공항으로 이동

예산(2인 기준) 항공료(저가항공 기준 왕복 35만 원×2인)+숙박비(시내 3~4성 호텔 6만 원×2박, 후에 5성 호텔 10만 원×2박, 5성 리조트 25만 원×3박)+식비(하루 5만 원×7일)+교통비(하루 2만 원×7일)+관광지 입장료, 쇼핑, 마사지 등 기타 비용(30만 원) = **약 256만 원**

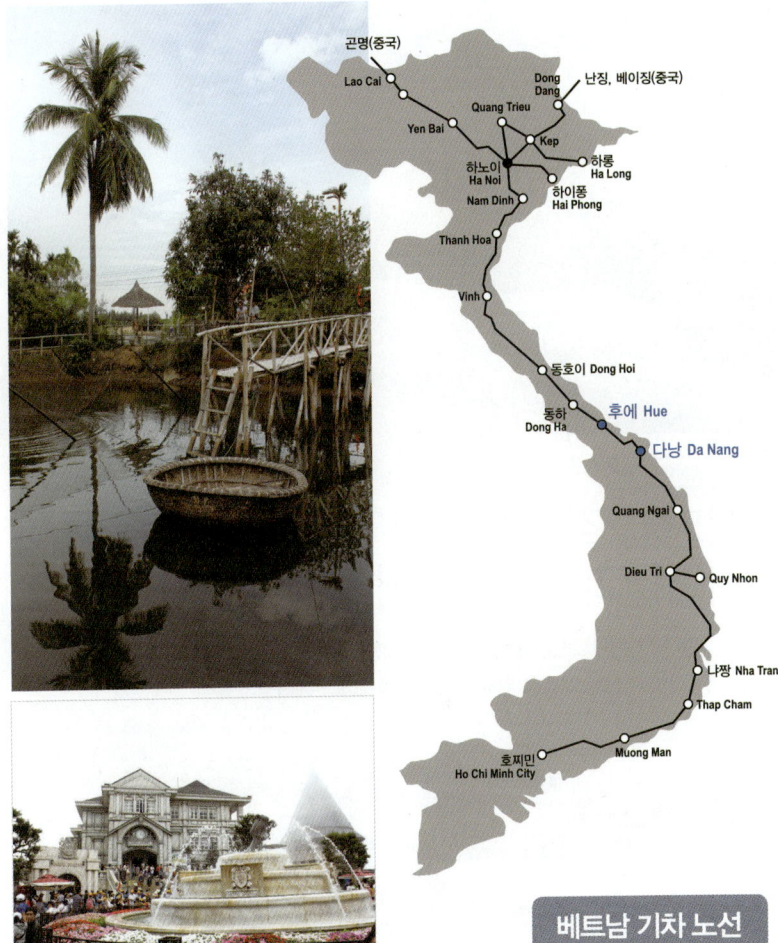

베트남 기차 노선

Tip 한국인은 베트남에 15일 이내 무비자 체류가 가능하다. 투어버스나 기차, 국내선 비행기를 이용해 베트남의 다른 도시를 함께 여행하는 것도 추천한다. 다낭에서 하노이와 호찌민 등으로 국내선 비행편이 많아 하노이나 호찌민 여행 후 다낭으로 국내선이나 기차를 타고 이동하는 것도 방법이다. 국내선 비행기의 경우 수하물 허용량이 국제선과 다를 수 있으니 미리 확인할 것. 남북으로 긴 나라 베트남을 기차로 종주하는 것도 매력적인 여행법이다. 북쪽으로는 하노이, 남쪽으로는 냐짱과 달랏, 호찌민 등이 있는데 밤기차를 타면 침대칸에서 자면서 이동할 수 있다.

STEP 02
PLANNING

PLANNING 05

패키지 갈까 말까?
에어텔과 옵션 투어 백배 활용하기

여행자들의 영원한 고민, 패키지 vs 자유여행. 편하기로만 따지면 패키지만 한 게 없지만 기억에 남는 여행을 위해서는 자유여행이나 에어텔 상품을 선택하자.

다낭은 자유여행이 정답

다낭은 자유여행으로 가는 게 좋다. 도시가 크지 않고 치안이 좋아 여행이 쉽고, 리조트 직원들과 영어로 소통이 잘 될 뿐더러 컨시어지에서 도움을 받을 수 있기 때문에 가이드에 의존할 필요가 없다. 한국인이 많이 찾는 리조트에는 한국인이나 한국어를 할 줄 아는 베트남인 직원이 있는 경우도 많고, 한국어 안내문과 메뉴판을 갖춘 숙소와 식당도 많기 때문에 영어를 못해도 걱정할 필요 없다.

항공+호텔 똑똑하게 구입하기

항공편은 스카이스캐너, 호텔은 호텔스컴바인에서 검색하면 최저 가격을 찾아준다. 해외 예약 사이트로는 익스피디아, 호텔스닷컴, 부킹닷컴, 아고다가 있고 국내 사이트로는 와이페이모어, 인터파크투어, 온라인투어 등이 있다. 예약 조건에 따라 취소가능 여부와 조식 포함 등의 조건이 다르니 자세히 살펴보고 예약하자. 회원 전용 특가나 시간대에 따라 나오는 취소불가 땡처리 특가 상품을 예약하면 알뜰 여행을 할 수 있다. 해외 사이트에서 구매 시에는 해외 결제 수수료가 추가되고 소득공제 혜택을 받을 수 없다는 점을 참고하자. 같은 항공사나 체인 호텔을 자주 이용한다면 항공사나 호텔의 공식 홈페이지에서 예약 시 포인트 적립과 회원 등급 향상과 같은 혜택을 누릴 수 있다.

귀차니스트를 위한 에어텔 상품

항공+호텔이 묶인 에어텔 상품을 이용하면 편리하다. 최근 에어텔 상품은 편도 혹은 왕복 공항 픽업이 제공되는 경우가 많아 낯선 공항에서 헤맬 필요가 없다. 모두투어, 하나투어 등 유명 여행사의 에어텔 상품을 선택해도 되고, 오픈다낭, 베트남스토리, 가자발리&다낭과 같은 특정 지역 전문 여행사를 이용하는 것도 좋다. 각 여행사가 호텔과 계약한 요금이 다르기 때문에 호텔과 여행 기간에 따라 가격에는 다소 차이가 있으니 비교해보고 고르자.

현지 투어 백배 활용하기

바나 힐스, 참 섬 호핑, 래프팅 등 이동 거리가 긴 곳은 현지 여행사의 투어 상품을 활용하는 것이 편리하면서도 알뜰하다. 대부분의 현지 데이 투어 상품은 관광지 입장료와 왕복 차량, 기사와 가이드가 포함된다. 한인 여행사 프로그램을 이용하면 한국인 가이드가 동행해 한결 수월하며 한국어를 할 줄 아는 베트남인 가이드가 동행하는 경우도 있다.

마지막 날은 '체크아웃 투어'로

다낭에서 가장 유용한 투어는 뜻밖의 '체크아웃 투어'다. 여행 마지막 날 체크아웃 이후의 시간을 알차게 시간을 보낼 수 있게 기획된 프로그램으로, 차에 짐을 싣고 다닐 수 있으며 비행기 시간에 맞춰 공항에 데려다주어 편리하다. 프로그램은 보통 시티 투어와 마사지, 식사 등이며 호이안 투어나 바나 힐스 투어가 포함되기도 한다.

Data 팡팡투어 체크아웃 투어
요금 80~105달러
문의 카카오톡 플러스 친구 다낭자유여행_팡팡투어

Step 03
ENJOYING
다낭을 즐기다

©tourism.danang.vn
©Vo Trieu Hai

01 하늘과 바다, 산의 숨막히는 자연 경관
02 깨끗하고 안전한 베트남, 다낭 시티
03 유네스코가 인정한 유적지 탐방
04 성지순례, DMZ, 다크투어 등 특별한 투어
05 지금 가장 트렌디한 다낭 여행

STEP 03
ENJOYING

ENJOY **01**

하늘과 바다, 산의 **숨막히는 자연 경관**

답답한 도시의 일상에서 벗어나
탁 트인 자연을 즐기기.
그야말로 우리가 남국의
휴양지로 떠나는 이유 아닐까?
시원한 풍광, 눈에 꾹꾹 담아가자.

세계 6대 해변,
눈부신 다낭 비치
포브스지 선정 세계 6대 해변으로 꼽히기도 했던 다낭의 해변은 고운 모래가 발바닥을 간질이는 화이트 비치를 자랑한다. 선짜 반도부터 50km에 달하는 해안선을 따라 팜반동 비치, 미케 비치, 박미안 비치, 논느억 비치가 이어지고, 호이안의 하미 비치와 안방비치, 끄아다이 비치까지 연결된다. 해변을 따라 바다 전망의 호텔과 럭셔리 리조트 단지가 들어서 있다. 비치 리조트에서는 호젓한 프라이빗 비치를 누릴 수 있다. 끝도 없이 펼쳐진 화이트 비치에는 야자수 껍질을 엮어 만든 파라솔과 선베드가 열대의 휴양지 느낌을 물씬 풍기고, 에메랄드 빛 바다는 수심이 얕아 연중 해수욕하기 좋다. 104p

선짜 반도, 참 섬 등
독특하고 수려한 지형
다낭의 해변은 해안선이 유독 길고 울창한 삼림과 툭 튀어나온 곶, 섬들이 이룬 독특한 지형이 매력적이다. 다낭의 해변에서 왼편을 바라보면 멀리 선짜 반도의 산 중턱에 거대한 흰 불상이 보인다. 밤에는 불을 밝혀 멋진 야경을 만들어주는 린응사의 해수관음상으로, 베트남 최대 크기의 불상이다. 날씨가 좋은 날 해변에서 오른쪽을 보면 일자 형태로 5개의 섬이 늘어서 있는 것이 보이는데 이곳이 호이안의 참 섬으로, 육지와는 또 다른 자연 경관과 문화로 관광객들을 끌어들이고 있다.

구름 낀 바다의 고개,
반짝이는 랑꼬의 비경
다낭에서 후에로 가는 길에 만날 수 있는 약 20km 길이의 드라이브 코스는 베트남에서 가장 매력적인 해안도로로 꼽히는 하이반 고개다. 해발 496m 높이의 정상을 넘으면 다낭과 후에 사이의 시골 마을 랑꼬가 나온다. 반얀트리와 앙사나 리조트가 있는 라구나 랑꼬 단지 외에 이렇다 할 관광지가 없지만, 빠른 속도로 개발되고 있는 다낭과는 달리 때 묻지 않은 자연의 모습이 그대로 남아 있는 곳이다. 랑꼬비치 오토바이 투어 등을 이용하면 오토바이로 하이반 고개를 넘으며 맑은 랑꼬 호수와 반짝이는 랑꼬비치를 즐길 수 있다. 124p

대리석 산, 천연 계곡 래프팅,
바나 산 케이블카와 온천
다낭에는 다른 지역에서 보기 어려운 독특한 자연 경관들이 있다. 산 전체가 대리석으로 이루어진 '마블 마운틴' 응우한선과 그 안의 거대한 동굴들, 래프팅을 할 수 있는 천연 계곡, 세계 최장의 싱글로프 케이블카를 탈 수 있는 바나 산과 바나 산 중턱의 거대한 온천 단지 등 자연 환경을 활용한 관광지가 많다. 대자본이 투자된 관광사업으로 규모도 상당하다.

ENJOY 02

깨끗하고 안전한 베트남,
다낭 시티

이국의 시장과 거리에는 그 나라 사람들이 살아가는 삶의 풍경이 있다.
사람이 모이고 문화가 흐르는 도시에서는 트렌디한 나이트 라이프도 즐길 수 있다.

베트남에서도 가장 안전한 여행지

사회주의 국가인 베트남은 국가의 통제력이 강해 강력 범죄가 적고 치안이 좋은 편이다. 그중에서도 다낭은 치안이 가장 좋은 곳 중 하나. 기본적인 안전 수칙만 지키면 별다른 사고 없이 여행할 수 있어 가족 여행지로 각광받고 있다. 하노이나 호찌민에서 극성을 부리는 택시 요금 바가지도 거의 없는 편. 물론 검증된 회사 택시만 이용할 경우의 이야기다.

대성당, 박물관, 재래시장 등 시내 관광하기

다낭 시는 7개의 교각이 지나는 한강을 중심으로 동서가 나뉜다. 썬짜 반도와 미케 비치가 있는 동쪽에는 고급 리조트들이 들어서 있고, 다낭대성당과 한 시장이 있는 서쪽에는 노보텔을 중심으로 시내가 발달해 있다. 주요 관광지를 중심으로 번화가가 형성돼 있으니 너무 덥지 않은 시간이라면 걸어다니며 구경하면 좋다. 관광용 시클로를 이용할 수도 있다. 강변의 박당 거리를 중심으로 맛집이 많고, 한강 뷰를 즐길 수 있는 테라스나 야외 테이블을 갖춘 레스토랑과 카페에서는 주말 저녁 꺼우롱(용다리)의 불쇼도 편하게 감상할 수 있다.

도시 하면 야경! 루프톱 바에서 즐기는 다낭의 밤

대도시의 상징은 뭐니 뭐니 해도 전망 좋은 고층 빌딩에서 즐기는 야경. 다낭의 고층 빌딩은 대부분 호텔들로, 루프톱 바에서 밤바람과 함께 즐기는 시내 야경과 음악, 칵테일 한 잔에 여행의 밤이 저물어간다. 다낭에서 전망이 좋은 루프톱 바는 썬짜 반도와 미케 비치, 아시아파크의 선휠 관람차까지 눈에 들어오는 알라까르테 호텔 옥상의 더 톱과 밝게 불 밝힌 한강의 여러 교각을 한눈에 볼 수 있는 노보텔의 스카이36이 쌍벽을 이루고 있었으나 최근에는 여러 호텔들이 루프톱 바를 오픈했다. **148p**

관람차 vs 유람선

다낭의 야경을 즐기는 또 다른 방법은 롯데마트 근처에 있는 아시아파크의 관람차 선휠을 타는 것이다. 오후 늦게 문을 여는 아시아파크의 상징인 선휠을 이용하면 다낭을 한눈에 바라볼 수 있다. 혹은 저녁에 한강 유람선을 타면 7개의 교각이 아름답게 불 밝힌 한강과 다낭 시내의 야경을 즐길 수 있다. **114p**

STEP 03
ENJOYING

ENJOY 03
유네스코가 인정한 **유적지 탐방**

다낭 여행이 더욱 매력적인 이유는 30분 거리의 호이안과 2시간 반 거리의 후에에 유네스코 세계문화유산들이 있기 때문이다. 휴양은 휴양대로 즐기고 유적지 탐방도 하면서 여행의 깊이를 더해보자.

베트남의 앙코르와트, 참 족의 미선 유적지

호이안에서 서쪽으로 약 1시간 30분 거리에 위치한 미선 유적지는 우수한 힌두교 문명을 꽃피웠던 고대 참파 민족의 유적지다. 지금은 소수 민족이 되어 박물관에서나 그 흔적을 찾아볼 수 있게 된 참 족은 베트남의 토착 민족이 아닌 외부에서 유입된 민족으로, 4~13세기 베트남 중남부를 호령했다. 캄보디아의 앙코르 유적 역시 참 족의 과학 기술로 지은 것이다. 미선 유적지는 베트남전의 폭격으로 크게 파괴되기는 하였으나 그 우수성과 아름다움을 인정받아 1999년 유네스코 세계문화유산으로 지정되었다. **208p**

전체가 세계문화유산, 호이안 올드타운

구시가지 전체가 유네스코 세계문화유산으로 지정되어 있는 호이안 올드타운. 고대의 무역도시답게 중국과 일본, 프랑스 등 여러 나라의 스타일이 혼재된 독특한 건축물들이 남아 있다. 가까스로 베트남전의 포화를 피한 덕분에 수백 년 전의 원형을 그대로 보존하고 있으며 7~8대에 걸쳐 후손들이 현재까지 거주하고 있는 고가도 볼 수 있다. **190p**

베트남의 경주, 황제의 도시 후에

몇 년 전까지만 해도 베트남 중부 여행은 다낭이 아닌 후에를 중심으로 이루어졌다. 다낭에 국제공항이 오픈하고 럭셔리 리조트들이 들어서면서 다낭 여행의 옵션이 되어버린 느낌이 있으나, 스쳐가기에는 아까울 정도로 볼거리가 많고 유적지의 수준이 높은 곳이다. 유네스코 세계문화유산으로 지정된 고대 유적과 궁정음악, 궁중요리 등 황제의 도시다운 전통문화를 간직하고 있어 매력이 가득하다.

ENJOY 04

성지순례, DMZ, 다크투어 등
특별한 투어

테마가 있는 여행은 더욱 특별하다. 천주교 신자라면 성지순례, 역사에 관심이 많다면 베트남 현대사의 비극을 훑는 DMZ 투어 등 다크투어에도 참가해 보자.

절과 성당, 까오다이교 사원 모두 만나는 성지순례 여행

베트남은 종교의 자유가 있는 국가로, 다양한 종교와 종교 시설이 공존한다. 베트남 중부는 불교 사원과 가톨릭 성당, 개신교 교회, 토착 종교인 까오다이교 사원은 물론, 힌두교 사원인 미선 유적지와 공자 사당인 문묘까지 볼 수 있는 특이한 지역이다. 불교는 베트남에서 가장 대중적인 종교이며, 토착 종교인 까오다이교 사원은 남부의 떠이닌과 중부의 다낭 등 몇몇 도시에서 찾아볼 수 있다. 베트남은 아시아에서 드물게 가톨릭 성지순례 투어가 이루어지는 곳이기도 하다. 프랑스 식민지 시절의 영향으로 성당이 많고 다낭 대성당과 후에의 노트르담 대성당을 비롯해 주교가 있는 대성당도 여러 군데 있다. 중부에는 라방과 짜끼에우 등 성모 발현지도 두 곳이나 있어, 가톨릭 신자라면 특별한 베트남 여행을 할 수 있을 것이다.

남북 이념 갈등의 흔적, DMZ 투어

베트남에는 치열한 남북 이념 전쟁의 흔적, 비무장지대 DMZ가 남아 있다. 후에에서 데이투어를 신청하면 DMZ 투어에 참가할 수 있다. 베트남전의 격전지 등 전쟁의 상처를 둘러보며 남베트남과 북베트남 간 동족상잔의 비극을 느낄 수 있는 코스다. 우리나라에 현존하는 DMZ가 있다는 것을 상기하면서 돌아보면 더욱 뜻깊은 투어 코스다. **269p**

한국인이라면 알아야 할 베트남 전쟁 이야기

"월남에서 돌아온 새까만 김 상사"라는 노래를 아시는지? 미국의 우방인 한국은 미군이 북베트남(베트콩)에 맞서 싸운 베트남 전쟁에 8년 간 32만 명의 전투 부대를 파병했다. 한국 현대사에 있어서 하나의 커다란 사건이었던 베트남 파병은 이후 외상 후 스트레스 장애, 고엽제 후유증 등으로 수많은 참전 군인들을 괴롭히기도 했다. 결국 전쟁은 북베트남의 승리로 끝났지만 상처는 죄 없는 사람들의 몫이었다. 음력 1968년 1월 24일, 다낭과 호이안 사이의 작은 마을 하미에서는 한국군에 의한 민간인 학살이 일어나기도 했다. 청룡부대 병사들이 마을 사람들을 불러 모은 뒤 몰살한 것이다. 희생자는 135명에 달했고, 현재 학살 현장에는 위령비가 세워져 있다. **206p**

STEP 03
ENJOYING

ENJOY 05
지금 가장 트렌디한 **다낭 여행**

트렌디한 휴양지 다낭에서는 여행도 더욱 트렌디하게 즐기자. 단체 패키지와 다를 바 없이 판에 박은 코스 대신 지금 떠오르는 새로운 여행법과 나만의 여행 레시피로 보다 특별한 추억을 만들자.

♥1 실시간 SNS 정보로 최신 유행 따라잡기
SNS 해시태그를 활용하면 실시간으로 최신 다낭 여행 정보를 얻을 수 있다. 급격히 변화하는 날씨나 지금 가장 핫한 행사 정보는 인스타그램에서 확인하는 것이 가장 빠르다.
다낭 관광청 공식 인스타그램 danang_fantasticity 참고 해시태그 #danang #danangtrip #다낭 #다낭여행

© 오드리 네일

베트남에서 꼭 해야 할 네일아트
동남아 여행의 필수 코스인 마사지도 좋지만, 베트남에서는 네일아트 서비스를 받아보자. 손재주 좋은 베트남 사람들이 섬세하게 케어해주는 매니큐어와 페디큐어 서비스로 예쁜 손발 만들고 자신감 업! 다낭에 도착하자마자 네일아트를 받으면 멋도 기분도 나고 여행 기간 동안 예쁜 사진을 남길 수 있다. 한국에 비해 절반 정도밖에 안 되는 가격도 베트남에서 네일아트를 놓칠 수 없는 이유다. `131p`

베트남 최고의 서핑 포인트, 미케 비치
해안선이 긴 다낭의 해변은 서핑을 즐기기에 최적이다. 최근 국내에서도 양양과 제주를 중심으로 인기를 얻고 있는 서핑. 다낭에는 다양한 해양 레포츠가 발달한 편은 아니지만 서핑 스폿으로는 베트남에서 최고로 꼽힌다. 미케 비치의 서프스쿨이나 리조트 내의 워터 스포츠 센터에서 서프보드 렌탈, 강습을 신청할 수 있다. 겨울철은 수온이 낮아 슈트를 입어야 하지만 파도가 좋아서 더욱 신난다. 파도가 없는 날은 스탠드업 패들보딩이나 카약을 체험해보는 것도 좋으며, 패러세일링도 해볼 수 있다. `123p`

©Da Nang Surf School

스냅 촬영으로 인생 사진 남기기
여행 스냅 촬영을 통해 특별한 추억을 남겨보자. 흔들린 셀카 100장보다 퀄리티 높은 전문가의 손길로 멋진 사진을 얻을 수 있다. 특히 허니문, 리마인드 웨딩, 모처럼만에 온 가족이 모인 가족 여행에 강력 추천! 아름다운 다낭의 해변과 호이안 올드타운을 배경으로 여행지에서의 예쁜 모습, 즐거운 순간들을 모두 담자.

Data 모나 스튜디오
파격적인 가격에 베트남인 작가와 촬영하며 결과물도 나무랄 데 없다. 원활한 커뮤니케이션을 위한 번역기 어플은 필수!
가격 1시간 촬영 50달러~
홈페이지 monastudio.vn
이메일 monastudiovn@gmail.com
카카오톡 monastudio **전화** 0935-817-345

Data 랑만스냅
한국인 대표 작가의 섬세한 손길로 작품 사진을 남길 수 있는 고급 스냅 사진 업체다.
가격 다낭 스냅 36만 원, 호이안 스냅 40만 원~
홈페이지 www.langmansnap.com
이메일 yiwgi@hanmail.net
카카오톡 parisnova
전화 010-2580-4375

Step 04
EATING
다낭을 먹다

01 세계에서 제일 맛있는 베트남 음식
02 미식의 천국 호이안의 대표 음식들
03 황제의 밥상과 서민의 국수, 후에 음식
04 베트남 열대 과일 가이드
05 커피와 맥주, 다낭의 마실거리

©Grand Mercure Danang

EATING 01
세계에서 제일 맛있는 **베트남 음식**

퍼 Phở
베트남 대표 음식 쌀국수. 흔히 접할 수 있는 베트남 쌀국수는 베트남어로 퍼라고 부른다. 소고기가 들어간 퍼보Phở Bò, 닭고기가 들어간 퍼가Phở Gà 등 종류가 다양하다.

미꽝 Mì Quảng
'꽝 지방의 국수'라는 뜻의 미꽝은 노란 빛깔이 예쁜 다낭 국수다. 국물이 없는 비빔국수 스타일인데 라이스 크래커가 올라가 고소한 맛이 특징이다.

분팃느엉 Bún Thịt Nướng
돼지고기 구이인 팃느엉을 얹은 중부식 쌀국수로, 국물 없는 비빔국수 스타일이다. 하노이의 분짜처럼 숯불에 구운 돼지고기와 어우러지는 흰 쌀면의 맛이 일품이다.

미하이산 Mì Hải Sản
해물 라면이라고 부르기도 하는 미하이산은 해산물을 넣은 볶음국수로, 베트남 어디서든 흔히 찾아볼 수 있다. 라면처럼 얇은 면과 맛좋은 해산물이 어우러져 계속 먹고 싶어진다.

라오멍사오 Rao Muống Xào
흔히 모닝글로리라고 부르는 공심채로 만든 요리 라오멍사오는 맛도 영양도 뛰어난 베트남의 국민 나물이다. 베트남 모든 지역에서 흰밥을 곁들여 즐겨 먹는다.

볶음밥 Cơm Chiên
현지 음식이 입에 맞지 않는 아이들이나 쌀밥이 입에 들어가야 하는 여행자는 껌찌엔을 주문하자. 일반 흰밥은 껌Cơm이라고 한다.

베트남 음식의 대표주자 쌀국수부터 해산물과 스테이크까지 모두 즐기자!
베트남은 풍성한 쌀과 식재료를 이용한 음식 문화가 발달했고 지역별로 대표적인 국수와
특산 요리가 있다. 맛집 탐방을 다니는 것도 좋지만, 묵고 있는 리조트의 레스토랑이나
룸서비스를 이용하면 편리하고 여유롭다.

짜조 Cha Giò
에그롤Egg Rolls 혹은 튀긴 스프링롤Fried Spring Rolls이라고도 불리는 짜조는 고소하고 바삭하여 인기가 많은 베트남식 애피타이저다.

고이꾸온 Gòi Cuốn
신선한 야채와 새우가 들어가며 샐러드롤 혹은 신선한 스프링롤이라고도 불리는 고이꾸온 역시 둘째가라면 서러운 인기 메뉴. 고수가 싫다면 미리 빼달라고 말하자.

개구리 요리 Frogs
로컬 식당에 가면 간혹 개구리 구이나 튀김을 메뉴판에 갖추고 있는 곳이 있다. 닭고기처럼 쫄깃한 식감이 일품. 경험 삼아 시도해 보는 것도 좋겠다.

스테이크 Steak
베트남 전통음식이 아니지만, 한국의 절반 정도 가격에 푸짐하게 즐기는 다낭의 스테이크는 맛집 방송 〈원나잇 푸드트립〉에 등장했을 정도. 이쯤 되면 다낭의 시그니처 요리가 된 게 아닐까?

해산물 Seafood
생선찜, 새우구이, 게찜, 오징어 튀김 등 듣기만 해도 침 넘어가는 해산물을 푸짐하게 맛볼 수 있다. 푸라마나 프리미어 빌리지 같은 리조트에서 해산물 디너 뷔페를 운영하기도 하니 해산물 성애자라면 놓치지 말자.

수제 버거 Burger
버거는 서퍼들의 소울 푸드다. 신나게 물놀이를 즐기고 출출해진 뱃속을 든든히 채우기에는 역시 버거만 한 것이 없다. 큼직하게 한 입 베어 물면 세상 행복.

반미 Bánh Mì
베트남은 프랑스 식민지 시기를 거치면서 베이커리가 발달했다. 바게트빵을 이용한 반미 샌드위치도 그중 하나. 베트남의 반미에는 쌀가루가 들어가는 것이 특징이다.

피자, 파스타 Pizza, Pasta
다낭에는 외국인들이 운영하는 식당이 많아서 세계 각국의 음식을 만날 수 있다. 가격은 베트남 수준이니 부담 없다. 맛있는 세계의 요리를 즐기자.

프렌치 퀴진 French Cuisine
베트남은 정통 프랑스 요리를 즐기기 좋다. 다낭 최고의 프렌치 레스토랑은 미슐랭 3스타의 라 메종 1888이지만 후에에서 적당한 가격의 프랑스 가정식 요리도 추천한다.

> **Tip 물티슈는 유료, 팁은 자율**
> 베트남의 식당에서 테이블 위에 놓인 물티슈를 사용하면 2천 동(100원) 정도를 추가로 내야 한다. 필요하지 않으면 쓰지 말자. 관광객을 위한 세트메뉴에는 물티슈 값이 포함이 되어 있는 경우도 있다. 복잡한 메뉴판에 주문이 어렵다면 세트메뉴가 있는지 물어보거나 추천해달라고 하자. 베트남 식당에서 팁은 의무가 아니며, 호텔 레스토랑이나 일부 고급 레스토랑에서는 봉사료가 따로 가산되므로 굳이 팁을 추가할 필요는 없다.

음식 관련 베트남어

베트남어	발음	뜻
Phở	퍼	일반적인 쌀면, 쌀국수
Bún	분	가는 쌀면(vermicelli)
Mì	미	밀가루 면 혹은 라면처럼 가는 노란색 면
Thịt	팃	육류, 고기
Thịt Heo	팃헤오	돼지고기
Bò	보	소고기
Gà	가	닭고기
Hải Sản	하이산	해산물
Cá	까	생선
Tôm	똠	새우
Cơm	껌	흰밥
Bánh Mì	반미	빵(주로 바게트나 바게트 샌드위치를 말함)
Cháo	짜오	죽(congee)
Bánh Tráng	바인짱	라이스 페이퍼

EATING 02
미식의 천국 **호이안의 대표 음식들**

오랫동안 무역항으로 여러 나라의 문화가 유입되어 온 호이안은 식문화도 발달해 미식의 천국이라 불린다. 외국인을 대상으로 하는 식당들이 일찍이 장사를 시작해 수십 년 된 유명 맛집이 되었다. 호이안 쿠킹 클래스에 참여하면 반쎄오와 고이꾸온 등을 직접 만들어 먹을 수도 있다.

까오러우 Cạo Rầu
국물이 자작한 스타일의 호이안 국수로 갈색 면이 특징이다. 각종 향채와 숙주, 라이스 크래커가 올라간다. 호이안에서 꼭 먹어봐야 할 음식으로, 짭조름하면서도 고소한 맛이 뛰어나다.
여기서 먹자! 땀땀 카페(212p), 리엔 까오러우(217p)

반바오반박 Bánh Bao Bánh Vạc
호이안식 만두인 반바오반박은 그 생김새가 활짝 핀 장미와 비슷하다고 하여 '화이트 로즈'로도 불린다. 쫄깃하고 부드러운 식감과 달콤한 소스까지, 이렇게 맛있는 음식이 있다니 놀라울 지경.
여기서 먹자! 봉홍짱(216p), 미스리 카페 22(214p)

호안탄찌엔 Hoành Thánh Chiên
튀긴 완탄인 호안탄찌엔은 나초 칩을 연상시키는 바삭한 튀김 위에 달콤한 소스와 재료가 올라간 음식. 반바오반박과 함께 호이안 별미의 쌍벽을 이룬다.
여기서 먹자! 봉홍짱(216p), 미스리 카페 22(214p)

반쎄오 Bánh Xèo
고소한 베트남식 부침개인 반쎄오는 베트남 어디에서나 만날 수 있지만 중부식 반쎄오는 남부식에 비해 크기가 작고 두툼하다. 라이스 페이퍼 바인짱에 싸먹는 재미도 맛도 훌륭하다.
여기서 먹자! 발레웰(216p)

EATING 03
황제의 밥상과 서민의 국수, 후에 음식

응우옌 황조의 수도였던 후에는 고유의 음식 문화가 발달해 왔다. 황제가 먹던 궁중 요리가 전해지고 있으며, 후에 지역의 전통 국수 분보후에는 현재 베트남 전역에서 인기 있는 쌀국수이다. 궁중정찬에는 봉황 모양으로 조각된 당근 등 화려한 장식과 함께 게살 옥수수죽, 후에식 오징어 요리, 반베오, 넴루이, 고기 요리와 생선 요리 등이 한 상 가득 차려진다.

분보후에 Bún Bò Huế
매콤하고 얼큰한 후에식 국수. 베트남 어디에서나 분보 후에는 인기 있는 메뉴다. 시원한 소고기 국물은 해장에도 최고! 빨간 국물이라 '육개장 쌀국수'라 불린다.

여기서 먹자! 넘버5(278p)

먹싸오톰까 Mực Xào Thơm Cả
먹싸오톰까는 후에에서 볼 수 있는 양념 오징어 요리로, 감칠맛이 좋아서 밥반찬으로 제격이다. 베트남어로 '먹'은 오징어. 술안주로도 손색이 없다.

여기서 먹자! 쏭 흐엉(275p), 로얄 파크(276p)

넴루이 Nem Lụi
돼지고기 꼬치 요리로 다진 돼지고기를 레몬그라스 줄기에 싸서 숯불에 구운 것이다. 채소와 함께 라이스 페이퍼에 싸서 땅콩 소스를 찍어 먹으면 조화롭고 향이 좋다.

여기서 먹자! 로얄 파크(276p), 판한(277p)

반꼬아이 Bánh Khoái
반꼬아이는 후에식 반쎄오다. 반쎄오가 보통 반으로 접혀 나오는데 반꼬아이는 활짝 펼쳐진 채로 나온다. 특제 소스에 찍어 먹는 것도 후에식 부침개 반꼬아이의 특징이다.

여기서 먹자! 쏭 흐엉(275p), 판한(277p)

반베오 Bánh Bèo
후에의 만두 격인 반베오는 두툼한 만두피 같이 생긴 떡 위에 새우 등의 재료를 올려 나오는 음식이다. 장식적인 요소를 중시하는 후에의 식문화를 잘 반영하는 음식이다.

여기서 먹자! 임페리얼 호텔 로얄 다이닝 코스(276p), 판한(277p)

민망주 Minh Mạng
수백 명의 부인과 후궁을 두고 있었던 민망 황제의 이름을 딴 술로, 정력에 좋다고 하여 재미 삼아 한 잔씩 마셔보는 술이다. 도수가 높은 술로 작은 잔에 마신다.

여기서 먹자! 궁중요리를 제공하는 식당에는 대부분 있다.

EATING 04
베트남 열대 과일 가이드

망고 Mango / Xoài
망고 흡입은 동남아 여행의 즐거움. 달콤하고 부드러우며 영양가도 풍부하다. 갓 수확한 망고는 초록빛을 띠며 상큼한 맛이 강하지만 점점 노란 빛깔을 띠며 익어간다. 시원한 망고주스도 마셔 보자.

코코넛 Coconut / Dừa
심심한 듯하지만 한번 맛보면 계속 찾게 되는 코코넛. 부드럽고 달콤한 코코넛 밀크도 맛있지만 통째로 빨대 꽂아 마시는 코코넛 주스가 별미. 길거리에서 파는 코코넛은 상한 경우가 있으니 주의하자.

포멜로 Pomelo / Bưởi
중국 자몽이라고도 부르는 포멜로는 흔히 아는 자몽보다 크기가 크고 길쭉하게 생겼다. 시고 쓴 서양 자몽보다 부드럽고 상큼하다. 관광지에서 껍질을 벗긴 포멜로를 파는 행상들을 만날 수 있다.

용과 Dragon Fruit / Thanh Long
용과는 안팎이 모두 화려하다. 은은한 단맛이 나는 붉은 과육이 상큼한 맛의 흰색 과육을 감싸고 있으며 검정 씨앗이 박혀 있다. 그대로 먹어도 맛있지만 작게 잘라 요거트나 샐러드에 넣으면 보기에도 좋고 맛도 잘 어울린다.

롱안 Longan / Nhãn
나뭇가지에 포도송이처럼 주렁주렁 열리는 과일로, 얇은 갈색 껍질 안에 반투명한 흰색 과육이 검은 씨앗을 감싸고 있다. 그 모습이 용의 눈처럼 보인다고 하여 '용의 눈' 즉, 롱안龍眼이라는 이름이 붙었다. 과즙이 풍성하고 달콤하다.

망고스틴 Mangosteen / Măng Cụt
과일의 여왕 망고스틴. 붉은 빛을 띠는 겉껍데기는 딱딱하지만 맨손으로 쉽게 깔 수 있다. 열매 안에 귤처럼 여러 갈래로 나뉜 흰색 과육이 들어있다. 부드러운 과육은 알싸한 단맛이 난다.

비싸서 못 먹던 열대 과일이 널렸다! 호텔 조식과 웰컴 과일로 풍성한 이국의 과일들이 제공된다. 시장이나 마트에서 저렴하게 사먹을 수 있고, 신선한 과일 주스나 스무디도 값싸고 맛이 좋다. 원 없이 먹을 수 있는 베트남 열대 과일 가이드.

람부탄 Rambutan / Chôm Chôm
베트남어로 '쫌쫌'이라고 발음한다. 이름이 재미있는 람부탄은 적갈색의 가죽 같은 두꺼운 껍질이 흰 과육을 둘러싸고 있는 과일이다. 단단한 과육은 달고 시큼하다.

구아바 Guava / Ổi
구아바는 청사과나 서양 배와 느낌이 비슷한 연두색 과일이다. 작고 상큼하며 아삭하게 씹히는 식감이 좋아 그냥 먹어도 좋고 잼이나 주스로도 만들어 먹는다.

파파야 Papaya / Đu Đủ
진한 맛과 향이 인상적인 파파야 역시 빼놓을 수 없는 열대 과일이다. 비타민 함량이 높고 상큼한 파파야는 그냥 잘라 먹기도 하고 채 썰어 샐러드로도 만들어 먹는다.

바나나 Banana / Chuối
베트남에는 다양한 크기와 모양의 바나나가 있으며 먹는 방법도 다양하다. 얇게 자른 뒤 말려 바나나 칩을 만들기도 하고 끓이거나 튀기거나 코코넛 밀크와 함께 갈아 마시기도 한다.

잭 프루트 Jackfruit / Mít
노랑 과육의 빛깔이 예쁜 잭 프루트는 쫄깃한 식감과 열대 과일 특유의 진한 향이 인상적이다. 마트에서 말린 잭 프루트 과자를 팔기도 한다.

라임 Lime / Vôi
시디신 라임은 생으로 먹지는 않지만 베트남 요리에 요긴하게 쓰인다. 특히 쌀국수에 라임을 짜서 넣으면 상큼하고 깔끔한 맛이 더해진다.

EATING 05
커피와 맥주, 다낭의 마실거리

여행지에서 만나는 맛있는 커피 한 잔은 그야말로 행복의 결정체다. 우리에게 익숙한 미국이나 유럽식 커피와는 또 다른, 개성 강한 베트남 커피를 즐겨보자. 시원한 사탕수수 주스 느억미아와 로컬 비어도 더운 날의 갈증 해소에 제격.

음료 관련 베트남어

베트남어	발음	뜻
Nước	느억	물
Nước Miá	느억미아	사탕수수 주스
Nước Chanh	느억짠	레몬 주스
Sinh Tố	신또	과일 셰이크(스무디)
Ca Phê Sữa Đá	카페스어다	아이스 연유 커피
Cà Phê Đen Đá	카페덴다	아이스 블랙 커피
Đá / Nóng	다 / 농	차가운 / 뜨거운
Sữa / Đen	스어 / 덴	연유, 우유(milk) / 블랙
Trà	짜	차(주로 녹차를 말함)
Trà Đá	짜다	차가운 녹차(식당에서 기본 제공되는 물)
Bia	비아	맥주

세계 2위의 베트남 커피

베트남은 브라질에 이어 세계 2위의 커피 생산량을 자랑하는 커피 대국이다. 한국에서 커피 원두를 가장 많이 수입하는 나라가 베트남이라는 건 몰랐던 사실. 남부의 고원인 달랏이나 부온마뚜옷에서 많은 양이 생산된다. 질보다 양으로 승부해 인스턴트 커피의 원료로 주로 수출해왔으나 최근에는 국내외에서 질 좋은 원두 커피에 대한 수요가 늘어나며 고급 커피 문화가 발달하고 있다.

한국인이 점령한
베트콩 카페의 코코넛 커피

다낭의 머스트 드링크라면 역시 콩카페Cong Caphe의 코코넛 밀크 커피. 한강이 시원스레 내다보이는 박당 거리에 위치하고 있어 목도 좋고, 매장 분위기나 커피 맛도 뛰어나 늘 사람이 많은 인기 커피숍이다. 베트남 공산당을 콘셉트로 하는 콩카페는 하노이에서 시작되었는데 독특한 분위기로 베트남 젊은이들 사이에 큰 인기를 얻어 전국에 여러 매장을 운영하고 있다. 한국인들 사이에 입소문이 난 인기 메뉴는 달고 시원한 코코넛 밀크 커피. 베트남에서만 맛볼 수 있는 요거트 커피 등 특이한 메뉴도 있다. 최근 우리나라 연남동에도 매장을 오픈했다. 콩카페(145p)

카페 스어다 주세요

베트남 커피 중 대표적인 것은 연유를 넣은 아이스커피인 카페 스어다Cà Phê Sữa Đá. 길거리에서 500원이면 살 수 있는 카페 스어다는 베트남식 커피 드립퍼인 '카페 핀'으로 내리는데, 특유의 거친 느낌이 매력이다. 하일랜드 커피 같은 프랜차이즈 커피숍에서도 전통 방식인 핀드립 카페 스어다를 쉽게 만날 수 있다. 한국인이 사랑하는 아이스 아메리카노와 비슷한 느낌의 아이스 블랙커피는 카페 덴다Cà Phê Đen Đá.

사탕수수 주스 느억미아를 맛보자

길거리에서 'Nước Mía'라고 적힌 노점을 흔히 볼 수 있다. 사탕수수를 기계에 넣고 착즙해 주스를 만들어주는 것인데 한국에서는 맛보기 어려운 달콤한 맛이 기막히다. 베트남 사람들은 더위에 흘린 땀과 에너지를 보충하기 위해 느억미아에 소금을 타서 마시기도 한다. 가격은 한 잔에 5,000~20,000동 선.

여행에서 빼놓을 수 없는
로컬 비어 마시기

베트남의 국민 맥주로는 타이거Tiger와 사이공Saigon, 베트남어로 '바바바'라고 발음되는 333 맥주 등이 있는데 모두 라거로 도수는 낮은 편. 식당에서 맥주를 시키면 맥주에 얼음을 타주기도 하는데, 때문에 좀 더 밍밍하게 느껴지기도 한다. 다낭의 지역 맥주는 라루Larue이며 최근에는 세븐 브리지스7Bridges 수제 맥주가 등장해 다낭 맥주의 수준을 한껏 끌어올렸다. 짠띠리, 쩐푸옥 등 한강을 가로지르는 다리의 명칭을 딴 일곱 가지 맥주가 있으며 고급 레스토랑이나 펍에서 만날 수 있다. 후에에는 후다Huda와 페스티벌Festival이 있으며 이외에 베트남에서 즐겨볼 만한 주류로는 누룽지맛 나는 현미주 넴머이가 있다.

Step 05
SHOPPING

다낭을 남기다

01 다낭을 추억하는 기념품 백과사전
02 뻔하지 않은 기념품 사기 노하우
03 마트 쇼핑 3파전: 롯데마트 vs 빅씨 vs 빈컴 플라자

SHOPPING 01
다낭을 추억하는 기념품 백과사전

알록달록
예쁜 그릇
코코넛 그릇
한 시장, 호이안

저렴하게 구입해
팍팍 쓰기 좋은
코코넛 오일
마트, 시장

신이 내린 열매라는
노니 비누와 노니 원액
노니 제품
마트, 면세점

고소하고 맛 좋은
베트남 중부의
견과류
마트, 시장

만병통치약
호랑이 연고
타이거 밤
한 시장, 호이안

다양한 크기와 색깔,
장식용으로도 좋은
대나무 그릇
한 시장, 호이안

장인의 손길이 느껴지는
수공예 카드
다낭 수브니어, 호이안

치아 미백에 그렇게 좋다는
달리 치약
대부분의 마트

진하고 달콤한 인스턴트커피
G7 커피
마트, 면세점

다낭에 쇼핑거리가 많은 편은 아니지만 쓸 만하고 개성 있는 레어 아이템들을 꽤 건질 수 있는 편이다. 다낭의 한 시장이나 호이안에서 베트남스러운 기념품들을 살 수 있고, 마트와 기념품가게에서는 품질이 입증된 제품을 구입할 수 있다. 리조트에 있는 기프트 숍도 생각 외로 비싸지 않은 데다 괜찮은 아이템들만 골라 놓아서 쇼핑이 편리하다.

우리나라의 오설록쯤 되는
베트남의 차 회사
푹롱 티
마트

핑크색이 유명하지만
사실 노란색이 더 맛있는
하오하오 쌀국수
마트

작고 가벼운 베트남식
커피 드립퍼
카페핀
마트, 시장

부드럽고 구수한 베트남 커피
커피 원두
마트, 하일랜드 커피,
호이안 로스터리

중국에 이은 차 강국 베트남
고급 잎차
마트, 선물가게,
리칭 아웃 티하우스

느억맘 소스, 라이스 페이퍼,
특제 조미료 등
베트남 요리 재료
마트, 시장

비단 등 vs 대나무 등
호이안 전통 등
호이안

프로파간다 아트가 담긴
엽서와 책갈피
호이안

베트남 전통 고깔 모자
농라
한 시장, 호이안

STEP 05
SHOPPING

SHOPPING 02

뻔하지 않은
기념품 사기 노하우

열쇠고리, 파우치, 책갈피 같은 길거리 아이템도 좋지만 독특한 개성이 있는 나만의
기념품을 간직하고 싶다면?

고급 편집숍, 기념품 전문점을 찾아가자
호이안 올드타운의 오 85나 리칭 아웃 크래프트숍과 같은 고급 편집숍에서는 품질 좋고 유니크한 디자이너 제품들을 만날 수 있다. 베트남의 자연 환경과 문화에서 영감을 얻은 디자인이 담긴 아트 상품이 다양하다. 다낭에서는 노보텔 옆의 다낭 수브니어에서 괜찮은 기념품을 건질 수 있다. 호텔 기념품숍에도 입점해 있는 고급 차와 커피, 문구류와 의류를 비롯해 자체 제작 아이템도 다양하다. 다낭에 스타벅스가 오픈한 뒤로는 다낭 시티 머그나 베트남 텀블러를 기념품으로 사 가는 사람도 많다.
오 85(223p), 리칭 아웃 크래프트 숍(222p), 다낭 수브니어(157p), 스타벅스(146p)

나만의 맞춤 아이템을 제작하자
호이안 올드타운에서는 내 몸에 꼭 맞는 테일러 메이드 드레스나 정장, 아오자이를 맞출 수 있다. 샘플 사진을 보고 원하는 디자인과 색상을 결정할 수 있다. 원하는 스타일이 있는 경우 사진을 들고 가면 비슷하게 만들어준다. 한국에서도 평상복으로 입을 수 있는 무난한 디자인의 원피스 종류도 한 벌에 20달러 정도면 맞출 수 있으니 특별한 추억이 담긴 옷 한 벌 장만해보자. 물소나 소 가죽 제품을 파는 가게에서는 원하는 디자인의 가방과 신발을 맞춤 제작할 수도 있다. 호이안 맞춤옷 쇼핑(224p)

호텔 어메니티를 구입하자
여행의 절반은 숙소. 머물렀던 숙소를 추억할 수 있는 호텔 기념품을 구입해 보자. 쓰지 않은 비누, 펜, 메모지와 같은 어메니티 용품을 챙겨 오는 것은 기본. 호텔 내 기념품숍에서는 객실 내 비치된 목욕 가운이나 슬리퍼, 비치 백 등을 따로 판매하는데 내구성과 디자인 모두 뛰어나다. 투숙 기간 중 실제로 사용해 보고 구입할 수 있는 것도 좋지만 집에 돌아간 뒤에도 여행하는 기분으로 생활할 수 있다는 게 가장 큰 장점이다.

Tip 이런 건 사지 말자
- 한 시장이나 호이안 올드타운의 짝퉁 구두나 가방. 끈이 뚝 떨어지고 지퍼가 고장나는 등 싸게 샀다고 기뻐할 틈도 없다.
- 호이안 올드타운이나 탄하 도자기 마을에서 판매하는 도자기 중 파란색 염료가 들어간 그릇은 뜨거운 물에 닿으면 염료가 새어나오는 문제가 발생한다. 고급 숍에서 파는 정식 제품은 문제가 없으나 외양만 따라한 싸구려 제품은 인체에 유해할 수 있으니 구입하지 말자.

SHOPPING 03
마트 쇼핑 3파전:
롯데마트 vs 빅씨 vs 빈컴 플라자

다낭의 마트 쇼핑은 외국인들이 주로 이용하는 롯데마트와 현지인들이 주로 가는 빅씨로 양분되어 있었는데, 빈컴 플라자가 가세하여 3파전 구도를 형성했다. 낮은 인건비로 경공업이 발달한 베트남은 현지 생산한 공산품과 식품 등 생활 물가가 저렴하다. 카트를 가득 채워도 몇 만 원이 넘지 않으니, 물티슈, 껌 등의 여행 필수품은 물론이고 햇반, 라면, 음료수, 맥주 등 간식거리도 현지에서 구입하는 게 저렴하고 편하다.

1 롯데마트 Lotte Mart

다낭의 필수 코스라고 해도 과언이 아닌 롯데마트. 시내와 거리가 있는 편이지만 쾌적한 쇼핑 환경과 짐 보관소, 환전소, 영화관, 푸드코트 등의 시설이 잘 갖춰져 있어 이용이 편리하고 상품도 다양하다. 반가운 한국 특산품 코너와 관광객을 위한 베트남 특산품 코너가 있어 복잡한 매대에서 헤매지 않아도 된다. 2층에는 의류 매장도 잘 되어 있고 아이들 옷이나 장난감 등 메이드 인 베트남 제품을 저렴하게 구입할 수 있어 알뜰 쇼핑을 할 수 있다. 타파웨어Tupperware와 같은 주방용품도 한국에 비해 반값 수준. 곳곳에 한국어 안내판이 비치되어 쇼핑 편의를 더해 준다. **154p**

2 빅씨 Big C

빅씨는 다낭과 후에 포함 전국에 지점이 포진하고 있는 베트남의 국민 마트다. 롯데마트가 외국인들이 많이 이용하는 고급 마트라면 빅씨는 현지인들이 주로 이용한다. 품목에 따라 다르지만 대체로 롯데마트보다 가격이 싼 대신 품질도 살짝 떨어지는 편이다. 다낭점은 시내 주택가에 위치해 찾아가기 쉽지만 그만큼 이용객이 많아 복잡하다. 특히 퇴근 시간이 지난 저녁 때는 계산대에 긴 줄이 늘어서는 데다 새치기를 당할 우려도 있으므로 북적이는 것이 싫다면 롯데마트로 가는 것을 추천한다. 현지인들이 많아 베트남인들의 생활 풍경을 구경할 수 있는 기회도 된다. **155p**

3 빈컴 플라자 Vincom Plaza

한강 동쪽 강변의 빈컴 플라자는 전자제품, 의류 및 잡화, 가구 등 다양한 매장이 입점해 있는 복합 쇼핑몰이다. 2층에 같은 계산사의 슈퍼마켓인 빈마트Vin Mart가 있어 편리하게 쇼핑할 수 있다. 슈퍼마켓 규모만 보면 상대적으로 작지만 여행자들이 주로 구입하는 먹을 거리나 기념품 등을 빠짐없이 갖춰놓아 부족하다는 느낌은 들지 않는다. 영화관, 아이스링크, 푸드코트가 한 건물에 있어 원스톱 몰링도 즐길 수도 있는 현대식 쇼핑몰이다. **155p**

Step 06
SLEEPING

다낭에서 자다

01 다낭의 숙소에 대한 Q&A
02 여행 스타일별 리조트 선택 완벽 가이드
03 리조트 제대로 누리는 호텔 용어 사전

STEP 06
SLEEPING

SLEEPING 01
다낭의 숙소에 대한 Q&A

여행은 낯선 도시에 가서 살아보는 것! 여행지의 숙소는 단순히 잠을 자는 곳 이상이다.
휴양지인 다낭에서는 특히 리조트 선택이 중요하다.

Q 다낭의 리조트는 비싸다?

NO 초특급 리조트들의 명성으로 고급스러운 숙소들이 주로 부각되고 있지만 다낭에도 저렴한 3성급 이하 호텔이나 게스트하우스가 많다. 배낭여행자를 위한 호스텔도 가성비와 만족도가 좋은 편이라 고민 없이 원하는 숙소를 선택할 수 있다. 하지만 다낭 여행은 역시 리조트다. 한국은 물론 세부나 푸켓 등 다른 휴양지에 비해서도 객실료가 저렴해 뛰어난 가성비로 휴양을 즐기기에 최적이기 때문!

Q 호이안에 숙소를 잡아도 될까?

YES 긴 해안선으로 연결된 다낭과 호이안은 거리상 같은 도시라고 봐도 무방할 정도로 가깝다. 게다가 다낭보다 가격도 더 싸다. 다낭의 5성 리조트가 1박에 20만 원대부터라면 호이안의 경우는 10만 원대 정도로 한결 부담이 적다. 다낭의 리조트들이 전반적으로 럭셔리하고 현대적이라면 호이안에는 올드타운 느낌이 물씬 나는 부티크 리조트가 많다. 분위기가 서로 다르니 일정의 절반은 다낭에서, 절반은 호이안에서 투숙하는 것도 좋은 계획. 다낭 외곽의 비치 리조트는 다낭 시내와 호이안 올드타운의 중간에 있어 다낭 여행에도 호이안 여행에도 편리하다.

Q 후에에 간다면 숙소는 어떻게?

DON'T WORRY 후에를 데이투어로 간다면 따로 숙소 예약할 필요가 없지만, 황제의 도시 후에를 제대로 느끼려면 하루 정도 머무르면서 여유 있게 둘러보는 것이 좋다. 후에에는 다낭과 같은 고급 리조트가 별로 없지만 찰리 채플린이 신혼여행 때 묵었다는 사이공 모린 호텔, 후에 최초의 5성 호텔로 황제가 된 기분을 느끼게 해주는 임페리얼 호텔 등 고도古都 후에의 운치를 더욱 만끽하게 해주는 유서 깊은 호텔들이 있다. 대부분의 호텔은 흐엉강 남쪽 여행자거리나 신시가지에 모여 있고 주변에 식당이나 편의시설도 잘 갖춰져 있다. 다낭과 후에의 중간쯤에 위치하고 있는 랑꼬의 반얀트리, 앙사나 리조트에서는 1시간 거리의 후에 시내와 푸바이 공항까지 셔틀 서비스를 운영한다.

Q 체크아웃 후, 밤 비행까지 짐은 어디에?

DON'T WORRY 리셉션이나 컨시어지에서 무료로 맡아준다. 리조트의 체크아웃 시간은 보통 낮 12시이며, 객실 예약 현황에 따라 무료 혹은 유료로 레이트 체크아웃이 가능하다. 성수기가 아니라면 오후 1~2시까지는 상황에 따라 무료로 레이트 체크아웃을 허용해주기도 한다. 오후 6시 이후에 체크아웃을 하려면 1박 객실료 100%를 지불해야 하는 경우가 많다. 객실에서 체크아웃을 했더라도 수영장 등

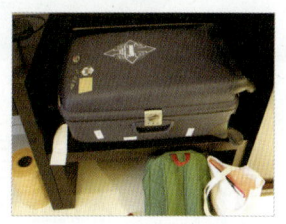

의 부대시설은 공항 가기 전까지 이용할 수 있다. 시내에서 먼 숙소의 경우 리조트에 짐을 맡겨두기 번거롭기 때문에, 마지막 날 오후 리조트의 스파와 사우나를 이용하고 샤워한 후 짐을 챙겨 공항으로 직행하는 것도 방법이다. 시내의 마사지숍에서도 짐을 보관해 주며 샤워 시설도 갖추고 있기 때문에, 마지막 날 마사지로 여행의 피로를 풀고 쾌적한 기분으로 귀국하면 딱 좋다.

Q 0.5박을 할 수도 있다?

YES 가만히 앉아 있어도 땀이 줄줄 흐르는 한여름이나, 아이가 있어 하루 종일 돌아다니기 힘든 경우에는 마지막 날 시내의 저렴한 호텔이나 게스트하우스의 '0.5박'을 이용하자. 5만 원 정도면 충분한, 시내의 깔끔한 3성 호텔에서 더위를 피하며 낮잠도 자고 샤워를 한 뒤 산뜻하게 공항에 갈 수 있다는 이점을 생각하면 즐거운 여행의 마무리를 위해 할 만한 투자다. 밤에 나가고 밤에 들어오는 다낭의 항공편 시간에 맞춰 1박보다 저렴한 가격에 0.5박 상품을 제공하는 시내 호텔이나 게스트하우스가 있으며, 사노우바 다낭과 같은 시내 호텔에서는 0.5박 손님을 겨냥한 조식 불포함 프로모션을 진행하기도 한다.

Q 호텔에 와이파이 되나요?

SURE! 베트남의 웬만한 호텔에서는 무선 인터넷 서비스를 무료로 제공하니 걱정할 필요가 없다. 카페나 레스토랑에서도 와이파이 인심이 후한 편이고 심지어 다낭 시에서 제공하는 공공인터넷Public Wifi도 잘 잡힌다. 물론 한국 인터넷 속도에는 못 미치지만 동남아의 IT 강국인 만큼 만족스러운 서비스 품질을 자랑한다.

SLEEPING 02
여행 스타일별
리조트 선택 완벽 가이드

다낭의 숙소를 선택할 때는 리조트의 전반적인 분위기와 함께 객실 타입을 확인해야 한다. 가장 일반적인 객실인 게스트룸, 주방이 갖춰진 레지던스, 프라이빗 풀이 딸린 풀빌라 등 여행의 목적과 일행을 고려해서 선택하는 것이 필요하다.

친구들과 함께하는 액티브한 여행에 적합한 곳
풀만 다낭 비치 리조트 >> 158p
퓨전 스위트 다낭 비치 >> 173p
앙사나 랑꼬 >> 166p

독채가 필요한 대가족, 단체 여행으로 좋은 곳
프리미어 빌리지 다낭 리조트 >> 163p
오션 빌라 >> 165p

유아풀이 있는 곳
멜리아 다낭 >> 169p
팜 가든 리조트 호이안 >> 226p
빅토리아 호이안 비치 리조트&스파 >> 231p

수영장이 훌륭한 곳
하얏트 리젠시 다낭 리조트&스파 >> 160p
빈펄 럭셔리 다낭 >> 161p
빈펄 리조트&스파 호이안 >> 228p
앙사나 랑꼬 >> 166p

주방이 갖춰진 숙소
하얏트 리젠시 다낭 리조트&스파(레지던스 룸) >> 160p
프리미어 빌리지 다낭 리조트 >> 163p
오션 빌라 >> 165p
알라까르테 다낭 비치 >> 172p
퓨전 스위트 다낭 비치 >> 173p

STEP 06
SLEEPING

조경이 잘 되어 운치 있는 숙소
푸라마 리조트 다낭 >> 159p
프리미어 빌리지 다낭 리조트 >> 163p
팜 가든 리조트 호이안 >> 226p
빅토리아 호이안 비치 리조트&스파 >> 231p

전망이 좋은 호텔
그랜드 투란 호텔 >> 174p
알라까르테 다낭 비치 >> 172p
퓨전 스위트 다낭 비치 >> 173p
반다 호텔 >> 175p
노보텔 다낭 프리미어 한 리버 >> 175p

조식이 맛있는 곳
푸라마 리조트 다낭 >> 159p
멜리아 다낭 >> 169p
스테이 호텔 >> 178p
앙사나 랑꼬 >> 166p

매일 마사지가 무료! 스파 포함 리조트
퓨전 마이아 다낭(일 2회) >> 164p
나만 리트리트(일 1회) >> 162p
퓨전 스위트 다낭 비치(일 1회) >> 173p
알마니티 호이안 웰니스 리조트(일 1회) >> 233p

리조트 내 액티비티가 잘 갖춰져 있는 곳
풀만 다낭 비치 리조트 >> 158p
푸라마 리조트 다낭 >> 159p
나만 리트리트 >> 162p
앙사나 랑꼬 >> 166p
빅토리아 호이안 비치 리조트&스파 >> 231p

취향 저격! 아기자기한 부티크 리조트
라이즈마운트 프리미어 리조트 다낭 >> 170p
빅토리아 호이안 비치 리조트&스파 >> 231p
아난타라 호이안 리조트 >> 232p
알마니티 호이안 웰니스 리조트 >> 233p

달콤한 허니문을 위한 로맨틱 풀빌라
퓨전 마이아 다낭 >> 164p
반얀트리 랑꼬 >> 167p

첫날, 마지막날에 가성비 좋고 깔끔한 호텔
그랜드 머큐어 호텔 다낭(공항 근처 5성) >> 177p
민토안 갤럭시 호텔(공항 근처 4성) >> 178p
사노우바 다낭(시내 3성) >> 179p
시가든 호텔(시내 3성) >> 179p

Tip 일급호텔? 5성호텔? 호텔 등급은 어떻게 정해질까

'일급호텔'은 우리나라에서 과거 사용하던 관광호텔 등급 기준상의 1등급 호텔을 칭하며, 국제 기준인 별 등급으로는 3성에 해당한다. '특2급 호텔'은 4성, '특1급 호텔'은 5성에 해당한다. 흔히 말하는 '특급호텔'은 4~5성 호텔을 의미하는 것. 일부 4성 호텔은 '준특급 호텔'이라고 한다.

	국제 기준 및 한국 새 제도(별 등급)	과거 한국의 무궁화 등급
등급 체계	★★★★★	특1등급
	★★★★	특2등급
	★★★	1등급
	★★	2등급
	★	3등급

SLEEPING 03
리조트 제대로 누리는 **호텔 용어 사전**

모처럼만의 휴가에 비싼 돈 주고 간 리조트, 제대로 누리지 못한다면 너무나 아깝다. 기본적인 호텔 용어를 알면 내게 맞는 리조트 선택과 한 차원 높은 서비스를 즐기기가 더 쉬워진다.

풀빌라 Pool Villa
각 객실에 프라이빗 풀이 딸린 독채형 숙소를 의미한다. 독채형 숙소지만 프라이빗 풀이 따로 없는 경우는 그냥 빌라Villa나 코티지Cottage라고 부르기도 한다. 독채가 아닌 일반 객실을 표현할 때는 호텔 룸Hotel Room 혹은 게스트룸 Guest Room이라고 한다.

플런지 풀 Plunge Pool
가볍게 몸을 담글 수 있는 수영장이라는 뜻으로, 풀빌라의 작은 수영장을 프라이빗 플런지 풀이라고 하기도 한다. 풀빌라가 아닌 호텔 룸이라도 발코니에 플런지 풀을 갖추고 있는 경우가 있다.

인피니티 풀 Infinity Pool
수영장의 한쪽 면이 바다와 연결된 듯이 보이도록 설계된 야외 수영장을 말한다. 바다를 배경으로 인생사진을 건질 수 있어 매력적이다.

어메니티 Amenities
본래 '생활 편의 시설'이라는 뜻으로, 객실에 기본적으로 구비된 서비스 용품을 말한다. 주로 욕실에서 쓰는 소모품이나 일회용 슬리퍼, 커피와 차 티백, 펜과 메모지 등의 사무용품 따위가 있다. 보통 욕실에는 샴푸, 비누, 면도기, 치약과 칫솔, 면봉, 헤어캡, 위생 봉투 등이 구비돼 있으며 고급 호텔에는 반짇고리, 화장솜 등이 제공된다.

객실 내 비치품 In-Room Facilities
소모품이자 가져가도 상관없는 어메니티와 달리 투숙 기간 동안에만 사용할 수 있는 객실 내 비치품으로는 객실용 슬리퍼, 목욕 가운, 비치백, 우산, 농라, 헤어드라이어, 체중계, 다리미 등이 있다. 다낭 리조트는 수영장이나 해변에 신고 나갈 수 있는 플립플랍을 비치하고 있다. 3성 이상 호텔에는 대부분 냉장고, 전기주전자, 금고가 있으며 커피머신이나 노트북이 비치된 곳도 있다. 레지던스형 객실에는 주방 시설이 있고 세탁기와 빨래 건조대가 갖춰진 곳도 있다.

풀보드 Full-board(FB), 하프보드 Half-board(HB)
객실료에 조식뿐만 아니라 중식, 석식이 모두 포함된 요금제를 풀보드라 하며, 조식과 중식 혹은 조식과 석식을 포함하는 패키지를 하프보드라 한다. 끼니마다 뭘 먹을지 고민할 필요 없이 하루 종일 리조트 안에서 해결할 수 있는 것이 장점이라 가족 여행에 인기가 많다.

턴다운 서비스 Turn-down Service
보통 이브닝 턴다운 서비스라고 한다. 낮에 객실 청소를 하는 것 외에, 저녁 시간에 침구를 세팅하고 객실을 다시 정리해주는 것을 의미한다. 특급 호텔에서는 매일 1~2회의 턴다운 서비스를 제공하며, 베드타임 쿠키나 초콜릿, 베드타임 스토리를 두고 가기도 한다. 레지던스형 숙소에는 턴다운 서비스가 제공되지 않는다.

스파 포함 Spa-inclusive
객실료에 스파 서비스가 포함된 것을 의미한다. 다낭에서 퓨전 마이아가 아시아 최초로 하루 2회 스파가 포함되는 스파 인클루시브 정책을 시행해 사랑을 받았다. 퓨전 스위트, 나만 리트리트, 알마니티 호이안도 스파 포함 요금제로 좋은 반응을 얻고 있다.

얼리 체크인, 레이트 체크아웃
Early Check-in, Late Check-out
정해진 시간보다 일찍 체크인하는 것을 얼리 체크인, 정해진 시간보다 늦게 체크아웃하는 것을 레이트 체크아웃이라고 한다. 객실 예약 상황에 여유가 있는 경우만 가능하며 추가 요금이 부과되는 게 원칙이다.

하우스키핑 Housekeeping
'객실관리'를 의미하며 낮 시간대의 객실 청소, 턴다운 서비스, 어메니티 관리 등이 하우스키핑 부서의 소관이다. 침구류나 어메니티가 더 필요하거나 객실 청소를 원하는 경우 하우스키핑으로 전화하면 바로 도움을 받을 수 있다.

룸서비스(=인룸다이닝) Room Service
객실로 음식과 와인 등을 배달해주는 서비스. 5성 호텔은 24시간 룸서비스를 제공한다. 룸서비스 비용은 바로 결제하거나 객실에 달아놓고 체크아웃 시 한번에 지불할 수 있다.

칵테일 아워 Cocktail Hour
하얏트 리젠시나 인터컨티넨탈 등 클럽 라운지를 운영하는 리조트에서는 칵테일 아워를 실시한다. 호텔 멤버십 회원이거나 특정 등급 이상의 객실에 투숙해야 출입할 수 있는 클럽 라운지(혹은 이그제큐티브 라운지)에서 차, 칵테일, 와인, 카나페 등 간단한 식음료를 제공하는 행사로 해피 아워Happy Hour라고 부르기도 한다.

뷔페 Buffet | 알라카르테 A la carte |
인룸다이닝 In-Room Dining
호텔의 조식은 크게 뷔페 스타일과 앉은 자리에서 원하는 메뉴를 주문해 먹을 수 있는 알라카르테 스타일로 구분된다. 알라카르테 조식의 경우 원하는 메뉴를 맘껏 주문할 수 있다. 퓨전마이아와 퓨전스위트, 반얀트리 등 몇몇 리조트에서는 고객 요청 시 추가 비용 없이 객실로 아침식사를 배달해주는 인룸다이닝 조식을 제공한다.

컨시어지 Concierge
컨시어지에서는 투숙객의 편의를 위한 다양한 서비스를 제공한다. 물건을 맡아주거나 차량을 대절해주고 각종 예매를 대행해주기도 한다. 투어 데스크Tour Desk가 따로 있는 숙소도 많지만 기본적인 편의는 컨시어지에 문의하면 된다.

DA NANG BY
AREA

다낭 지역별 가이드

01 다낭
02 호이안
03 후에

Da Nang By Area
01

다낭
ĐÀ NẴNG

끝도 없이 펼쳐진 화이트 비치는
눈부시고, 청명한 하늘과 바다,
산이 만나 장관을 연출한다. 몇 년
전까지만 해도 다낭은 호이안이나 후에의
유적지를 보러 가는 여행자들이
스쳐가는 곳에 불과했으나
초특급 리조트와 각종 휴양시설이
줄줄이 들어서며 베트남에서 가장
인기 있는 휴양지로 거듭났다.
한국에서의 비행시간도 4시간 30분
정도로 짧아 아이가 있는 가족
여행이나 태교 여행, 허니문에 두루
적합하다.

Da Nang
PREVIEW

다낭은 리조트가 중요한 휴양지다. 착한 가격에 감동적인 시설과 서비스를 자랑하는 고급 리조트들이 많아 선택이 어렵지만, 우선 숙소를 정하고 나면 여행은 쉽다. 시내 관광은 리조트에서 운행하는 셔틀이나 택시를 이용하면 되고, 투어 예약도 쉽게 도움받을 수 있다.

ENJOY

액티브하게 즐기고 싶다면 서핑이나 래프팅 등에 도전하고, 그저 꼼짝 않고 쉬고 싶다면 리조트에만 있어도 충분하다. 리조트에서 세끼 모두 해결하고 수영과 스파를 즐기며 마음껏 호사를 누려보자. 베트남 최대 크기의 불상이 있는 린응사의 일몰, 불과 물을 번갈아 뿜는 롱교의 야경은 놓치지 말 것.

EAT

맛좋은 베트남 음식은 물론이고 피자, 파스타, 버거, 스테이크 등의 세계 음식을 착한 베트남 물가 수준에 즐길 수 있다. 다낭의 레스토랑은 대체로 메뉴 선택의 폭이 넓어 취향이 다른 일행들이 함께라도 걱정이 없고 의사소통도 문제없다. 주문 결정이 어려우면 세트 메뉴가 있는지 물어보자.

BUY

다낭에 쇼핑거리가 많은 편은 아니지만 저렴한 물가가 최대의 미덕이다. 여행 중 간식거리와 기념품을 사기 위한 마트 쇼핑은 필수 코스. 살 건 없어도 구경하는 재미가 쏠쏠한 재래시장 탐방도 놓치지 말자.

SLEEP

미케 비치와 박미안 비치, 논느억 비치 등 해안선을 따라 프라이빗 비치를 갖춘 4~5성급 리조트가 포진하고 있고 시내에도 다양한 가격대의 호텔이 많다. 입국 첫날은 저렴하고 공항과 가까운 시내 호텔에서 1박을 하고, 다음날 메인 리조트로 옮겨 본격적인 럭셔리 휴양을 즐기자. 공항 픽업이나 무료 스파 등을 제공하는 숙소도 많으니 예약 시 확인하자.

Da Nang
BEST OF BEST

다낭은 천혜의 자연 환경이라는 토대 위에 베트남에서 가장 큰 해수관음상, 1천억 원을 들여 지은 용 모양의 다리, 세계에서 가장 긴 케이블카 등 독특한 관광거리가 많아 매력적인 여행지다.

볼거리 BEST 3

끝없이 펼쳐진
화이트 비치

베트남 최대 크기의
해수관음상

불과 물을 뿜는
롱교(용다리) 진기명기

먹을거리 BEST 3

노랗고 고소한
다낭 국수 미꽝

다낭에서 즐기는
세계 음식

콩카페
코코넛 커피

투어 BEST 3

베트남의 겨울을 느끼는
바나 힐스

오토바이로 다낭 정복,
오토바이 투어

서핑, 래프팅 등
워터 스포츠

Da Nang
GET AROUND

🚙 어떻게 갈까?

인천, 김해, 대구, 무안 등 국내 여러 공항에서 다낭까지 직항편이 운항된다. 대한항공, 아시아나항공, 베트남항공뿐만 아니라 저가항공이 다수 취항해 항공료가 저렴하고 운항 횟수가 많다. 다낭까지 비행시간은 4시간 30분 안팎이며 밤에 도착하고 밤에 출발하는 스케줄이 많다. 공항에서 시내까지 거리가 가까워 이동이 편리하다. 다낭국제공항(DAD)에는 두 개의 터미널이 있는데, 신청사인 제2터미널이 국제선 전용이다. 출입국 시 제1터미널로 가지 않도록 유의하자.

1. 택시
베트남은 택시 바가지로 악명 높지만 다낭에서는 걱정하지 않아도 된다. 공항 밖으로 나오면 택시 스탠드가 있고 호객행위 하는 기사들이 많지만, 믿을 수 있는 회사 택시만 이용하면 안전하다. 초록색 '마이린'이나 흰색 바탕에 줄무늬가 있는 '비나썬', 노란색 '띠엔사' 정도가 신뢰할 만하다. 원하는 택시가 보이지 않으면 불러달라고 하면 된다. 보통 시내의 호텔까지는 10~20만 동, 비치 쪽의 리조트까지는 20~30만 동, 호이안까지는 40만 동이 나오며, 공항 톨비 1만 동이 추가된다. 심야 시간에는 할증을 명목으로 웃돈을 요구하기도 하는데, 기사의 요구가 지나치다 싶으면 호텔 직원을 불러 도움을 받자.

Data 마이린Mai Linh 051-1356-5656 비나썬Vinasun 051-368-6868 띠엔사Tien Sa 051-1379-7979

2. 그랩
동남아의 우버, 그랩Grab이 베트남 여행의 새로운 교통수단으로 떠올랐다. 다낭 시내 이동 시 일반 택시보다 절반 가까이 저렴하며 지불 금액을 미리 알 수 있는 등 장점이 많다. 다만 공항에서 호이안 등 장거리의 경우 오히려 금액이 많이 나올 수 있어 반드시 요금을 확인 후 호출 버튼Just Grab을 누르도록 하자.

3. 픽업 서비스
일행이 많아 택시 한 대로 이동하기 어렵거나 호이안 등 장거리 이동을 하는 경우 미리 공항 픽업 서비스를 신청해두면 좋다. 대부분의 리조트에서 프라이빗 픽업 서비스를 유료로 제공하며, 현지 여행사에서도 공항 픽업 서비스를 제공한다. 비용으로 치면 택시비보다 두 배 정도 비싸지만 택시 기사와 요금을 협상하느라 에너지를 낭비하거나 바가지요금을 걱정할 필요 없이 기다리고 있는 픽업 기사를 만나서 바로 이동할 수 있다는 것이 큰 장점. 일반 택시보다 차량 상태도 쾌적한 편이다.

4. 리조트 셔틀
프라이빗 픽업 외에 무료 공항 셔틀 서비스를 제공하는 리조트가 있으니(반얀트리&앙사나 등) 미리 예약하고 이용하자.

어떻게 다닐까?

택시와 그랩이 답이다. 다낭은 크지 않은 도시이기 때문에 시내에서 이동 시 택시를 이용하는 것이 저렴하고 편리하다. 리조트에서 대기하고 있는 택시를 이용하거나 그랩 택시를 호출하면 된다. 하루 동안 여러 장소를 방문할 예정이거나 이동 거리가 길다면 정해진 금액의 개별 차량 렌트도 편리하다.

1. 택시

지나다니는 택시는 되도록 잡지 말고 호텔이나 레스토랑에 택시를 불러 달라고 부탁하자. '마이린', '비나썬', '띠엔사'만 타면 안전하다. 미터기 요금대로 지불하면 되며, 잔돈도 정확하게 주는 편이다. 차종에 따라 기본요금의 차이가 있지만, 보통 6,000~8,000동 선이다.

2. 그랩

어플을 설치하고 페이스북 아이디나 신용카드로 본인 인증을 해야 이용할 수 있다. 처음에는 조금 헷갈리지만 한두 번만 써보면 금세 손에 익는다. 차량 호출 전 GPS 위치와 요금을 잘 확인한 뒤 호출 버튼Just Grab을 누르자.

3. 개별 차량 렌트

인원이 많아 택시 한 대로 이동하기 어렵거나 이동 거리가 긴 날에는 개별 차량을 렌트하는 것이 편리하다. 현지 여행사를 통해 렌트하면 운전기사가 같이 오며, 인원에 따라 필요한 차종, 원하는 이동 경로에 따른 견적 문의 후 예약하면 약속한 시간에 숙소로 기사가 온다. 택시보다 쾌적하며, 하루 종일 같은 차로 다닐 수 있어 편하다. 호텔이나 리조트에서도 소개받을 수 있지만 가격이 많이 비싸니 현지 여행사에 문의하자.

Data 팡팡투어 차량 렌트
요금 전일 이용 60달러, 반일 이용 50달러~(기사 팁 포함) **문의** 카카오톡 플러스 친구 다낭자유여행_팡팡투어

4. 리조트 셔틀&시티 투어 버스

대부분의 다낭 리조트에서 호이안 올드타운이나 다낭 시내까지 유/무료 셔틀 서비스를 운영한다. 편도만 이용하더라도 차비를 꽤 절약할 수 있으니 체크인 시 운행 시간과 이용 방법을 확인해두자. 최근 다낭에는 코코버스Cocobus 등 하루종일 자유롭게 타고 내릴 수 있는 시티 투어 버스도 등장했다. 정해진 시간에 맞춰 이용해야 하는 번거로움이 있지만 이층버스를 타고 경치를 즐기고 싶거나 교통비를 아끼고 싶은 나홀로 여행자라면 타볼 만하다. 코코버스는 온라인에서 6~7천 원에 예매할 수 있다.

5. 오토바이, 시클로

로컬처럼 다낭을 여행하고 싶다면 오토바이를 타보자! 하루 20만 동 선에서 오토바이를 빌릴 수 있으며, 기사 딸린 오토바이를 섭외할 수도 있다. 시내의 좁은 골목을 다닐 때 편하고 교통 체증에서 자유롭다는 장점이 있으며, 무엇보다 가장 베트남스러운 여행 방식이다. 관광객을 위한 시클로Xych Lo를 타고 시내 투어를 할 수도 있으며 금액은 30분에 20만 동부터 시작한다.

Da Nang
ONE FINE DAY

Theme 1 친구, 커플 여행에 추천! 신난다낭

09:00
신나는 래프팅 투어
참가하기!

13:00
시내 맛집에서 점심식사

14:00
콩카페
코코넛커피 맛보기

17:00
린응사 일몰과
해수관음상 감상

16:00
빈컴 플라자
쇼핑 즐기기

15:00
시내 한강, 한 시장, 다낭
대성당, 까오다이교 사원 등
구경하기

18:00
시내 레스토랑에서
근사한 저녁식사

20:00
알라까르테 호텔
톱 바에서 야경 보기

21:00
노보텔 SKY36에서
야경과 음악 즐기기

다낭 여행은 미케 비치 즐기기와 시내 관광, 외곽 관광으로 이루어진다. 하루쯤은 리조트에서 수영장과 액티비티, 프라이빗 비치를 즐기는 것도 좋고, 너무 덥지 않다면 다낭 시내를 걸어 다니며 관광과 맛집 탐방, 쇼핑을 즐겨보자. 반일 혹은 전일이 소요되는 바나 힐스, 래프팅, 호핑 투어, 호이안 투어, 후에 투어 등을 추가하면 알찬 일정을 보낼 수 있다.

Theme 2 가족 여행에 추천! 아이도 어른도 즐겁다낭

09:00
응우한선 구경하기
Tip 어른들과 함께라면 응우한선, 아이들이 있다면 바나 힐스를 추천!

혹은

09:00
바나 힐스
즐기기

11:30
응우한선 근처 맛집에서
점심식사

15:00
시내 한강, 한 시장, 다낭
대성당, 까오다이교 사원 등
구경하기

14:00
시원하게
마사지 받기

13:00
리조트로 돌아와 휴식,
수영장에서 빈둥거리기

16:00
린응사 일몰과
해수관음상 감상

17:00
해산물 레스토랑에서
포식하기

19:00
아시아파크 방문,
선휠 관람차 타고 야경보기

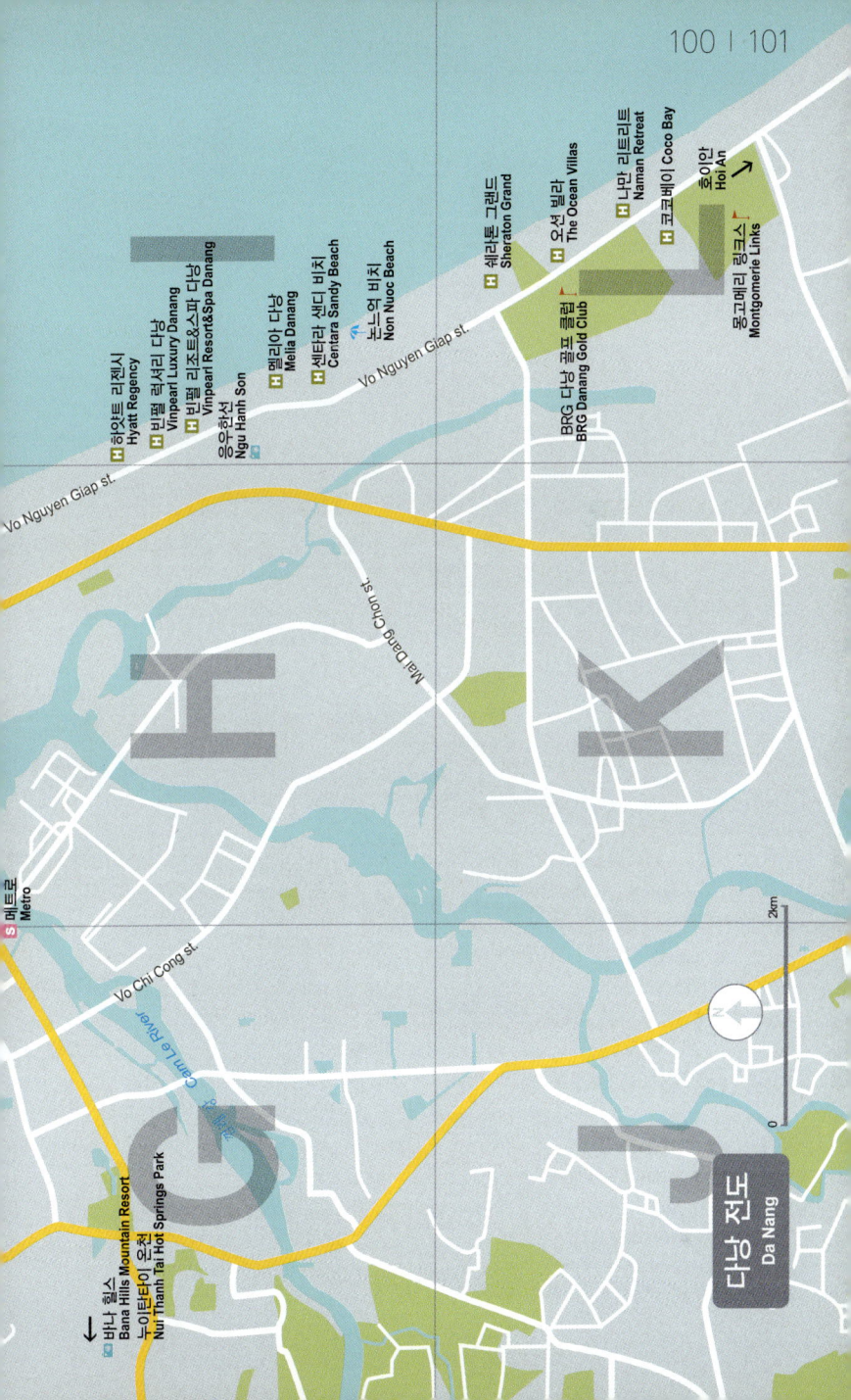

DA NANG BY AREA 01
다낭

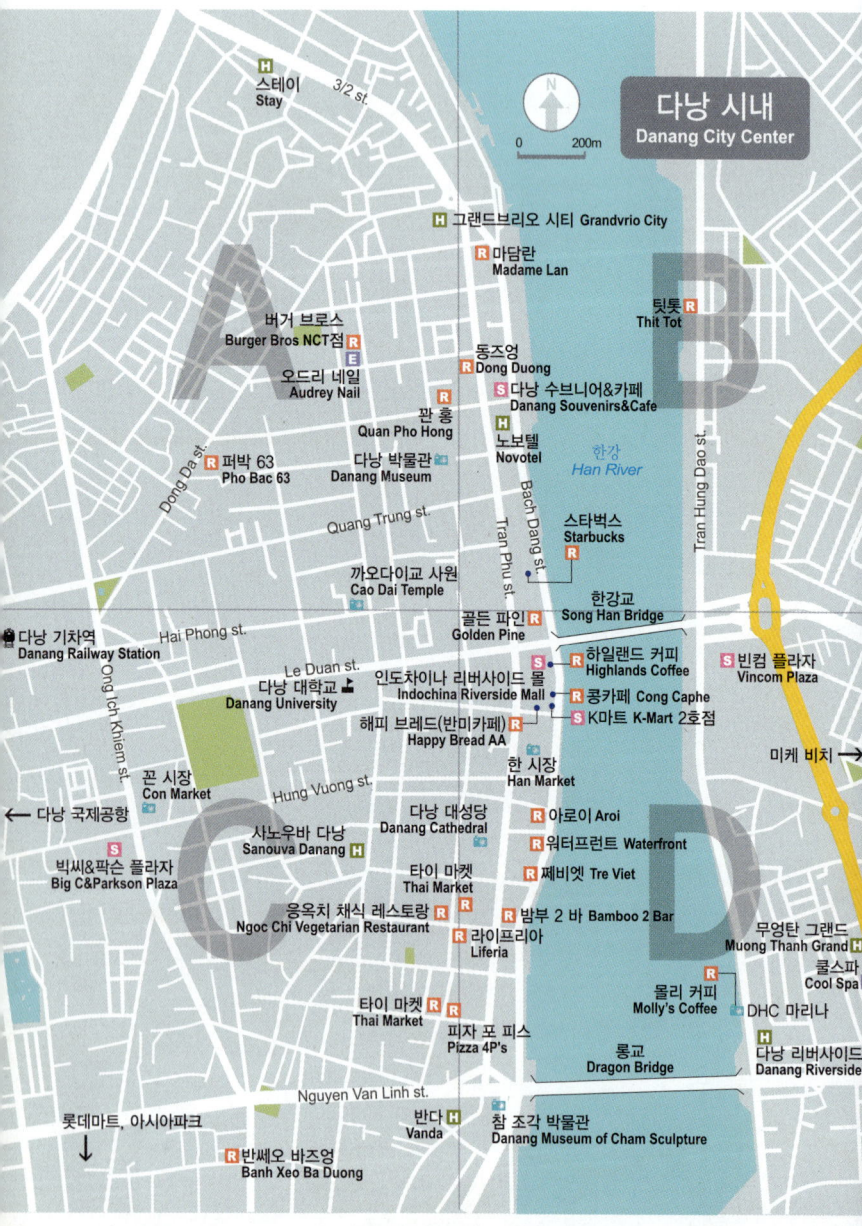

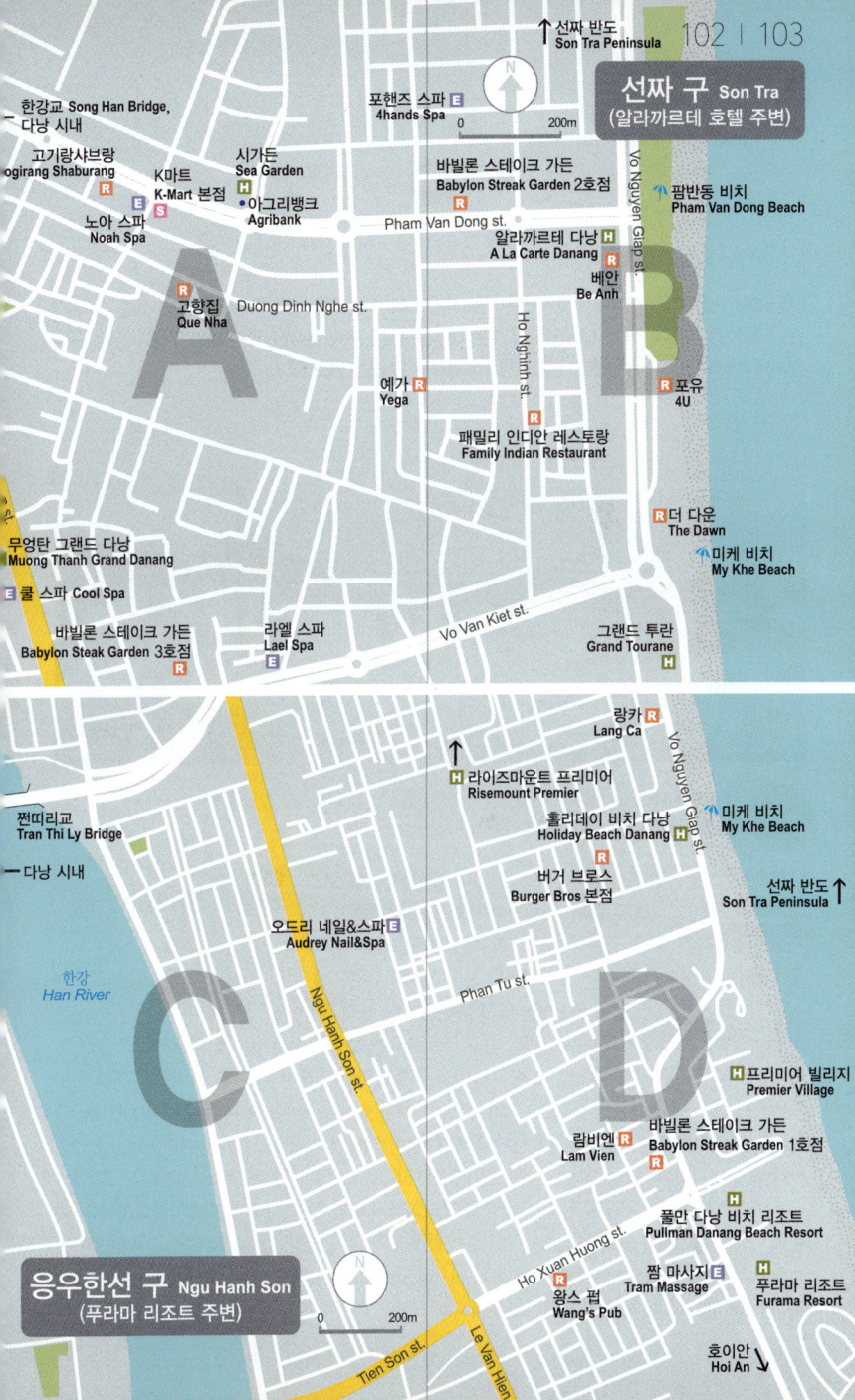

선짜 구 Son Tra District

다낭에서 여행자들이 많이 가는 곳은 주로 미케 비치가 있는 선짜 구와 한강이 있는 시내의 하이짜우 구에 모여 있다. 다낭의 리조트는 대부분 선짜 구와 호이안 가는 방향의 응우한선 구에 위치해 바다와의 접근성이 좋고, 프라이빗 비치를 끼고 있는 곳도 많다.

세계 6대 해변 중 하나
미케 비치 Bãi Tắm Mỹ Khê / My Khe Beach

포브스지 선정 '세계에서 가장 럭셔리한 6대 해변'으로 유명한 다낭의 비치들은 고운 모래의 화이트 비치로, 수심이 얕아 사계절 물놀이하기 좋다. 다낭의 바다라고 하면 대부분 미케 비치를 떠올린다. 끝도 없이 이어진 해안선은 눈이 부시고, 맑은 날이면 해변에서 건너편 선짜 반도 중턱의 해수관음상도 눈에 들어온다. 미케 비치가 가장 유명하기도 하고 옛날부터 쓰던 명칭이라서 흔히 다낭의 비치들을 미케 비치라고 통칭하기는 하지만 굳이 따지자면 각 해변마다 이름이 다르다. 하이반 고개에서 논느억까지 90km에 달하는 해안선을 따라 팜반동 비치 Pham Van Dong Beach, 푹마이 비치 Phuoc My Beach, 미케 비치 My Khe Beach, 다나 비치 Dana Beach, 박미안 비치 Bac My An Beach, 미안 비치 My An Beach, 논느억 비치 Non Nuoc Beach 등이 이어지며 호이안의 하미 비치 Ha My Beach, 끄아다이 Cua Dai Beach 비치로 연결된다. 해변을 따라 프라이빗 비치를 낀 럭셔리 리조트가 늘어서 있기 때문에 바다를 즐기기 위해 굳이 리조트 밖으로 나갈 필요가 없다. 시내 호텔에 머무는 경우 팜반동 비치나 미케 비치로 가서 놀면 좋다. 파라솔과 비치베드를 빌릴 수도 있고 맥주나 간식거리를 파는 카페, 노점도 즐비하다. 해가 지면 뜨거운 낮을 피해 해수욕 나온 현지인들로 더욱 활기를 띤다.

Data 지도 100p-E
가는 법 다낭 동쪽으로 해안선을 따라 늘어서 있는 비치
운영시간 제한 없음
(기상 상황에 따라 제한)

Tip 다낭의 비치들은 대체로 럭셔리한 느낌이지만 팜반동 비치를 지나 썬짜 반도 방향으로 가면 소박한 어촌 풍경도 만나볼 수 있다. 알록달록한 고깃배들이 정박해 있고, 전통 바구니배를 타고 물고기를 잡는 풍경이 펼쳐진다.

소원을 이루어주는 비밀의 사원

린응사 Chùa Linh Ứng / Linh Ung Pagoda

다낭의 해안선을 더욱 절묘하게 만들어주는 건 베트남 최대 크기의 해수관음상이 있는 선짜 반도의 절경이다. 18세기에 지어진 선짜 반도 린응사는 다낭에서 가장 큰 사찰로, 보트피플 출신 미국의 피터 뉴엣에 의해 지어졌다. 잘 알려지지 않았지만 피터 뉴엣은 한국과도 인연이 있는 인물이다. 1975년 3월 다낭 점령 이후 보트피플이 되어 피란을 떠난 피터 뉴엣의 배가 한국의 부산에 닿았고, 이를 전재명 선장이 구조하면서 그가 생명을 구할 수 있었던 것. 훗날 미국으로 가서 큰 재산을 모은 피터 뉴엣이 전재명 선장에게 감사를 표하면서 이 사연이 언론을 통해서 알려졌다. 불교 신자들의 성지 순례 코스에도 빠지지 않는 린응사는 소원을 이루어주는 절로 알려져 있다. 절 입구에는 3개의 거대한 문이 있으며, 녹음이 우거진 경내에서는 18나한의 석상이 저마다 위엄을 드러낸다. 정성스레 기도하는 신도들을 보면 불교 신자가 아니라도 경건한 마음이 든다. 경내에 그늘이 없어 뜨거우므로 낮 시간보다는 선짜 반도의 일몰을 배경으로 멋진 사진을 남길 수 있는 해 질 녘에 가는 것을 추천한다.

Data 지도 100p-C
가는 법 다낭 시내에서 북동쪽으로 10km, 약 20분 소요
운영시간 제한 없음
요금 무료

Tip 베트남 중부에는 린응사라는 이름을 가진 절이 총 4곳 있다. 남쪽에 응우한선, 서쪽에는 바나산 중턱에 있으며 북쪽에 있던 절은 전쟁으로 소실되었고 동쪽에 있는 것이 선짜 반도 린응사로 가장 방문객이 많다.

다낭을 굽어 살피는 레이디 붓다
해수관음상 Phật Quan Thế Âm / Lady Buddha

린응사의 상징이라 할 수 있는 해수관음상은 다낭 시내에서도 새하얀 자태가 눈에 선히 들어올 정도로 거대하다. 30층 건물 높이에 해당하는 67m로 베트남에서 가장 큰 불상인데 흔히 '레이디 붓다'라고 불린다. 2010년에 린응사 해수관음상이 완공된 이후 다낭에는 큰 태풍이 없었다고 하니 놀라울 따름. 불상에도 여러 종류가 있는데, 해수관음상은 육지를 지키는 부처로 주로 바닷가 근처의 절에 세운다. 우리나라의 경우 양양 낙산사에 해수관음상이 있다.

Data 지도 100p-C 가는 법 린응사 경내

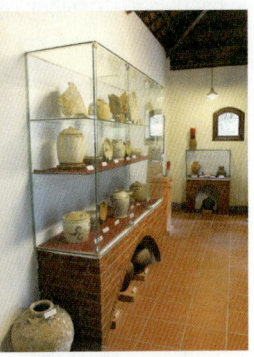

숲 속의 작은 박물관
동딘 박물관 Bảo Tàng Đồng Đình / Dong Dinh Museum

린응사 입구 바로 앞에 있는 동딘 박물관은 박물관이라기보다는 수목원 같기도 하고 민속촌 느낌도 드는 작은 숲속 공간이다. 2011년 처음 문을 연 공립박물관으로 꽝Quang 사람들의 전통 생활문화를 엿볼 수 있다. 100년에서 2500년 된 도자기 유물은 물론 당시 사람들이 사용했던 생활용품, 농기구, 어구 등을 전통 가옥 안에 전시하고 있어서 베트남 시골집에 놀러온 듯한 기분으로 가볍게 둘러보기 좋다. 수려한 썬짜 반도의 자연환경을 축소해놓은 듯 식물이 우거져 녹음 속에 산책하는 즐거움도 더해진다. 매표소가 따로 없어 입구에 앉아 있는 매표원에게 표를 사고 입장하면 된다. 관람 시간은 30분 정도면 충분하다.

Data 지도 100p-C
가는 법 다낭 시내에서 북동쪽으로 10km, 약 20분 소요
주소 But stream, Son Tra peninsula
운영시간 08:00~17:00
요금 2만 동

| 하이짜우 구 Hai Chau District_시내, 한강 주변 |

서울엔 한강, 다낭엔 쏭한
한강 Sông Hàn / Han River

서울에 한강이 있다면 다낭에는 쏭한이 있다. 이름이 같아 더욱 친근감이 느껴지는 다낭의 한강은 도시를 남북으로 가로지르며 시원한 경관을 선사한다. 강 주위로는 리버뷰를 즐길 수 있는 호텔과 고층 빌딩, 쇼핑몰 등이 들어서 있다. 저녁이면 현지인들이 산책을 즐기는 코스이자 연인들의 데이트 장소로 사랑받는다. 쏭한교와 롱교 사이의 강변이 가장 걷기 좋으며 밤에는 교각들이 저마다 불을 밝혀 아름다운 야경도 볼 수 있다. 강변의 박당 거리는 다낭에서 가장 임대료가 비싼 핫플레이스라고. 한 시장 입구 맞은편에 멀리 롱교가 내다보이는 작은 조각공원이 있는데 여기서 시작해 한 시장, 다낭 대성당, 까오다이교 사원 등을 걸어서 돌아보면 좋다.

Data 지도 102p-B 가는 법 택시 이용 시 한 시장 입구에서 하차

다낭 시내 한복판의 재래시장
한 시장 Chợ Hàn / Han Market

다낭에는 현지인들의 생활을 생생하게 느낄 수 있는 재래시장이 두 군데 있다. 그중 한 시장은 다낭 대성당, 까오다이교 사원 등 유명 관광지와 가까워서 관광객들이 꼭 들르는 곳. 꽃과 건어물 시장으로 시작된 곳인데 최근에는 관광지화되어 물가가 오르면서 오히려 현지인들은 발길이 뜸해졌다. 각종 생활용품과 베트남 특산품에서부터 관광객을 위한 기념품, 의류를 살 수 있으며 어지간한 한국어도 통해 흥정도 쉽게 할 수 있다. 현대화된 실내 아케이드 공간과 의류 매장은 우리나라 동대문 느낌도 나는데, 여행 중에 가볍게 입을 만한 원피스나 셔츠 류를 저렴하게 살 수 있고 아오자이도 맞출 수 있다. 한 시장 주변에는 은행보다 조금 더 좋은 환율로 환전을 해주는 금은방도 많다.

Data 지도 102p-D
가는 법 다낭 시내 박당, 응웬타이혹, 쩐푸, 훙부엉 거리 입구 이용
운영시간 06:00~일몰 **홈페이지** chohandanang.com

Tip 현지인들이 더 많이 가는 시장을 구경하고 싶다면 빅씨 맞은편의 꼰 시장에 가보자(113p).

사랑스러운 핑크빛 대성당
다낭 대성당 Nhà Thờ Chánh Tòa / Danang Cathedral

Writer's Pick!

Data 지도 102p-D
가는 법 다낭 시내 한 시장 근처
주소 156 Tran Phu street, Hai Chau district
운영시간 07:00~19:00
요금 무료

여행자들 사이에서 핑크 성당이라는 애칭으로 불리는 다낭 대성당은 1923년 프랑스 식민 통치 시기에 지어졌다. 베트남은 프랑스 식민지 시절의 영향으로 천주교 신도 비중이 높은 편이다. 베트남 전역에 크고 작은 교회와 대성당이 있고 성모 발현 유적지도 찾아볼 수 있다. 덕분에 천주교 신자들의 성지 순례 여행지로도 꾸준히 각광받고 있다. 다낭 대성당은 지붕에 수탉 모양의 풍향계가 달려 있어 현지인들은 수탉 성당Nhà Thờ Con Gào이라는 별명으로 더 많이 부른다. 수탉은 프랑스의 상징이기도 하지만 다낭 대성당 지붕의 수탉은 베드로가 예수를 3번 부정한 성경의 일화를 의미한다는 설명이 정설. 고딕 양식의 아름다운 성당에는 미사 시간마다 신도들이 모여 경건한 분위기를 형성하는데, 천주교 신자가 아니라도 한 번 들러봄 직하다. 종교 시설인 만큼 허락되지 않은 공간에 들어가거나 소란을 피우는 일이 없도록 예의를 갖추자. 매주 일요일 오전 10시에는 영어와 한국어 미사도 진행된다.

Writer's Pick! 평화로운 종교의 끝판왕
까오다이교 사원 Tòa Thánh Cao Đài / Cao Dai Temple

까오다이교란 베트남에만 있는 신흥 종교다. 도교, 불교, 기독교, 유교, 이슬람교와 베트남 민간 신앙이 혼합되어 독특한 조화를 이루고 있다. 베트남은 본래 다양한 민족과 문화가 섞여 공존하는 나라인데, 그런 베트남의 조화로운 정신이 드러나는 종교가 바로 까오다이교라 할 수 있다. 1926년 남베트남의 떠이닌에서 발흥된 까오다이교는 "모든 종교는 같은 목적을 가지고 있다"는 교의 아래 종교 간의 화해와 통합을 추구한다. 사원의 현판에는 까오다이교의 상징인 '모든 것을 꿰뚫어보는 신성한 눈'과 함께 노자, 예수, 석가모니, 공자, 마호메트의 모습이 함께 그려져 있다. 외국인의 눈에는 그저 희한할 따름이지만 엄연한 종교 시설이므로 경내에서는 정숙하자. 다낭의 까오다이교 사원은 베트남 중부에서 가장 큰 본부로, 5만 명의 신도를 보유하고 있으며 떠이닌의 총본산에 이어 둘째로 큰 규모다. 사원의 기도 시간은 매일 오전 5시 30분, 11시 30분, 오후 5시 30분, 11시 30분이다.

Data 지도 102p-A
가는 법 다낭 시내 위치
주소 63 Hai Phong street, Hai Chau district
운영시간 제한 없음 (일몰 후 관람 어려움)
요금 무료

Writer's Pick!

불과 물을 뿜는 용의 진기명기

롱교(용다리) Cầu Rồng / Dragon Bridge

베트남어로는 꺼우롱, 영어로는 드래곤 브리지라고 불리는 롱교(용다리)는 2013년 다낭 시 독립 38주년을 기념하며 개통됐다. 롱교의 길이는 총 666m이며, 우리 돈으로 거의 1천억 원에 달하는 천문학적인 비용을 들여 건설됐다. 다른 어떤 도시에서도 찾아보기 어려운 독특한 디자인으로, 한강을 가로지르는 여러 교각들 중 단연 눈에 띈다. 참 조각 박물관 바로 앞에 있어서 오가며 지나게 되지만, 주말 동안 다낭에 머문다면 가까이 찾아가 볼 가치가 있다. 매주 토요일과 일요일 저녁 9시에 용의 입에서 불과 물이 번갈아 뿜어져 나오는 진기한 쇼가 펼쳐지기 때문. 9시 10분 전부터 롱교의 교통이 통제되니 1시간 전에는 도착해 자리를 잡는 것이 좋다. 박당 거리Bach Dang Street의 노천카페나 바에 자리를 잡으면 여유롭게 커피나 맥주를 마시면서 불과 물을 뿜는 용을 볼 수 있다. 한강 유람선을 이용하는 것도 좋은 방법이다. 사람이 많아 다소 복잡하기는 하지만 좀 더 가까이서 롱교 쇼를 보려면 물을 뿜는 용 모양의 분수가 있는 강변의 DHC 마리나로 가자.

Data 지도 102p-D
가는 법 참 조각 박물관 바로 앞
운영시간
불쇼 주말 및 공휴일 21:00

고대의 참파 유물을 만나보는
참 조각 박물관 Bảo Tàng Điêu Khắc Chăm / Danang Museum of Cham Sculpture

다낭에서 박물관을 딱 한 군데만 간다면 단연 참 조각 박물관을 추천. 롱교 바로 앞에 있는 참 조각 박물관은 참 박물관이라고도 부르며, 호이안에서 반일 투어로 많이 가는 미선 유적지에서 발굴된 유물을 비롯한 참파 유물을 전시하고 있다. 참 문화는 인도의 영향을 받은 힌두교적 바탕에 불교적 요소가 가미된 것으로, 베트남의 미선과 캄보디아의 앙코르와트 유적지에서 그 흔적을 찾아볼 수 있다. 사암으로 조각한 각종 제단, 힌두교의 여러 신과 상징물 조각에서 그 진수가 느껴진다. 5세기부터 15세기에 이르는 시기의 참파 유물 300여 점의 유물 가운데 일부는 프랑스로, 일부는 하노이나 호찌민의 박물관으로 보내졌으나 대부분은 다낭에 전시되고 있다.

Data 지도 102p-D
가는 법 다낭 시내 롱교 서쪽 강변
주소 No.02, 2/9 street, Hai Chau district
전화 0236-357-4801
운영시간 매일 07:00~17:00
요금 6만 동, 학생 1만 동, 18세 미만 무료
홈페이지 www.chammuseum.vn/en
이메일 btdkc@danang.gov.vn

해양도시 다낭의 과거가 궁금하다면
다낭 박물관 Bảo Tàng Đà Nẵng / Danang Museum

한 나라의 과거를 보려면 박물관에 가보라 했다. 해양도시 다낭의 과거를 알고 싶다면 노보텔과 다낭 시청 옆에 있는 다낭 박물관을 추천한다. 다낭의 역사와 문화 전반을 살펴볼 수 있다. 관광객이 많이 찾는 곳은 아니지만 영어 안내도 잘 되어 있고 전시 수준도 높은 편이라 박물관 마니아라면 들러보자. 전시실은 총 3층 규모로, 해양도시 다낭의 생태계와 기후, 민속 문화, 산업, 베트남 전쟁에 이르기까지 폭넓게 전시가 이루어지고 있다. 베트남 문화는 의외로 우리나라 문화와 비슷한 부분이 많아서, 비교하면서 관람하면 더욱 흥미롭다.

Data 지도 102p-A 가는 법 다낭 시내 노보텔 근처 주소 24 Tran Phu street, Hai Chau district 전화 0236-388-6236 운영시간 화~일 07:30~11:30, 13:30~16:30 요금 2만 동 홈페이지 www.baotangdanang.vn 이메일 btdn@danang.gov.vn

잠시 로컬이 되어보는 곳
꼰 시장 Chợ Cồn / Con Market

Writer's Pick!

꼰 시장은 현지인들이 많이 사는 주택가에 위치해 있어 시내의 한 시장에 비해 로컬 시장의 분위기가 물씬 풍긴다. 베트남의 재래시장은 시간대에 따라서 볼 수 있는 풍경이 다른데, 아침 일찍 꼰 시장에 가면 쌀국수 한 그릇으로 아침식사를 하고 하루를 시작하는 베트남 사람들의 활기를 만날 수 있다. 골목골목 신선한 육류, 생선, 채소, 과일과 식료품, 그릇, 의류 등 없는 물건이 없고, 여행자의 카메라를 향해 브이 자를 그려주는 상인들의 쾌활한 웃음소리가 정겹다. 서울 광장시장이나 부산 국제시장을 연상시키기도 하는 시장 풍경은 몇 시간을 헤매고 다녀도 매력이 넘친다. 즉석에서 갈아주는 생과일 스무디 신또 sinh tố는 우리돈 500원 정도이니 잊지 말고 맛볼 것. 과일을 직접 선택할 수 있는데 아보카도와 잭프루트 조합을 추천한다. 대형마트인 빅씨와도 가까워 함께 구경하며 베트남의 재래시장과 현대식 마트를 비교 체험할 수 있다.

Data 지도 102p-C
가는 법 빅씨 맞은편, 다낭 기차역 근처
운영시간 06:00~일몰

| 하이짜우 구 Hai Chau District_롯데마트 주변 |

신나는 오락과 야시장이 있는 곳
헬리오 센터 Helio Center

종합 엔터테인먼트 시설인 헬리오 센터에서는 온 가족이 즐거운 한때를 보낼 수 있다. 주로 아이들을 위한 시설이지만 성인들이 즐길 만한 게임센터도 있다. 입장료는 따로 없고 볼링장, 스케이트장, 범퍼카, 범퍼 보트 등 각각의 시설 이용료만 지불하면 된다. 입구 근처의 데스크에서 파란색 파워 카드를 구입하여 필요한 금액만큼 충전해서 사용할 수 있다. 무더위나 비로 야외 관광이 힘든 날 방문하면 좋고 공항과 가깝기 때문에 출국 전 마지막 코스로도 추천할 만하다. 건물 앞마당에서는 헬리오 야시장Helio Night Market이 열려 구경거리, 즐길 거리를 더해 준다.

Data 지도 100p-E
가는 법 아시아파크 맞은편
주소 Duong 2/9, Hai Chau district
전화 0236-363-0888
운영시간 평일 10:00~22:00
주말 및 공휴일(변화 없음)
헬리오 야시장 매일 17:00~22:30
홈페이지 www.helio.vn
이메일 contact@helio.vn

베트남도 키즈 카페가 대세
빈케 Vin KE

빈컴 플라자 3층에 위치한 빈케는 키즈 카페 혹은 교육과 엔터테인먼트 시설이다. 직업체험 존, 범퍼 카가 있는 플레이존, 5D 시네마와 회전목마 등 아이들을 위한 체험거리, 즐길 거리가 다양하다. 날이 무덥거나 비가 오는 날 빈컴 플라자에서 몰링을 즐기며 아이들을 맡겨 두면 좋다. 요금도 저렴해 부담 없다. 무엇보다 아이들이 좋아할 것이다.

Data 지도 100p-B
가는 법 빈컴 플라자 3층 주소 910A Ngo Quyen street, Son Tra district 전화 090-517-8255 운영시간 09:30~22:00
요금 80cm 미만 무료, 80cm 이상 평일 9만 동, 주말 및 공휴일 14만 동, 보호자 3만 동(동일 요금)

©Asia Park_©tourism_danang.vn

선휠 관람차와 모노레일이 필수 코스
아시아파크(선월드 다낭 원더스) Asia Park-Sunworld Danang Wonders

저녁이 되면 아시아파크가 어둠 속에서 존재감을 드러낸다. 세계에서 10번째로 높은 관람차로 기네스북에도 등재된 선휠Sun Wheel이 다낭의 밤을 빛내 준다. 25층 건물 높이의 선휠은 가히 '다낭의 눈'이라고 할 만 한데, 낮보다 밤에 탑승해 다낭 시내의 야경을 구경하면 좋다. 롯데마트 근처에 위치한 아시아파크는 비교적 저렴한 가격에 관람차, 모노레일, 회전목마 등의 놀이기구를 자유롭게 이용할 수 있는 테마파크다. 무더운 다낭에서 저녁나절 열기를 식힐 겸 다녀오기 괜찮은 코스. 키 1m 미만의 아동은 입장료가 무료라는 것도 가족 여행객들의 방문에 더욱 매력적인 요소다. 입구를 기준으로 좌측으로는 회전목마, 자이로드롭 등의 놀이기구가 있는 놀이공원Amusement Park이, 우측으로는 아시아 각국의 문화를 재현한 문화공원Culture Park이 있다. 놀이기구 탑승은 대부분 입장료에 포함돼 있으므로 마음껏 이용하자. 물론 선휠 탑승은 필수! 모노레일도 강력 추천.

Data 지도 100p-E
가는 법 롯데마트 근처.
선휠이 눈에 띄어 찾기 쉬움
주소 01 Phan Dang Luu street, Hai Chau district
전화 0236-368-1666
운영시간 매일 15:00~22:00
요금 20만 동, 1~1.3m 아동 15만 동(프로모션으로 변화 잦음), 1m 미만 아동 무료
홈페이지
danangwonders.sunworld.vn
이메일
danangwonders@sunworld.vn

다낭에도 호찌민 박물관이 있다!

호찌민 박물관&5사단 박물관

Bảo Tàng Hồ Chí Minh – QK5 / Ho Chi Minh Museum&Military Zone 5 Museum

하노이, 호찌민, 후에 등 베트남의 웬만한 도시에는 호찌민 박물관과 전쟁 기념관이 하나씩 있다. 국부國父 호찌민에 대한 베트남인들의 존경심과 베트남전 승전국으로서의 자부심을 엿볼 수 있는 대목이다. 다낭은 베트남전 당시 치열한 접전의 현장이었던 지역으로 그 흔적이 도시 곳곳에 남아 있다. 5사단 박물관은 미군을 상대로 싸운 북베트남 5사단의 활약상을 기리는 전쟁 박물관으로, 호찌민의 생애를 살펴볼 수 있는 호찌민 박물관과 함께 운영된다. 베트남의 수도 하노이에는 호찌민이 생전에 살았던 집이 박물관으로 운영되고 있는데 다낭의 호찌민 박물관은 이를 연못과 정원까지 그대로 재현해 놓았다. 시내 외곽에 있어서인지 다낭 사람들도 호찌민 박물관의 존재를 잘 모르기 때문에 택시 이용 시 주소를 보여주는 것이 좋다. 사진 전시 외에는 별다른 유물이 없고 영문 안내나 관리도 제대로 되고 있지 않아서 운영이 들쭉날쭉 하지만, 인도의 간디나 중국의 마오쩌둥만큼이나 베트남 역사에 중요한 인물인 호찌민의 흔적을 느껴보는 시간은 충분히 의미가 있다.

Data 지도 100p-D
가는 법 롯데마트 근처
주소 03 Duy Tan street, Hai Chau district
전화 0236-615-982
운영시간 화~일 07:30~10:30, 13:30~16:30
요금 외국인 통합 입장권 6만 동

| 응우한선 구 Ngu Hahn Son District 및 시외 |

Writer's Pick! 구름 낀 바다의 고개
하이반 고개 Đèo Hải Vân / Hai Van Pass

다낭에서 후에로 가는 길은 하이반 고개를 넘어가는 방법과 하이반 터널을 지나가는 방법 두 가지가 있다. 대부분의 로컬 버스는 소요시간이 30분가량으로 짧은 하이반 터널을 이용하지만 관광객을 위한 투어 버스나 오토바이 투어를 이용하면 하이반 고개를 지난다. 해발 496m 높이의 정상에서 사진 찍을 시간도 가질 수 있다. 다낭과 후에 사이의 산중턱에 있는 하이반 고개는 약 20km 길이의 구불구불한 고갯길로 베트남에서 경관이 수려한 해안도로로 꼽힌다. 베트남어로 '하이Hải'는 바다, '반Vân'은 구름을 뜻해 하이반 고개는 '구름 낀 바다의 고개'를 뜻한다. 그 이름처럼 고개 아래로는 아름다운 랑꼬 비치가 펼쳐져 있고, 날씨에 따라 변화무쌍하게 움직이는 구름이 한 폭의 그림을 이룬다. 하이반 고개는 경치만 아름다운 것이 아니라 역사적·지리적 의미도 큰 곳. 하이반 고개를 기준으로 베트남의 남과 북이 구분되며, 예로부터 군사적 요충지로 베트남 전쟁 당시 치열한 전투가 벌어졌던 현장이기도 하다. 프랑스 군대를 격파했다는 내용의 승전비도 볼 수 있다.

Data 지도 167p-B 가는 법 다낭에서 후에로 넘어가는 길목. 다낭에서 약 1시간 소요 요금 무료

Tip 다낭~후에 구간의 기차를 이용하면 차창 밖으로 하이반 고개의 절경을 감상할 수 있다.

Writer's Pick! 들어는 봤나 대리석 산
응우한선(오행산) Ngũ Hành Sơn / Marble Mountains

'오행산五行山' 혹은 '마블 마운틴'이라는 이름으로 많이 알려진 응우한선은 베트남인들의 민간 신앙을 대변하는 산이다. 전체가 대리석으로 된 5개의 봉우리는 각각 수·금·지·화·목의 오행五行을 상징한다. 과거에는 이 산 전체가 섬이었다고 한다. 현재 투이선Thủy Sơn(수산水山)이 관광지로 개방되어 둘러볼 수 있도록 하고 있으며 편하게 산봉우리 위로 올라갈 수 있는 엘리베이터도 설치되어 있다. 자연적으로 형성된 거대한 동굴들, 대리석 산 위의 사찰 등 볼거리가 많고 전망대에서는 다낭 시내가 한눈에 내려다보인다. 입구의 암푸 동굴Am Phu Cave은 별도의 입장료를 내야 하지만 지옥을 상징하는 9개의 층에 불상과 각종 상징물들이 있어 약간 으스스한 느낌으로 둘러보는 재미가 있다. 입구에서 가장 먼 안쪽에 위치한 후엔콩 동굴Huyen Khong Cave은 맑은 날 동굴 안으로 햇살이 쏟아져 들어오는 장관이 몹시 인상적이어서 빛의 방이라고도 불리니 놓치지 말자. 동굴 내부는 축축하고 미끄러우며 계단이 가파르고 좁은 곳이 많기 때문에 편한 신발을 신고 가는 것이 좋다. 입구에서 엘리베이터를 타지 않고 걸어 올라가도 되지만 산 위에서 구경하는 동안 꽤 많이 걷게 되므로 올라갈 때는 엘리베이터 이용을 추천한다.

Data 지도 101p-I
가는 법 다낭에서 호이안 가는 길, 다낭 시내에서 약 15분 소요
주소 사무실 81 Huyen Tran Cong Chua street, Ngu Hanh Son district
전화 0236-396-1114
운영시간 매일 07:00~17:30, 암푸 동굴 등 일부 시설은 17:00까지
요금 암푸 동굴 2만 동, 투이선 4만 동 엘리베이터 편도 1만5천 동
홈페이지 www.nguhanhson.org
이메일 danhthangnhs@gmail.com

Tip 응우한선 밑의 논느억 Non Nước 마을은 전통적으로 대리석 공예가 유명한 곳이다. 주변의 상점에서 대리석 제품을 많이 판매하는데 가짜가 많으니 유의하자.

응우한선
Ngu Hanh Son

- 후엔콩 동굴 Huyen Khong Cave
- 호아응이엠 동굴 Hoa Nghiem Cave
- 정상
- 공원
- 린남 동굴 Linh Nham Cave
- 땅편 동굴 Tang Chon Cave
- 쏜땀사 Ton Tam Pagoda
- 땀타이사 Tam Thai Pagoda
- 린응사 Linh Ung Pagoda
- 뚜땀사 Tu Tam Pagoda
- 2번 출입구, 매표소
- 반통 동굴 Van Thong Cave
- 암푸 동굴 Am Phu Cave
- 전망대
- 싸로이 탑 Xa Loi Tower
- 전망대
- 다낭
- Le Van Hien st.
- 호이안
- 1번 출입구
- 사무실
- 주차장
- 엘리베이터

베트남 속 유럽, 베트남의 겨울을 느낄 수 있는
바나 힐스 Ba Na Hills Mountain Resort

다낭에서 남서쪽으로 25km 떨어진 곳에 위치한 바나산은 고도가 1,487m에 달해 연중 기온이 서늘하다. 언제나 뜨거운 베트남 중부에서 시원함을 느낄 수 있는 곳으로, 프랑스 식민지 시절에 프랑스인들이 휴양지로 처음 개발하기 시작했다. 베트남의 겨울을 느낄 수 있는 바나산에 위치한 바나 힐스 마운틴 리조트는 우리나라의 에버랜드쯤 되는 대규모 테마파크에 해당한다. 산 위에서 숙박할 수 있는 호텔은 물론이고 각종 놀이기구, 게임시설, 식당가와 왁스 뮤지엄 등 종합 엔터테인먼트 시설을 갖추고 있다. 바나 힐스에 가봐야 하는 이유는 총 5,801m에 달하는 세계 최장 길이의 싱글로프 케이블카를 체험하기 위해서다. 출발 지점과 도착 지점 간의 고도 차가 1,368m에 달해 세계에서 가장 고도 차가 큰 케이블카로도 기네스북에 등재돼 있다. 이외에 알파인 코스터, 퍼니큘러 열차 탑승을 추천하며 린응사, 르 쟈뎅 다무르 정원, 골든 브리지도 놓치지 말자. 워낙 넓고 인파가 많아 최소 3~4시간이 필요하다. 베트남 속 유럽을 만날 수 있는 바나 힐스는 현지인들의 웨딩 촬영 장소로도 인기가 많으며, 대부분의 시설을 입장료 외에 추가 비용 없이 이용할 수 있다. 한여름이라도 산 위는 늘 선선하므로 겉옷을 준비하자.

Data 지도 101p-G
가는 법 다낭 시내에서 약 40~50분 소요
주소 An Son-Hoa Ninh, Hoa Vang prefecture, Da Nang city
전화 종합 문의 090-576-6777
운영시간 07:00~22:00
요금 70만 동, 1~1.3m 아동 55만 동, 1m 미만 아동 무료
홈페이지 banahills.sunworld.vn
이메일 banahills@sunworld.vn

> **Tip** 바나 힐스에 가는 방법
> ❶ **호텔이나 리조트, 여행사에서 운영하는 유무료 셔틀:** 편도 혹은 왕복으로 이용할 수 있으며 운행 스케줄에 맞춰 움직여야 하지만 비용은 가장 저렴하다. 매표소에서 직접 티켓을 끊고 입장해 자유롭게 돌아다니면 된다. 한국어와 영어로 된 전체 지도를 받아 참고하자.
> ❷ **택시 기사와의 왕복 택시비 협상:** 미리 예약을 하지 않았을 때 편리한 방법이며 보통 다낭 시내에서 왕복 60만 동 선에 합의를 볼 수 있다.
> ❸ **바나 힐스 투어 상품:** 왕복 차량과 가이드가 있는 투어 상품으로 반일 투어와 전일 투어 프로그램이 있다. 바나 힐스가 워낙 넓고 복잡해 헤매기 쉬우므로 추천한다. 중간에 자유 시간도 주어지는 프로그램이 많다. 한인 여행사에서 운영하는 프로그램은 보통 60달러 이상(입장료, 왕복 차량, 한국어 가이드 포함)으로 좀 더 비싼 편이지만 한국인 가이드가 동행하고 소규모로 진행되어 편하다(팡팡투어, 단꼬트립 등).

> **Tip** 바나 힐스 vs 아시아파크
> 바나 힐스는 입장료가 비싸고 다낭 시내에서 먼 대신 즐길거리가 많고, 다양한 식당, 퍼레이드 등의 행사가 많아 하루 종일 시간을 보낼 수 있다. 아시아파크는 입장료가 저렴하고 다낭 시내에서 가까워 가벼운 마음으로 다녀오기 좋으며, 무엇보다 바나 힐스처럼 인파에 치이지 않는다는 것이 큰 장점이다.

| 액티비티 |

다낭에서 할 수 있는 액티비티의 종류가 많은 편은 아니지만 오토바이 투어나 래프팅 등 의외로 만족도가 높은 체험거리들이 숨어 있다.

서핑은 양양보다 다낭
다낭의 워터 스포츠 Water Sports

해변가의 리조트에 머문다면 리조트 내 워터 스포츠 센터에서 카약, 서핑, 윈드서핑, 제트스키 등을 편하게 즐길 수 있다. 카약이나 보드 등의 무동력 장비는 추가 비용 없이 빌려주기도 한다. 한국에서 따로 체험하려면 몇 만 원씩의 비용이 드는 장비를 무료로 이용할 수 있는 기회를 활용해 보자. 다낭에서 가장 추천할 만한 워터 스포츠는 서핑. 해안선이 길고 모래가 고운 다낭의 해변은 연중 서핑하기에 최적의 조건을 갖추고 있다. 베트남 최초의 서프 스쿨인 다낭 서프 스쿨인 것이 놀랍지 않을 정도. 서핑의 만족도는 그날의 파도 상태에 따라서 크게 달라지는데, 파도가 없으면 서핑 대신 스탠드업 패들보딩(SUP) 체험을 할 수도 있다. 다낭에 스노클링, 스쿠버다이빙은 비교적 발달하지 않은 편이지만 호이안 올드타운에서 다이빙 프로그램을 운영하는 여행사를 찾아볼 수 있다. 맑은 날 미케 비치 상공에는 알록달록 패러세일링을 즐기는 사람들을 볼 수 있다. 퓨전 스위트 리조트 맞은편의 웨일파크나 다낭 서프스쿨이 있는 템플 다낭 등 해변에서 어렵지 않게 패러세일링, 제트스키, 바나나보트 등을 체험할 수 있다.

Data 지도 100p-E
가는 법 미케 비치 해변가에 부스가 있어 현장에서 쉽게 문의 및 예약 가능
요금 (평균) 패러세일링 1인 50만 동, 2인 80만 동, 제트스키 15분 50만 동, 20분 65만 동, 바나나보트 5인 이내 100만 동 등 업체마다 상이

©전민구

스페셜, 럭셔리, 성공적
지프 투어 Jeep Tour

새로운 교통수단 체험은 여행의 재미를 더해준다. 다낭에는 지프차를 타고 이동하는 지프 투어가 있다. 관광도시인 다낭에서도 흔한 투어가 아닌지라 뭇 사람들의 시선을 한눈에 받을 수 있는 그야말로 스페셜 럭셔리 투어다. 여행사 프로그램에 따라 이동 경로는 차이가 있는데 시원한 바람과 경치, 지프차의 남다른 승차감을 느껴보는 게 지프 투어의 핵심. 지프차는 승용차에 비해 차체가 높아서 시야가 탁 트이고, 날씨가 좋은 날은 선루프 없이 달리는 쾌감도 느껴볼 수 있다. 매연 때문에 불편할 수 있으므로 마스크를 준비해도 좋고, 실용성뿐만 아니라 분위기도 더해주는 선글라스도 꼭 챙기자. 2인 이상 출발 가능하며 지프차 한 대에 3인까지만 탑승할 수 있다. 캐리어 등 짐을 싣기는 어려울 수 있다.

Data
가는 법 다낭 시내 호텔에서 픽업
진행 여행사
❶ **단꼬트립**: 150달러(영어 가이드, 선짜반도 일주 및 반안트리 천년의 나무 관람, 인터컨티넨탈 다낭 페닌슐라 리조트에서 티타임 포함 약 4시간 소요)
문의 카카오톡 loveindanang
❷ **베트남스토리**: 성인 11만 원~16만 6천 원(영어 가이드, 린응사, 한 시장, 다낭 박물관, 오행산 등 다낭 시내 명소 방문 코스로 중식 및 커피 포함 약 8시간 소요)
문의 카카오톡 플러스 친구 베스투어
홈페이지
www.vietnamstory.co.kr

이지라이더의 길!
랑꼬 비치 오토바이 투어 Lang Co Beach Motorbike Tour

Writer's Pick!

베트남은 오토바이의 나라다. 대중교통이 발달하지 않았고 자동차 세금과 기름값이 비싸 베트남 사람들은 주로 오토바이를 타고 다닌다. 모험심 강한 배낭여행자들은 오토바이로 베트남을 종주하기도 하는데, 쉬운 도전은 아니다. 하지만 랑꼬 비치 오토바이 투어는 오토바이 운전을 못 하는 사람도 문제없이 즐길 수 있다. 운전에 능숙한 기사 뒤에 타고 편안히 앉아 하이반 고개를 넘어 랑꼬 호수, 랑꼬 비치를 즐기고 오는 프로그램이다. 영어를 할 줄 아는 기사가 포토 포인트를 알려주고 사진도 찍어주며, 랑꼬의 평화로운 어촌 풍경을 감상하고 맛있는 해산물 요리도 먹을 수 있다. 직사광선 아래 노출되는 시간이 많으므로 긴 옷을 입는 것이 좋고, 바람과 흙먼지로부터 눈을 보호해주는 선글라스 또한 필수. 마스크도 있으면 좋다. 베트남 사람들도 많이 쓰는 마스크는 현지에서 1만 동 정도면 쉽게 구입할 수 있다.

Data 지도 167p-B
가는 법 다낭 시내 호텔에서 픽업 진행 여행사
단꼬트립: 60달러(오토바이 렌트, 오토바이 기사, 기사 팁, 유류대, 하이반 터널 통행료 포함, 중식 및 개인경비 불포함)
전화 090-503-4338
문의 카카오톡 loveindanang 혹은 네이버 카페 cafe.naver.com/danco tripno1

| Traveler's diary |

- `07:00` 다낭 시내 호텔 픽업, 일정 미팅
- `08:00` 단꼬트립 출발, 하이반 고개로 이동, 이동 중 포토타임
- `09:00` 하이반 고개 정상에서 자유시간 후 랑꼬 비치 마을로 이동. 이동 중 포토타임, 랑꼬 호수 드라이브
- `10:30` 랑꼬 비치에서 자유시간, 해산물 식당 혹은 딴땀 리조트에서 중식
- `13:00` 하이반 터널 통과해 다낭으로 복귀
- `14:00` 다낭 시내 호텔 혹은 원하는 장소에 드롭오프

넘나 신나서 의외로 깜놀
호아푸탄 래프팅 Hòa Phú Thành Rafting

다낭에서 색다른 액티비티를 체험해보고 싶다면 래프팅에 도전하자. 바나산 인근의 유원지인 호아푸탄 계곡에서 진행되는 래프팅은 한국에서 경험했던 래프팅과는 차원이 다르다. 자연적으로 형성된 계곡의 경사를 따라 힘들게 노를 젓지 않고도 1시간 동안 신나게 물살을 탈 수 있다. 다낭 시내에서 거리가 멀고, 댐에서 물을 방류하는 시간이 정해져 있기 때문에 투어 프로그램을 이용하는 게 좋다. 보트 1대에 2명씩 탑승하고, 아동은 안전상 체험할 수 없다. 샤워 시설이 있지만 수건, 샴푸 등은 각자 준비해야 하며, 이동 시간이 길어 간식을 준비하는 것도 좋다. 겨울철에도 래프팅을 할 수는 있지만 수온이 낮고 진행이 힘든 날이 잦아 비추천. 래프팅을 하는 도중에는 사진을 찍기 힘들지만 촬영 기사가 있어 체험 후에 생생한 표정이 담긴 사진을 직접 골라 구매할 수 있다(이메일 전송 장당 5천 동).

Data
가는 법 다낭 시내 호텔에서 픽업
진행 여행사
팡팡투어: 성인(만 13세 이상)
50달러
문의 카카오톡 플러스 친구
다낭자유여행_팡팡투어

I Traveler's diary I
- `09:00` 호텔 픽업, 호아푸탄 계곡으로 이동
- `10:00` 안전장비 착용 및 안전교육
- `10:30` 래프팅 즐기기
- `12:00` 호아푸탄 계곡 출발
- `13:00` 호텔 혹은 원하는 장소에 드롭오프

참 섬으로 떠나는 소풍
참 섬 호핑 투어 Cham Island Hopping Tour

호핑 투어란 말 그대로 여러 섬을 호핑Hopping하면서 다양한 수상 액티비티를 즐길 수 있는 투어 프로그램이다. 기본적으로 스피드 보트 체험과 섬 관광, 스노클링(장비 대여), 점심식사, 호텔 픽드롭과 현지인 가이드(영어 가능)가 포함되며 줄낚시나 스쿠버다이빙 체험을 추가할 수도 있다. 생태보호 구역으로 지정되어 있을 만큼 깨끗하고 아름다운 참 섬의 경치와 함께 절, 시장 등 섬 사람들이 살아가는 모습을 살펴볼 수 있는 것이 매력이다. 베트남의 바닷물이 필리핀처럼 맑은 게 아니라 스노클링 만족도는 낮은 편이지만, 굳이 물에 들어가지 않아도 바다로 소풍 나온 기분을 만끽하기 좋다. 참 섬에 탈의실과 샤워 시설이 있기는 하지만 협소하고 열악하니 아예 수영복과 래시가드를 입고 출발하는 것을 추천. 수건, 샴푸 등은 개인적으로 준비해야 한다. 현지 여행사에서 진행되는 조인 투어라 시간이 오래 지체되는 등 불편함도 있지만 여유로운 마음을 갖고 즐겨 보자. 겨울철에는 수온이 낮아 거의 진행되지 않고 4월에서 9월 중순 사이가 가장 좋다.

Data 지도 127p
가는 법 다낭 시내 호텔에서 픽업
진행 여행사
망고투어: 성인 6만5천 원, 아동(3~10세) 3만3천 원

ITraveler's diaryI

- `08:00` 호텔 픽업(선착장이 호이안에 있어 다낭 출발 시 픽업 시간이 더 이르다)
- `09:00` 끄아다이 선착장 출발, 스피드 보트로 참 섬 이동(약 20분)
- `10:00` 참 섬 관광(약 1시간)
- `11:00` 스노클링 포인트로 이동, 스노클링 체험(약 30분) / 줄낚시, 스쿠버다이빙 체험(옵션)
- `13:00` 점심식사(현지식)
- `15:00` 참 섬 출발, 호텔 드롭오프

탄타이산 중턱의 초대형 온천&워터파크
누이탄타이 온천 Núi Thần Tài Hot Springs Park

베트남 최초의 일본식 온천이자 초대형 워터파크인 누이탄타이 온천이 다낭 여행에 새로운 포인트로 떠올랐다. 바나산과 가까운 탄타이산의 계곡을 흐르는 온천을 중심으로 어마어마한 규모의 노천 사우나, 자쿠지, 머드탕, 워터파크 등의 시설이 있다. 별도의 입장료(15만 동)를 내야 들어갈 수 있는 머드월드Mud World에는 머드온천, 우유온천, 와인온천, 커피온천 등 온 가족이 즐길 수 있는 오감 만족 체험이 가득하다. 워터 슬라이드, 튜브 등을 갖춘 야외 워터파크가 있어 아이들과 함께 즐길 수 있고, 아직 많이 알려지지 않아 한산하다는 것이 최대 장점이다. 다낭 시내에서 거리가 멀기 때문에 개인적으로 가기는 어렵고 현지 여행사에 문의해 투어 상품을 이용하는 게 좋다. 호핑 투어 진행이 어렵고 바다수영도 힘든 겨울철에 방문하면 좋다.

Data 지도 101p-G
가는 법 다낭 시내에서 약 1시간 소요
주소 Highway 14G, Hoa Phu commune, Hoa Vang district, Da Nang city
전화 094-577-7377
운영시간 07:00~21:00
요금 입장료 30만 동, 1~1.3m 아동 1만 동
홈페이지 nuithantai.vn
이메일 info@nuithantai.vn
진행 여행사
단꼬트립: 성인 70달러, 키 1m 미만 아동 무료, 약 6시간 소요, 다낭 시내 호텔에서 픽업
문의 카카오톡 loveindanang 혹은 네이버 카페 cafe.naver.com/dancotripno1

Tip 수건은 별도의 보증금(10만 동)과 이용료(1만 동)를 내야 빌릴 수 있고 샴푸 등의 목욕용품도 따로 비치돼 있지 않으니 숙소에서 챙겨 가자.

| 스파&네일 |

단연 다낭에서 제일 잘나가는 스파
노아 스파 Noah Spa

마사지 만족도가 높지 않은 다낭에서 믿고 찾아갈 수 있는 곳. 세부에서 시작해 10년 이상 노하우가 축적된 한인 마사지숍이다. 시설이 청결하고 쾌적한데다 임산부 전용 테라피도 있다. 5층에 자쿠지와 노천탕을 갖춘 남성 전용 사우나(7달러)가 있는 점도 다른 마사지숍과 차별화된다. 마사지가 끝나면 G7커피를 선물로 주는데 소소하지만 기억에 남는다. 직원들이 간단한 한국어를 구사하며 한국어로 카카오톡 예약이 가능하다.

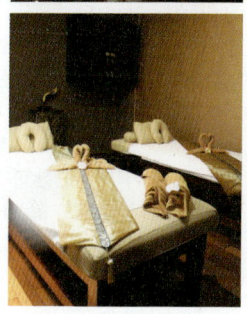

Data 지도 103p-A 가는 법 K마트 본점 건너편 주소 C1-21 Pham Van Dong street, Son Tra district 전화 091-170-5000 운영시간 10:00~22:30(마지막 예약 21:00) 요금 릴렉스 아로마 테라피 60분 23달러, 노아 핫 볼카닉 스톤 위드 아로마테라피 90분 29달러 홈페이지 noahspa.vn 이메일 noahspadn@gmail.com 카카오톡 noahspa1234

가볼 만한 로컬 마사지숍
짬 마사지 Tram Massage

푸라마 리조트 맞은편에 위치한 로컬 마사지숍으로, 기념품 가게와 세탁소를 함께 운영하고 있다. 근방에 수많은 로컬 마사지숍이 있지만 청결이나 서비스가 괜찮은 곳 중 하나다. 생활력 강한 베트남 여성의 표본이 아닐까 싶은 여장부 사장님이 운영하며, 주인과 직원들이 친절하고 서비스 대비 가격이 저렴하여 추천. 전신 마사지와 발 마사지 중에 선택할 수 있다. 미케 비치와 가깝고 주변에 맛집이 많아 접근성도 좋은 편이다. 세탁 서비스를 함께 운영하고 있어 빨래를 맡길 겸 들르더라도 좋겠다. 오전에 맡기면 오후에 찾을 수 있는 세탁 서비스는 kg당 3만 동이며 비용을 추가하면 배달도 가능하다.

Data 지도 103p-D 가는 법 푸라마 리조트 맞은편 주소 Lo 17 Duong Truong Sa, Duong Vo Nguyen Giap, Ngu Hanh Son district 전화 0236-395-6509 운영시간 10:00~23:00 요금 핫스톤 전신 마사지 60분 12달러, 발마사지 60분 10달러, 팁 별도 카카오톡 RENLDP(영어) 0982147709

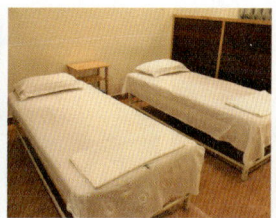

피로가 싹~ 바로 그 한국식 마사지
쿨 스파 Cool Spa

팡팡투어에서 운영하는 마사지숍으로, 한인 마사지숍답게 한국인이 선호하는 지압 스타일의 마사지를 합리적인 가격에 제공한다. 베트남식 마사지는 부드럽게 주무르는 스타일이라 한국 여행자들의 만족도가 낮은데, 쿨 스파에서는 한국인 취향에 맞게 시원한 지압 마사지를 제공한다. 한국인 사장님을 통해 미리 원하는 마사지 강도를 전달할 수 있는데 베트남인 마사지사들도 굉장히 힘이 좋으니 특별히 강한 마사지를 원하는 게 아니면 중간 정도로 선택하자. 카카오톡으로 예약이 가능하고 다낭 시내에서 무료 픽업(편도)과 짐보관 서비스도 제공된다. 호텔 스파처럼 고급스런 시설은 아니지만 저렴한 가격에 무난한 마사지를 받고 싶다면 좋은 선택지다. 여행 상담과 투어 예약도 도움을 받을 수 있어 더욱 편리하다.

Data 지도 103p-A **가는 법** 무엉탄 호텔 근처 **주소** 984 Ngo Quyen street, Son Tra district **전화** 012-3984-4725, 한국어 070-5044-8834 **운영시간** 10:30~22:30 **요금** 아로마 전신 마사지 60분 15달러, 아로마 전신 스톤 마사지 90분 20달러, 어린이 아로마 전신 마사지 90분 12달러, 권장 팁 2~5달러
홈페이지 cafe.naver.com/danang **카카오톡** coolspa

합리적인 가격과 서비스
포핸즈 스파 4 Hands Spa

한국인 여사장님이 운영하는 마사지숍으로, 합리적인 가격과 서비스를 제공해 꾸준히 사랑받고 있다. 6층 건물 전체가 마사지숍으로, 직원들이 간단한 한국어를 구사한다. 친절한 한국어 카카오톡 예약 서비스, 2인 이상 무료 픽업(왕복)과 짐 보관 서비스 제공으로 여행자들의 편의를 살폈고, 모든 가격에 팁이 포함돼 있어 따로 계산하느라 머리 아플 일이 없다. 포핸즈 스파에서는 왁싱을 받아도 좋다. 남녀불문 인기인 브라질리언 왁싱도 요금이 저렴하고 위생 관리도 철저하다.

Data 지도 103p-B
가는 법 팜반동 비치에서 도보 5분
주소 76 Loseby street, Son Tra district
전화 090-503-4338
운영시간 10:00~22:30
요금 전신 마사지 60분 18달러/90분 23달러, 전신 스톤 마사지 90분 25달러, 전신 포핸즈 마사지 60분 40달러, 비키니 라인 왁싱 25달러, 모든 가격 팁 포함

만족도 최고의 한인 마사지숍
라엘 스파&네일 Lael Spa&Nail

현지 체험도 좋지만, 마사지는 역시 한인 업소다. 2016년 오픈한 한인 마사지숍인 라엘 스파는 예약부터 편리한 한국어 카카오톡으로 가능하고, 직원들이 한국어를 굉장히 잘 해서 깜짝 놀랄 정도. 15개의 마사지실은 4인실까지만 있어 차분한 분위기 속에서 관리 받을 수 있다. 마사지사들의 실력이 뛰어나 피로가 깨끗이 날아가는데, 마사지사들이 서로 잡담을 한다거나 하는 일이 없어 더욱 편안한 휴식을 취할 수 있다. 다낭 시내 픽업(편도)이 제공되며 네일숍도 함께 운영하고 있다.

Data **지도** 103p-A **가는 법** 용다리에서 미케 비치 방향 도보 10분
주소 Opposite No.22 Vo Van Kiet street, Son Tra district **전화** 0236-3933-171, 091-336-2302
운영시간 10:00~22:30 **가격** 전신 마사지 60분 20달러, 권장 팁 3달러 **카카오톡** 플러스 친구 laelnail

다낭에 없던 고품격 네일&스파
오드리 네일&스파(미케점) Audrey Nail&Spa

한국인 부부가 운영하는 마사지숍으로, 고급 주택가의 가정집을 개조해 넓고 탁 트인 공간을 자랑한다. 쾌적한 공간에 걸맞게 서비스도 뛰어나다. 테라피를 받기 전 웰컴 드링크와 물수건이 나오고, 마사지 후에는 따뜻한 차와 수제 요거트가 제공된다. 테라피 룸마다 있는 넓디넓은 욕실은 웬만한 호텔 뺨치는 수준으로 레인샤워까지 완비하고 있다. 오픈 초기부터 인터컨티넨탈 인하우스 마사지 코치가 직원 교육을 맡아 마사지 수준이 높고, 한국어가 가능한 직원들의 친절한 서비스, 카카오톡 예약 시스템 모두 편리하다. 마사지숍 1층에는 네일숍이 있어 마사지와 네일 케어를 한 자리에서 해결할 수 있다는 것도 장점. 네일숍을 주기적으로 방문하는 뷰티 마니아가 아니라도 베트남에서 네일아트 한 번쯤은 받아 봐야 한다. 손재주 좋은 베트남 사람들이 섬세하게 서비스해주는 데다가 가격은 한국의 절반에 불과하기 때문. 노보텔 근처에는 네일숍만 있는 지점도 있는데 다낭을 드나드는 승무원들이 손님의 반 이상을 차지한다니, 단골이 많은 가게인 이유가 있다.

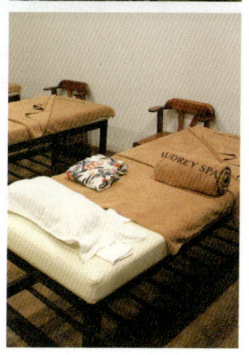

Data **지도** 103p-C **가는 법** 홀리데이 비치 호텔 뒤편 주택가 골목에 위치
주소 146 Chau Thi Vinh Te street, Ngu Hanh Son district 오드리네일 35A Nguyen Chi Thanh street **전화** 016-9521-9904 오드리네일 090-923-9017 **운영시간** 10:00~22:00
요금 오드리 테라피(페이셜 마사지 포함) 90분 30달러/120분 40달러, 포 핸즈 마사지 90분 40달러, 권장 팁 3~6달러 **카카오톡** auderyspa 오드리네일 happyi1030

| 다낭에서 맛보는 세계 음식 |

다낭에서는 저렴한 가격으로 세계의 음식을 맛볼 수 있다. 유명한 맛집도 좋지만 트립어드바이저나 구글맵 리뷰를 참고해 나만의 맛집을 찾아보자.

Writer's Pick! 음식도 서비스도 전망도 최고
워터프런트 Waterfront

비단 한국인들 사이에서만 유명한 맛집이 아니다. 특급호텔 매니저들이 입을 모아 추천하는 워터프런트는 맛있고 스타일리시한 음식, 훌륭한 칵테일을 제공한다. 영어가 능숙한 직원들의 원활한 서비스와 뛰어난 전망으로 단연 다낭 최고의 레스토랑으로 꼽힌다. 다낭의 로데오 거리쯤 되는 박당 거리 한복판에 자리잡고 있는데, 이름처럼 한강을 바로 마주해 강변의 여유로운 경치를 즐기며 식사할 수 있다. 버거, 스테이크, 해산물 등의 서양 음식과 베트남 퓨전 요리를 제공하며 다양한 와인 리스트도 갖추고 있다. 현지 물가 대비 비싼 고급 레스토랑이다. 한국어로 된 메뉴판이 있어서 주문이 쉬우며 달러로도 결제 가능. 홈페이지를 통해 미리 예약하고 가는 것이 좋다.

Data 지도 102p-D
가는 법 다낭 대성당과 콩카페 사이
주소 150 Bach Dang street, Hai Chau district
전화 0511-3843-373
운영시간 09:30~23:00
가격 베트남 샘플러 애피타이저 16만5천 동, 워터프런트 디럭스 비프 버거 22만 동
홈페이지 www.waterfrontdanang.com
이메일 info@waterfrontdanang.com

천국에서의 식사
시트론 Citron

인터컨티넨탈 다낭 선 페닌슐라 리조트는 총 4개의 층으로 이루어져 있는데, 그중 시트론이 위치한 헤븐Heaven 층은 해발 100m 이상의 높이에 위치해 마치 구름 위에 떠 있는 듯한 느낌을 준다. 베트남 전통 고깔모자인 농라를 뒤집어 놓은 모양의 야외 부스에서는 천국에서의 식사를 경험할 수 있다. 다낭에서도 최고의 럭셔리 리조트로 꼽히는 인터컨티넨탈을 둘러싼 산과 바다의 절경 속에서 베트남 전역의 요리와 수준 높은 지중해식 요리를 맛볼 수 있다. 인터컨티넨탈 투숙객에게는 시트론에서 조식이 제공되며, 점심과 저녁에는 투숙객이 아니라도 테이블을 예약할 수 있다. 인터컨티넨탈에는 시트론 외에 베트남에서 처음으로 미슐랭 스타 셰프가 있는 프렌치 레스토랑인 라 메종 1888과 베어풋 등 다른 레스토랑도 있지만 아무래도 아찔한 경관을 자랑하는 시트론이 하이라이트다. 야외 농라 테이블에서 식사를 하려면 미리 전화나 이메일로 예약을 해두는 것이 좋다. 객실료가 비싼 인터컨티넨탈인 만큼 가격대는 높은 편이니 예산 계획을 잘 세우도록 하자. 숙박을 하지 않더라도 유명한 인터컨티넨탈 다낭을 구경해볼 수 있는 기회이니 한 번쯤은 호사를 부려봄이 어떨까.

Data 지도 100p-C
가는 법 인터컨티넨탈 리조트 내 헤븐 층
주소 Bai Bac, Son Tra peninsula
전화 0236-393-8888
운영시간 06:30~22:00
가격 레몬그라스 꼬치 28만8천 동,
시트론 샐러드 42만 동,
디너 코스 요리 109만9천 동
(봉사료 5% 및 세금 10% 가산)
홈페이지 danang.intercontinen-tal.com/citron
이메일 dining@icdanang.com

©Inter Continental Danang Son Peninsula

다낭 최고의 스테이크 맛집
바빌론 스테이크 가든 Babylon Steak Garden

Writer's Pick!

여행 중 원기 보충을 위해 스테이크가 먹고 싶다면 바빌론으로 가자. 미케 비치의 리조트촌 맞은편에 위치한 바빌론 스테이크 가든은 육질 좋은 미국산 스테이크를 저렴하게 먹을 수 있는 곳으로 한국인 여행자들 사이에 입소문이 자자하게 퍼졌다. 올리브TV의 맛집 방송 〈원나잇 푸드트립〉 다낭편에서도 다녀갔다. 값비싼 스테이크를 한국에 비해 절반 정도의 가격으로 즐길 수 있어 인기를 얻기 시작했다. 장사가 잘 되어 팜반동 거리에 2호점에 이어 3호점까지 파죽지세로 문을 열었다. 단체 관광객들 때문에 조금 시끄러울 때가 있지만 음식 맛이나 서비스는 만족스러운 편. 두툼한 스테이크를 돌판 위에서 바로 구워 주는 서비스로 유명한데, 치익 소리를 내며 익어가는 스테이크를 바라보고 있노라면 저절로 군침이 돈다. 눈도 입도 즐거워지는 곳. 다낭에는 에어컨 없는 식당이 많은데 1~3호점 모두 에어컨 있는 실내 좌석이 완비되어 있다는 것도 바빌론의 장점이다. 스테이크 외에 꼬치구이, 베이컨말이 관자구이 등 별미가 많다. 누룽지탕과 비슷한 해산물 호일 찜Steamed Mushroom, Tofu&Seafood in Foil을 추천한다.

Data **지도** 103p-D
가는 법 본점 프리미어 빌리지 맞은편
주소 본점 422 Vo Nguyen Giap street, Ngu Hanh Son district, 2호점 18 Pham Van Dong street, Son Tra district 3호점 5-A10 Vo Van Kiet, Son Tra district
전화 본점 090-382-8804, 2호점·3호점 098-347-4969
운영시간 10:00~22:00
가격 필레미뇽 스테이크 250g 45만 동, 500g 76만 동, 해산물 호일 찜 16만5천 동
이메일 babylonview@gmail.com

베트남 정원에서의 호젓한 식사
람비엔 Lam Vien

미케 비치 리조트촌 근처의 조용한 레스토랑으로, 꾸준히 인기를 얻다가 이제는 예약을 하지 않으면 식사하기 힘든 곳이 되었다. 베트남식과 서양식, 해산물 요리를 고루 맛볼 수 있고 채식 메뉴도 갖추고 있다. 전반적으로 음식이 맛있고 서비스가 준수해 높은 가격대에도 불구하고 늘 손님이 많다. 호젓한 정원과 바, 테라스 좌석과 에어컨이 나오는 실내 좌석이 있으며 미흡하지만 한국어 메뉴판도 갖추고 있다. 2017년 APEC 정상회담 때 문재인 대통령이 방문한 이후 웨이팅이 엄청나니 홈페이지를 통해 미리 예약하고 가자

Data **지도** 103p-D **가는 법** 프리미어 빌리지 맞은편 **주소** 88 Tran Van Du street, Ngu Hanh Son district **전화** 0236-395-9171, 090-542-0730 **운영시간** 11:30~22:00 **가격** 반쎄오 12만5천 동, 레몬그라스와 구운 쇠고기 18만5천 동, 다진 쇠고기 롤 구이 18만5천 동, 전복 버섯 수프 13만5천 동 **홈페이지** www.lamviendanang.com **이메일** lamvienrestaurant196@gmail.com

그 유명한 마담란
마담란 Madame Lan

유명한 맛집은 가봐야 직성이 풀리는 당신이라면 마담란을 지나칠 수 없을 것. 다낭에서 가장 유명한 베트남 레스토랑을 꼽으라면 아마도 첫 손에 들 마담란은 다양한 베트남 음식을 고루 갖추고 있어 선택의 폭이 넓고 음식 맛도 뛰어나다. 하지만 직원들과 소통이 잘 되지 않아 주문 미스가 많은 등 서비스에 대해 실망스러운 후기가 들리고 있어 유명세에 비해서는 만족도가 떨어지는 편. 그래도 맛에 대한 불평은 거의 없고 가격대도 적당한 편이라 추천할 만한 곳이다. 다만 주문이 잘못 들어가지는 않았는지 계산서를 꼭 확인하자. 하노이에도 지점이 있다.

Data **지도** 102p-B
가는 법 다낭 시내 박당 거리에 위치
주소 04 Bach Dang street, Hai Chau district
전화 0236-361-6226
운영시간 07:00~21:00
가격 분짜쪼 팃느엉(스프링롤이 들어간 비빔 쌀국수) 4만5천 동, 미짱 가릇쑤옹(닭고기 미짱) 6만5천 동, 라오멍사오(모닝글로리) 볶음 4만8천 동 (요리 메뉴에는 세금 10% 가산)
홈페이지 www.madamelan.com
이메일 sales1@madamelan.vn

빈펄 주방장의 작품
쩨비엣 Tre Viet

Writer's Pick!

다낭 최대의 번화가 박당 거리 골목에 있는 작은 레스토랑으로 정통 베트남 음식점을 표방하고 있다. 2016년 빈펄 리조트 주방장 출신 오너셰프가 오픈하자마자 입소문을 타고 다낭의 인기 레스토랑으로 등극했다. 전골 요리, 반쎄오, 후에식 분 국수 웬만한 메뉴 모두 맛이 뛰어나고 여러 가지 음식을 고루 맛볼 수 있는 세트 메뉴도 있다. 합리적인 가격, 수준급의 음식과 높은 서비스 수준으로 추천하지 않을 수 없는 곳. 매일 저녁 7시에는 클래식 기타 라이브 공연도 펼쳐지며 '쩨Tre'는 베트남어로 대나무라는 뜻.

Data 지도 102p-D
가는 법 콩카페 근처 작은 골목
주소 180 Bach Dang street, Hai Chau district
전화 0236-357-5809
운영시간 11:00~23:00
가격 분 세트 메뉴 14만5천 동, 쩨비엣 스페셜 드링크 4만5천 동
이메일 nhahangtreviet180@gmail.com

합리적인 가격으로 즐기는 고급 레스토랑
동즈엉 Dong Duong

시내에 위치한 고급 베트남 레스토랑으로 음식 맛이 뛰어나다. 품격 있는 분위기에 비해 가격도 합리적인 편이라 마담란의 뒤를 이어 인기몰이 중. 에어컨이 완비된 실내 좌석에는 오래된 자전거, 축음기 등의 소품들이 앤티크한 분위기를 자아내고, 운치 있는 야외 정원 테이블에서도 식사할 수 있다. 고이똠 타이란, 반호이 팃느엉 등이 추천 메뉴. 노보텔과 가까운 위치로 시내에서의 접근성도 좋다.

Data 지도 102p-B
가는 법 다낭 시내 노보텔 근처
주소 18 Tran Phu street, Hai Chau district
전화 0236-388-9689
운영시간 09:00~22:00
가격 고이똠 타이란(태국식 새우 샐러드) 16만9천 동, 반 호이 팃느엉(돼지고기 볶음과 만두) 9만9천 동, 라오멍사오(모닝글로리) 볶음 3만9천 동
이메일 nhahangdongduong@gmail.com

다낭은 피자!
피자 포 피스 Pizza 4P's

Writer's Pick!

더 이상 베트남은 쌀국수만 먹고 가는 여행지가 아니다. 호찌민, 하노이에도 지점이 여럿 있는 고급 화덕 피자 전문점 피자 포 피스는 "다낭은 피자!"라고 외치고 싶어질 만큼 훌륭한 곳. 부라타 치즈가 올라간 파르마 햄 피자가 베스트셀러이며 하프앤 하프로도 주문할 수 있다. 맛만큼이나 서비스 수준도 높아 직원들에게 메뉴를 추천받기도 편하고 한국어 메뉴판도 완비돼 있다. 맥주 종류도 다양하게 갖추고 있어 피맥을 즐기기에도 최고. 식사 시간대에는 예약이 필수다.

Data **지도** 102p-C
가는 법 참 조각 박물관 근처
주소 8 Hoang Van Thu street, Hai Chau district
전화 028-3622-0500 **운영시간** 09:00~22:00
가격 부라타 파르마 햄 피자(하프) 14만5천 동, 포 치즈 피자(하프) 14만5천 동, 플래티넘 골든 에일 6만 동, 까망베르 아이스크림 4만5천 동 **홈페이지** pizza4ps.com/reservation

다낭 대세 해산물 식당
랑카 Lang Ca

살아 있는 해산물을 직접 보고 골라서 원하는 대로 요리해 먹을 수 있는 해산물 식당이다. 다낭은 해산물 가격이 좋은 지역은 아니지만 관광객들의 수요가 많아 미케 비치 주변에 해산물 식당들이 성업 중인데, 한국에서도 자주 먹지 못하는 랍스터 등 고가의 해산물을 신선하게 맛볼 수 있다. 랍스터 1마리(1kg)에 16만 원이라니, 가성비가 좋다고는 말할 수 없지만 가격을 따지지 않고 포식하고 싶다면 가볼만 하다. 랍스터, 타이거새우, 가리비 등이 맛있다.

Data **지도** 103p-D
가는 법 미케 비치 근처
주소 284 Vo Nguyen Giap street, Nhu Hanh Son district
전화 098-331-1368
운영시간 09:00~23:00
가격 랍스터 1kg 320만 동~, 타이거 새우 1kg 215만 동~
이메일 nhahangcuado@gmail.com

그 反美 아니에요
해피 브레드 Happy Bread AA

반미는 식민지 시절 프랑스의 영향을 받아 발달한 베트남식 바게트를 말한다. 베트남어로 반미Banh Mi는 빵이라는 뜻도 있지만 주로 바게트빵으로 만든 베트남식 샌드위치를 일컫는다. 중부 지역의 반미는 베트남에서도 맛있기로 유명하다. 다낭에 반미 전문점이 많지는 않다. 한국인이 운영하는 반미 카페 해피 브레드 AA는 적당한 가격으로 깔끔하고 맛 좋은 반미를 즐길 수 있는 곳으로 여행자들의 발길이 끊이지 않고 있다. 젊은층을 겨냥한 곳답게 매장 분위기가 산뜻하고 쿠폰제도 운영하고 있다.

Data 지도 102p-D
가는 법 다낭 시내 한 시장 근처
주소 14 Hung Vuong street, Hai Chau district
전화 090-557-6977
운영시간 07:00~23:00
가격 반미 지(계란) 6만 동, 반미 하(치킨) 5만 동, 망고 스무디 5만 동
이메일 happybreadmiaa@gmail.com

No Burger, No Life
버거 브로스 Burger Bros

Writer's Pick!

일본인이 운영하는 수제 버거 맛집으로 미케 비치에서 멀지 않은 골목에 자리 잡고 있다. 작은 매장이지만 뛰어난 맛으로 다낭 최고의 수제 버거로 인정받고 있으며, 버거를 다낭의 시그니처 음식으로 자리잡게 하는 데도 크게 기여했다. 한때는 테이크 아웃을 위한 줄이 길게 늘어섰지만 이제는 배달도 되고(15만 동 이상 주문 시) 2호점도 생겨 이용이 더욱 편리해졌다. 미케 비치 주변의 리조트에서는 본점, 다낭 시내에서는 NCT점으로 전화나 문자로 주문할 수 있으며 홈페이지에 재료 설명을 포함한 상세 메뉴판이 올라와 있으니 참고하자.

Data 지도 103p-D
가는 법 본점 홀리데이 비치 호텔 뒤편
주소 본점 18 An Thuong 4 street, Ngu Hanh Son district
NCT점 04 Nguyen Chi Thanh street, Hai Chau district
전화 본점 094-557-6240, NCT점 093-192-1231
운영시간 런치 11:00~14:00, 디너 17:00~22:00
가격 치즈버거 8만 동, 더 미케 14만 동
홈페이지 burgerbros.amebaownd.com, instagram.com/burgerbros_danang
이메일 burgerbros.dn@gmail.com

쌀국수가 지겨울 때
패밀리 인디언 레스토랑 Family Indian Restaurant

쌀국수는 지겹고, 한식은 식상하다면 인도 음식은 어떨까? 다낭에는 괜찮은 인도 음식점이 몇 군데 있는데 패밀리 인디언 레스토랑은 그중 합리적인 가격과 뛰어난 맛, 친절한 직원들로 여행자들 사이에서 입소문난 곳. 매콤한 커리와 난의 조화가 환상적이다. 매운 맛을 좋아한다면 치킨 커리를, 부드러운 맛을 원한다면 치킨 티카 마살라 커리를 주문하자. 이곳의 비밀은 이탈리안 메뉴. 버거와 파스타, 피자 등의 서양 음식을 먹고 싶다면 이탈리안 메뉴판을 요청하자. 단, 매장이 한가하고 사장님이 기분이 날 때만 주문을 받는다.

Data 지도 103p-B
가는 법 알라까르테 호텔 뒤편 골목길, 골드섬머 호텔 옆
주소 1호점 231 Ho Nghinh Quan street, Son Tra district
2호점 K231/39 Nguyen Cong Tru Street, Son Tra district
전화 094-260-5254
운영시간 10:00~23:00 가격 치킨 커리 8만9천 동, 치킨 마살라 커리 9만5천 동, 램 코르마 16만 동
홈페이지 www.indian-res.com
이메일 family.dn@gmail.com

다낭 최고의 태국 음식점
타이 마켓 Thai Market

태국은 국경을 맞대고 있는 가까운 나라지만, 한국과 일본의 음식이 다르듯 베트남과 태국의 음식에도 차이가 있는 것은 당연지사. 팟타이와 볶음밥, 똠양꿍 등 우리에게도 익숙한 태국 음식이지만 베트남 스타일은 역시 또 다르다. 특히 베트남의 태국 음식은 비교적 가격 부담 없이 즐길 수 있다. 지점마다 분위기가 조금씩 다른데 현지인들이 주로 찾는 레홍퐁점에서는 서민적 활기를 느낄 수 있다. 베트남 사람들이 즐기는 전골 요리 Hot Pot를 맛보는 것도 좋겠다.

Data 지도 102p-C
가는 법 다낭 시내 위치
주소 레홍퐁점 17 Le Hong hong
쩐꾸옥토안점 4 Tran Quoc Toan
타이피엔점 46 Thai Phien
전화 레홍퐁점 0236-366-7468
쩐꾸옥토안점 0236-363-6468
타이피엔점 0236-366-6468
운영시간 10:00~22:00
가격 팟타이 7만 동~, 파인애플 볶음밥 7만 동~, 똠양꿍 6만 동~, 전골 16만 동~
홈페이지 thaimarket.vn

비프, 치킨 다 있는 채식 쌀국숫집
응옥치 채식 레스토랑 Ngoc Chi Vegetarian Restaurant

채식주의자는 여행지에서의 식사가 까다로울 수밖에 없다. 현지 문화의 일부인 음식을 마음껏 즐기지 못하는 것 또한 아쉬움이 남는 부분. 베트남에 와서 호이안 치킨라이스도, 비프 누들 수프도 제대로 맛보지 못했다면 당장 응옥치로 가자. 채식 고기로 만든 베트남 쌀국수 메뉴를 종류별로 맛볼 수 있다. 고기가 들어간 볶음밥과 쌀국수 메뉴가 다양하다. 분명 '베지테리안' 레스토랑인데 메뉴판에 당당히 적힌 '치킨' '비프'에 당황하지 말자. 채식주의자도 먹을 수 있는 재료로 만든 가짜 고기이기 때문이다. 채식주의자가 아니라도 음식 맛이 괜찮아 먹어봄직하다. 대성당에서 두 블록 거리인 다낭 시내 한복판에 위치해 찾아가기도 쉽다.

Data 지도 102p-C
가는 법 다낭 대성당 입구에서 쩐푸 거리 따라 두 블록 직진 후 오른쪽 두 번째 블록에 위치 **주소** 32 Thai Phien street, Hai Chau district **전화** 0236-382-8344 **운영시간** 06:00~22:00 **가격** 껌가(치킨라이스) 2만 동, 미꽝 2만5천 동, 후띠에우(면이 가는 쌀국수) 2만5천 동

 최고의 로컬 반쎄오 맛집
반쎄오 바즈엉 Banh Xeo Ba Duong

관광객은 물론 현지인들에게도 최고로 인정받는 반쎄오 전문점이다. 현지인들은 대부분 알 정도로 유명한 맛집. 고소하게 부쳐낸 반쎄오와 돼지고기 꼬치 넴루이가 대표 메뉴이며 숯불고기가 올라간 비빔국수인 분팃느엉도 별미다. 반쎄오와 넴루이를 싸먹는 채소와 라이스페이퍼는 리필이 가능하니 모자라면 더 달라고 하자. 골목길 안에 비슷한 간판을 내건 식당들이 많은데 제일 끝에 있는 가게가 반쎄오 바즈엉이다.

Data 지도 102p-C
가는 법 다낭 시내 남쪽 위치, 좁은 골목 끝에 위치
주소 K280/23 Hoang Diet street, Hai Chau district
전화 0263-873-168
운영시간 10:00~22:00
가격 반쎄오 5만5천 동, 넴루이 10개 5만 동, 분팃느엉 2만5천 동

Writer's Pick! 깔끔하고 맛있고~
꽌 홍(퍼홍) Quán Hồng(Phở Hồng)

노보텔 근처에 위치한 쌀국수집으로 한국인들 사이에 입소문이 나 한국어 메뉴판과 김치까지 갖추고 있다. 구글맵에 한국어로 '퍼홍 쌀국수'라고 검색될 만큼 인지도가 있다. 입소문의 비결은 우선 맛이지만, 로컬 식당에서 아무래도 염려되기 마련인 위생 관리가 꽤 철저하다는 점이 점수를 얻고 있다. 쇠고기 쌀국수인 퍼보와 닭고기 쌀국수인 퍼가를 비롯해 여러 메뉴가 있는데 전반적으로 맛이 좋고, 사이드 메뉴인 짜조도 추천할 만하다.

Data 지도 102p-A
가는 법 다낭 시내 노보텔 근처
주소 10 Ly Tu Trong street, Hai Chau district
전화 098-878-2341
운영시간 07:00~21:00
가격 쌀국수 작은 그릇 4만 동/큰 그릇 5만 동, 짜조 15만 동

원조 집의 위엄
퍼박 63 Phở Bắc 63

군더더기 없이 딱 두 가지뿐인 메뉴에서부터 맛집의 위엄이 느껴진다. 다낭의 쌀국수 원조집으로 알려진 퍼박 63은 오랜 역사를 자랑하며 관광객들에게나 현지인들에게나 꾸준히 사랑받고 있다. 메뉴는 일반 쌀국수와 날계란이 들어간 스페셜 쌀국수로 나뉘며, 고수는 들어가지 않는다. 퍼박 63 주변으로 미꽝바무아, 반깐응아 등 다른 로컬 맛집들이 함께 포진해 있다.

Data 지도 102p-A
가는 법 다낭 시내 노보텔 서쪽으로 도보 11분
주소 203 Dong Da street
전화 0236-383-4085
운영시간 06:00~23:00
가격 기본 쌀국수 작은 그릇 3만5천 동/큰 그릇 4만5천 동, 스페셜 쌀국수 작은 그릇 4만 동/큰 그릇 5만 동

|Theme|
의외의 맛집 푸드코트

다낭 시내 대형 쇼핑센터에 있는 푸드코트는 다낭의 숨겨진 맛집이다.
직원들이 직접 서빙을 해주고, 테이블에서 고기도 구워 먹을 수 있으니 한국의 간단한
셀프서비스 푸드코트와 비교하면 섭섭하다. 가격대는 푸드코트답게 대체로
저렴한 편이고, 여러 코너가 모여 있어 선택의 폭 또한 넓다.

롯데마트 Lotte Mart

다낭 롯데마트 5층에는 어린이들을 위한 놀이시설과 롯데시네마 영화관, 푸드코트가 갖춰져 있다. 테이블에서 고기도 구워 줄 정도로 서비스가 좋으니 푸드코트라고 우습게 보면 큰코다친다. 식사 후에 커피 한잔할 수 있는 몰리커피도 들어와 있다. 4층에는 우리돈 천 원 남짓한 돈으로 국수 한 그릇을 후루룩 할 수 있는 작은 푸드코트가 있으며, 1층에는 한국 분식점 '셀프로'와 롯데리아도 있다. 154p

빈컴 플라자 Vincom Plaza

롯데마트에 이어 다낭에서 꼭 들러봐야 할 쇼핑 장소로 떠오른 빈컴 플라자. 1층의 하일랜드 커피, 모찌 스위트 외에 4층에 다양한 메뉴를 갖춘 대규모 식당가가 있다. 닭갈비, 철판볶음, 빙수 같은 각종 한식은 물론 일식, 디저트 등 종류도 다양하고 퀄리티도 괜찮은 편. 푸드코트 '매직팬'에서는 창밖으로 시내 경관이 시원하게 내다보여 식사의 즐거움이 배가된다. 쇼핑하다 허기지면 4층으로 올라가자. 155p

헬리오 센터 Helio Center

아시아파크 근처 게임센터인 헬리오 센터는 푸드코트가 굉장히 잘 되어 있다. 한식 'K-푸드', 일식 '사쿠라', 태국 음식 '툭툭' 등 7가지 코너를 갖추고 있으며 음식이 깔끔하게 잘 나오는 편이다. 다만 멋지게 만들어놓은 메뉴판과 실물은 다소 차이가 있으니 주문 시 감안할 것. 음료, 빙수 등 디저트 메뉴도 다양하다. 신나게 게임하고 놀이기구를 즐기다가 출출할 때 배를 채우기에 아쉬움이 없다. 헬리오 센터 시설 이용과 마찬가지로 파워 카드에 돈을 충전해서 결제하는 방식이다. 114p

인도차이나 리버사이드 몰 Indochina Riverside Mall

인도차이나 리버사이드 타워의 숨은 명물은 2층에 위치한 푸드코트다. 한강이 시원스레 내려다보이는 전망을 즐기며 합리적인 가격에 식사를 할 수 있는데 베트남 음식, 태국 음식, 일식, 한식을 비롯 14가지의 코너와 500석의 넉넉한 좌석을 갖추고 있다. 한식 코너 '대장금'의 떡볶이, 김밥 등의 메뉴는 별 기대 없이 주문했다가 만족하게 된다. 특히 떡볶이 추천! 계산대에서 카드에 돈을 충전한 뒤 결제하는 방식이라 다소 복잡한 것은 단점. 156p

| 카페 |

다낭의 스타벅스
하일랜드 커피 Highlands Coffee

다낭의 스타벅스랄까? 이제는 다낭에도 스타벅스가 생겼지만 여전히 현지인들은 가깝고 저렴한 하일랜드 커피를 사랑한다. 인도차이나 리버사이드 몰, 빈컴 플라자를 비롯해 시내의 요지에 자리 잡고 있어 찾기 쉽다. 한국의 백화점 1층에 입점해 있는 스타벅스를 보는 느낌. 여행지에서 맛보는 현지 스타일의 커피도 좋지만, 익숙한 맛의 아이스 아메리카노 한 잔이 간절해질 때가 있다. 그럴 때 가야 할 곳이 하일랜드 커피다. 아이스 아메리카노, 프리즈 등 우리에게 익숙한 미국식 커피 메뉴를 갖추고 있고, 다낭에서 드물게 셀프 픽업 시스템으로 운영된다. 달달한 베트남식 카페 스어다도 메뉴에 갖추고 있으므로 선택지는 충분하다. 베트남 고유의 커피 문화를 지켜나가면서도 미국식 카페 시스템을 도입한 성공 사례로 평가받고 있는 브랜드다.

Data 지도 102p-D
가는 법 인도차이나 리버사이드 몰 1층, 빈컴 플라자 1층 등에 위치
주소 인도차이나 리버사이드 몰 지점 74 Bach Dang street, Hai Chau
빈컴 플라자 지점 910A Ngo Quyen street, Son Tra
운영시간 인도차이나 리버사이드 몰 지점 06:30~23:00, 빈컴 플라자 지점 08:00~22:00
가격 핀 카페 스어다 스몰 2만9천 동, 아이스 아메리카노 레귤러 4만4천 동, 쿠키앤크림 프리즈 스몰 4만9천 동
홈페이지 highlandscoffee.com.vn
이메일 customerservice@highlandscoffee.com.vn

Writer's Pick! 괜히 유명한 게 아닌 베트콩 카페

콩카페 Cong Caphe

베트남 공산당을 콘셉트로 하는 콩카페는 독특한 분위기와 맛있는 음료로 베트남 젊은이들과 외국인들에게 큰 인기를 얻고 있다. 하노이에서 시작된 콩카페는 하노이의 번화가 골목마다 눈에 띄는 프랜차이즈인데 다낭에도 지점이 두 곳 있고, 최근에는 우리나라 연남동에도 지점을 오픈했다. 베트콩이 주제라니, 도무지 다른 곳에서는 찾아볼 수 없고 특히 한국에서는 상상조차 하기 힘든 특이한 콘셉트지만 과한 느낌이 들지 않고 레트로하면서도 분위기가 있다. 곳곳에 아기자기한 소품들이 배치돼 있어 자꾸만 사진을 찍고 싶어진다. 마치 영화 〈화양연화〉의 주인공이 된 듯한 인생샷을 건질 수도 있다. 콩카페의 대표 메뉴는 코코넛 밀크 커피지만 카페 스어다 등 다른 메뉴도 준수하다. 2층 창가에서 맞은편 한강의 모습도 내려다볼 수 있어 전망마저 훌륭한 곳. 베트남은 실내 금연 규정이 엄격하지 않아 담배를 피우는 사람들이 있을 때도 있는데 현지의 문화이니 너무 당황하지 말자.

Data 지도 102p-D
가는 법 한강 맞은편 박당 거리 한복판
주소 1호점 98-96 Bach Dang street, Hai Chau district
2호점 39 Nguyen Thai Hoc street, Hai Chau district
전화 1호점 0236-6553-644
2호점 091-186-6492
운영시간 06:30~23:00
가격 코코넛 밀크 커피 4만5천 동, 요거트 커피 4만 동
홈페이지
www.congcaphe.com
이메일
info@congcaphe.com

DA NANG BY AREA 01
다낭

다낭 시티 텀블러 득템!
스타벅스 Starbucks

드디어 다낭에도 스타벅스가 생겼다. 베트남은 자생적인 커피 문화가 워낙 강해 스타벅스가 맥을 못 추는 나라로 유명했지만, 익숙한 것을 찾는 관광객 수요에 힘입어 문을 열었다. 다낭에서까지 스타벅스에 가야 하는 이유는 베트남 전통 모자를 쓴 '베어리스타' 곰인형과 다낭 시티 머그, 시티 텀블러를 사기 위해! 여행의 추억을 오래오래 간직할 수 있는 기념품, 선물로도 손색이 없다. 무료 와이파이 이용은 1시간 동안만 가능하다.

Data 지도 102p-B
가는 법 박당 거리 송한교 바로 앞
주소 50 Bach Dang street, Hai Chau district
전화 0236-356-6839
운영시간 07:00~10:30
가격 아이스 아메리카노 톨 사이즈 5만5천 동/벤티 사이즈 7만1천 동, 14OZ 다낭 기념 머그 30만 동

맛있고 귀여운 디저트 카페
아로이 Aroi

카페 스어다도 어지간히 마셔 봤고, 새로운 음료와 디저트는 찾고 있다면 아로이를 주목. 박당 거리 콩카페에서도 멀지 않은 태국식 디저트 카페 아로이는 맛있고 예쁜 음료와 디저트를 다양하게 갖춰 젊은층을 중심으로 인기가 많은 곳이다. 고운 빛깔의 타이 아이스티와 쫀득쫀득 달달한 태국식 디저트 로티, 시그니처 메뉴인 곰돌이 무스 케이크까지 보기에도 예쁘지만 맛도 뛰어나 절로 '아로이!'를 외치게 된다. 아로이는 태국어로 '맛있다'는 뜻.

Data 지도 102p-D
가는 법 한강변 박당 거리에 위치
주소 124 Bach Dang street, Hai Chau district
전화 0236-6565-311
운영시간 07:00~23:00
가격 아이스티 2만5천~3만5천 동, 테디 초콜릿 무스 3만5천 동

로컬 커피숍은 이런 느낌
몰리 커피 Molly's Coffee

베트남의 카페는 한국의 카페보다 메뉴가 다양하다. 음료뿐만 아니라 간단한 패스트푸드, 심지어 볶음밥 같은 식사 메뉴까지 갖추고 있는 경우가 많다. 몰리 커피는 그런 베트남식 카페를 현대적으로 프랜차이즈화한 브랜드다. 롯데마트 등 다낭 시내 여러 곳에 매장이 있고, 하노이와 후에에도 지점이 있다. 착한 가격대와 다양한 메뉴로 편리하게 이용할 수 있다. 추천할 만한 지점은 한강 앞에 위치한 DHC 마리나점. 2층 테라스 전망이 뛰어나다. 롱교의 불과 물 쇼가 펼쳐지는 주말 저녁이면 일찌감치 만석이 되니 미리 자리를 잡아두자.

Data **지도** 102p-D **가는 법** DHC 마리나점 한강 바로 앞 **주소** DHC 마리나점 Tran Hung Dao street, Hai Chau district **전화** 0236-384-3423 **운영시간** 07:00~23:00 **가격** 베트남 블랙커피 2만2천 동, 몰리 커피 4만9천 동, 망고 스무디 4만5천 동, 핫도그 4만2천 동 **홈페이지** www.mollycoffee.net **이메일** info@mollycoffee.net

다낭 젊은이들의 아지트
라이프리아 Liferia

모던한 인테리어, 넉넉한 좌석과 시내에서 찾아가기 편리한 매장 위치로 인기가 많은 커피숍이다. 커피는 물론 주스, 스무디, 빙수 등 라이프리아에서만 맛볼 수 있는 특별한 메뉴가 다양하고 가격도 저렴해 단골이 많다. 에어컨 바람이 시원한 실내는 쾌적하고, 실내 금연 규정이 엄격하지 않은 베트남에서 담배 냄새도 나지 않는 곳이라 아이를 데리고 여행할 때 들르기도 괜찮다. 타이피엔 지점은 번화가의 코너에 위치하고 있어 찾기 쉬우며, DHC 마리나의 푸드코트와 판짜우찐 거리에도 지점이 있다 (**주소** 186-188 Phan Châu Trinh street).

Data **지도** 102p-D **가는 법** 다낭 대성당에서 남쪽으로 두 블록 거리 **주소** 35 Thai Phien street, Hai Chau district **전화** 타이피엔 지점 0236-280-0888 **운영시간** 06:30~22:30 **가격** 카페 스어다 1만9천 동, 아메리카노 2만4천 동, 라이프리아 스무디 3만9천 동 **홈페이지** liferiacoffee.com **이메일** liferiacoffee@gmail.com

| 나이트 라이프 |

단연 다낭 최고의 루프톱 바
알라까르떼 더 톱 A La Carte The Top

다낭에 수많은 루프톱 바가 있지만 원조는 알라까르떼 호텔 꼭대기의 더 톱이다. 다낭에서 길을 찾을 때 기준점으로 삼을 수 있을 만큼 랜드마크의 역할을 하고 있는 알라까르떼 호텔은 호텔보다 옥상이 더 유명하다. 인생샷을 남길 수 있는 인피니티 풀이 있고, 루프톱 바인 더 톱은 다낭 최고의 야경 포인트 중 하나이다. 미케 비치를 바라보며 즐기는 낮의 커피 타임도 좋지만 아무래도 밤에 가야 제대로 즐길 수 있다. 팜반동 비치 바로 앞에 위치해 다낭 시내와 밤바다는 물론, 멀리 선짜 반도의 해수관음상까지 한눈에 조망할 수 있으니 술값이 좀 비싸도 불평하기 어려운 곳. 반대편으로는 아시아파크의 선휠도 눈에 들어온다. 주말이면 관광객이고 현지인이고 할 것 없이 붐빈다. 토요일 저녁에는 탱고 나이트도 열려서 더욱 즐거운 시간을 보낼 수 있다.

Data 지도 103p-B
가는 법 팜반동 비치 앞
주소 200 Vo Nguyen Giap street, Son Tra district
전화 0236-395-9555
운영시간 06:00~익일 01:00
가격 칵테일 13만5천 동, 라바짜 커피 6만5천 동, 빅보이 버거 25만 동
홈페이지 www.alacartedanang-beach.com

> **Tip** 바다가 잘 보이는 알라까르떼 루프톱 바와 한강이 잘 보이는 노보텔 톱 바 중 야경이 더 예쁜 곳은 어디일까? 취향 따라 골라보자.

Writer's Pick! 여기가 강남이야 다낭이야
노보텔 스카이 36 Novotel Sky 36

한강 보이는 전망 좋고, 한국사람 많고, 신나는 음악 중에 가끔 한국 음악도 나오고, 이쯤 되면 강남인지 다낭인지 헷갈릴 지경. 롱교는 물론 쏭한교, 짠티리교 등 불 밝힌 교각들이 아름답게 장식하는 한강의 야경과 함께 다낭에서 최고의 나이트 라이프를 즐길 수 있는 루프톱 바 겸 클럽이다. 다낭의 밤을 즐기려는 관광객들뿐 아니라 현지 젊은이들도 꽤 찾아오는데 다낭에서 어딜 가나 그렇듯이 한국인 손님이 다수를 차지한다. 야외의 스카이 바와 널찍한 실내 라운지가 있어서 비가 올 때도 걱정 없고, 사람 많은 주말에도 크게 복잡하다는 느낌이 들지 않는다. 반짝이는 조명과 미러볼은 강남의 대형 클럽을 연상시키지만 답답한 지하가 아니라 탁 트인 루프톱에 위치하여 쾌적하게 즐길 수 있다. 주기적으로 다양한 이벤트를 개최하고 파워풀한 댄서들이 공연도 펼쳐 더욱 신나는 곳. 춤을 추기에도, 한 발짝 떨어져서 분위기를 즐기며 칵테일을 마시기에도 좋은 곳이다. 새벽 1시가 피크타임. 남자는 슬리퍼 입장 불가.

Data 지도 102p-B
가는 법 노보텔 35~37층
주소 36-38 Bach Dang street, Hai Chau district
전화 090-115-1536
운영시간 18:00~익일 02:00
가격 스피릿 바이 샷 29만9천 동, 시그니처 칵테일 39만 동
(봉사료 5% 및 세금 10% 가산)
홈페이지 www.sky36.vn
이메일 info@sky36.vn

다낭에서 파티는 여기!
골든 파인 Golden Pine

다낭에는 늦게까지 문을 여는 술집이 많지 않은데, 노보텔 스카이 36에서 1차를 즐기고 나와 걸어갈 수 있는 거리에 골든 파인이 있다는 희소식. 좁은 실내 공간에 비해 사람이 무척 많아서 주말에는 테이블을 잡기가 어렵다. 음악도 신나고 분위기도 흥겨워서 바깥에 나와서 마시고 춤추는 사람이 많은데 다낭에서 좀 논다 하는 사람들은 다 모여 있는 느낌. 골든 파인이 워낙 인기가 많아 주변에 비슷한 콘셉트의 펍들이 몇 개 생겼지만 아무래도 이만한 분위기가 나지 않는다. 술맛은 특별하지 않으니 맥주를 추천한다.

Data **지도** 102p-D **가는 법** 한강변 박당 거리 위치 **주소** 52 Bach Dang street, Hai Chau district **전화** 090-569-0967 **운영시간** 19:00~익일 04:00 **가격** 타이거 생맥주 4만5천 동, 데킬라 5만 동

박당 거리 터줏대감
밤부 2 바 Bamboo 2 Bar

다낭 최대의 번화가인 박당 거리 한복판에 위치한 캐주얼 바 밤부 2 바는 일찍부터 박당 거리를 지켜온 터줏대감 같은 존재다. 호텔과 투어 서비스도 함께 운영하고 있어 여행자들의 친화적인 공간. 시원한 한강 바람을 맞을 수 있는 야외 테이블과 포켓볼 다이가 있는 2층 공간이 널찍하다. 박당 거리를 지나다니다 보면 눈에 잘 띄어서 찾기도 쉽고 술값도 적당해 가볍게 즐기기 좋은 곳이다. 주말 저녁 맥주 한잔 하면서 롱교의 야경을 감상하기에도 최고. 8시쯤 바에 도착해 자리를 잡고 기다리다가 시간 맞춰 길 하나만 건너면 용이 불과 물을 뿜어내는 장관을 포착할 수 있다. 현지 젊은이들 사이에서는 물 좋기로 소문난 곳. 그래서인지 음악이 상당히 신난다.

Data **지도** 102p-D
가는 법 한강변 박당 거리 위치
주소 216 Bach Dang street, Hai Chau district
전화 090-554-4769
운영시간 08:00~익일 새벽
가격 타이거 생맥주 4만2천 동, 칵테일 7만 동
이메일 nguyendiem27@yahoo.com

새벽까지 즐기자
더 다운 The Dawn

가게 이름처럼 새벽까지 즐길 수 있는 곳. 미케 비치 앞 작은 야외 노점인데 손님이 많으면 야외 테이블을 펼쳐 준다. 해변에서 운치 있게 즐길 수 있는 바&비치 클럽으로 인기을 얻고 있다. 주말에는 해변에서 라이브 공연도 펼쳐져 한층 더 분위기가 좋고 칵테일도 가격 대비 훌륭한 편이다. 해질 무렵의 미케 비치도 좋지만 늦은 시간 2차로 한잔할 곳을 찾는 젊은이들이 모여드는 곳이기도 하다.

Data **지도** 103p-B **가는 법** 미케 비치 앞 **주소** Kios 8, Vo Nguyen Giap street, Son Tra district **전화** 093-555-5199, 012-7516-0282 **운영시간** 19:00~익일 02:00 **가격** 타이거 생맥주 4만5천 동, 더 다운 칵테일 6만 동 **홈페이지** www.facebook.com/thedawnbar

단골 삼고 싶은 동네 펍
왕스 펍 Wang's Pub

고급 리조트와 레스토랑이 즐비한 다낭이지만 구석구석 알고 보면 배낭여행자들이 즐길 수 있는 공간들이 있다. 해변의 리조트촌에서 걸어서 3분만 가면 나오는 주택가의 야외 카페 겸 펍인 왕스 펍이 바로 그런 곳. 베트남 남성과 결혼한 한국인 안주인의 성을 딴 왕스 펍은 로컬 수준의 저렴한 가격에 커피, 맥주, 칵테일 등을 마실 수 있는 편안한 공간이다. 가격은 로컬이지만 서비스는 인터내셔널이라, 칵테일 제조뿐만 아니라 영어 실력도 뛰어난 바텐더가 있어, 혼자 방문해도 심심하지 않다. 토요일 저녁에는 바비큐 디너가 열리기도 하는데 역시 가성비가 뛰어나다. 삼삼오오 모여든 서양인 여행자들이 새벽 늦게까지 어울리고, 낮에는 커피 한잔하러 오는 단골들이 많다.

Data **지도** 103p-D **가는 법** 프리미어 빌리지에서 도보 3분 **주소** 54 Ho Xuan Huong street, Ngu Hanh Son district **전화** 090-503-4338 **운영시간** 07:00~24:00 **가격** 라루 맥주 1만5천 동, 망고 셰이크 3만 동, 칵테일 4만5천 동~

| 한식당 |

다낭에 숨겨둔 내 고향집
고향집 Que Nha

집밥이 그리울 때 만족스럽게 한 끼 해결할 수 있는 곳. 교민들이 주로 이용하는 작은 로컬 한식당이다. 관광지 레스토랑의 기름진 식사가 물릴 때, 주택가의 작은 골목에 숨겨진 고향집에 찾아가보자. 테이블도 몇 개 없는 작고 조용한 식당이라 혼자 식사하기에도 괜찮다. 닭도리탕과 백숙, 꼼장어 등 몸보신 메뉴도 갖추고 있어 여행 중 체력이 떨어질 때 찾아가면 좋다. 통통한 낙지 살이 감칠맛 나는 낙지덮밥을 강추.

Data 지도 103p-A
가는 법 알라까르테 호텔 뒤편 주택가 골목
주소 175 Duong Dinh Nghe street, Son Tra district
전화 096-513-2311
운영시간 09:00~22:00
가격 낙지덮밥 10만 동, 된장찌개 10만 동, 콩국수 10만 동

삼겹살과 비빔국수가 맛있는 곳
예가 Yega

다낭에서 추천할 만한 한식당 중 한 곳이다. 음식 맛이 좋고 가격도 비싸지 않아서 많은 교민들의 사랑을 받고 있다. 삼겹살이 맛있는 것으로 유명하지만 김치찌개, 들깨수제비, 비빔국수 등 다양한 식사 메뉴를 갖추고 있고 맛도 뛰어나다. 치킨 배달도 되니 한국이 그립지 않다. 2층의 단체실도 있고 좌석이 넉넉하며, 미리 전화를 하고 찾아가면 더 편하다.

Data 지도 103p-A
가는 법 알라까르테 호텔 뒤편 주택가
주소 So 01 Duong Tu Minh street, Son Tra district
전화 0236-393-8522
운영시간 09:00~22:00
가격 삼겹살 14만 동, 비빔국수 12만 동, 양념 치킨 32만 동

전라도의 맛을 다낭에서
고기랑 샤브랑 Gogirangshaburang

다낭의 한인타운이라 할 수 있는 팜반동 대로변에 위치한 한식당. 다낭으로 이주한 한국인 가족이 운영하고 있다. 전라도 출신 사모님이 직접 요리하셔서 음식 맛이 뛰어나고, 고춧가루, 참기름 등의 조미료는 한국에서 직접 공수해 진짜 한국의 맛을 구현한다. 위층에는 노래방도 함께 운영한다. 한국이 그리운 날, 삼겹살과 노래방, 바로 근처에 위치한 케이마트까지 이어서 한국적인 시간을 즐겨 봐도 좋겠다.

Data 지도 103p-A
가는 법 팜반동길 케이마트 옆
주소 130-132 Pham Van Dong street, Son Tra district
전화 093-545-8043
운영시간 11:00~23:00
가격 차돌 된장찌개 12만 동, 삼겹한판 18만 동, 비빔국수 10만 동

© 고기랑 샤브랑

강남 스타일 코리안 바비큐!
팃톳. 무쇠 스타일 Thit Tot. Musoe Style

그대로 한국에 갖다놔도 전혀 어색하지 않을 정도로 트렌디한 '강남 스타일'의 고깃집. 한국인들은 물론 코리안 바비큐를 즐기고 싶은 현지인들에게도 꾸준히 인기를 얻고 있다. 질 좋은 고기, 베트남의 저렴한 무공해 채소로 한 끼 푸짐하게 식사할 수 있다. 소고기와 돼지고기, 닭고기 등을 고루 취급하는데 숙주 우삼겹, 닭갈비, 막창 등 맛있게 양념된 고기를 철판에 바로 익혀주니 이게 바로 강남 스타일 코리안 바비큐. 족발, 치킨 등 일부 메뉴는 배달도 가능하니 전화로 문의하자.

Data 지도 102p-B
가는 법 한강 동쪽 강변 쩐흥다오 거리
주소 135 Tran Hung Dao street, Son Tra district
전화 0236-391-8308, 한국어 094-777-0224
운영시간 10:00~23:00
가격 숙주 우삼겹 15만 동, 불막창 78만 동, 차돌 된장찌개 15만 동, 후식 떡볶이 7만 동

왠지 모를 필수 코스
롯데마트 Lotte Mart

 Writer's Pick!

다낭에서 응우한선 안 가는 사람은 있어도 롯데마트 안 가는 사람이 있을까? 다낭에 롯데마트가 있다는 것도 신기하지만 여행자들이 반드시 들르는 필수 코스라는 게 더 놀랍다. 그도 그럴 것이 리조트로 들어가기 전에 저렴한 베트남 맥주와 라면 등 간식거리들을 잔뜩 구입하기 좋고, 롯데시네마, 게임 센터, 푸드코트 등도 잘 갖춰져 있다. 베트남 특산품 코너도 따로 있어서 귀국 선물을 사기도 좋다. 물가 비싼 한국 롯데마트와 달리 카트 가득 담아도 몇 만 원 넘지 않아서, 아이들 옷이나 장난감을 값싸게 구입할 수도 있다. 껌, 물티슈, 음료수 등 여행하면서 필요한 생필품도 한국에 비해서 훨씬 저렴하고 라면 등의 한국 식품도 오히려 더 저렴한 가격으로 구입할 수 있으니 한국에서 싸올 필요가 전혀 없다. 캐리어도 맡길 수 있는 짐 보관소가 있고, 15만 동 이상 구매 시 배달도 된다.

Data 지도 100p-E
가는 법 다낭 시내 남쪽
주소 06 Nai Nam, Hai Chau district
전화 0236-361-999
운영시간 08:00~22:00
홈페이지 www.lottemart.com.vn
이메일 info@lottemart.com.vn

Tip 롯데마트 4층에는 환율을 괜찮게 쳐주는 환전소가 있다.

베트남의 국민 마트
빅씨&팍슨 플라자 Big C&Parkson Plaza

롯데마트가 외국인들이 많이 이용하는 고급 마트라면 빅씨는 베트남 사람들의 국민 마트라 할 수 있다. 사실은 태국 브랜드지만 저렴한 가격과 다양한 상품 구성으로 베트남 사람들이 가장 많이 이용한다. 다낭의 빅씨는 꼰 시장이 있는 주택가에 위치하고 있다. 저녁 시간에는 많이 붐비니 가급적 낮 시간대에 방문하는 것이 좋다. 캐리어나 가방 등 여행 중에 급하게 필요한 것이 생겼을 때도 해결할 수 있고, 베트남에만 있는 독특한 오토바이용 겉옷과 마스크 등 현지 물건들을 구경할 수 있다는 점에서 한 번쯤 들러볼 만하다. 50만 동 이상 구매 시 배달도 가능. 4층에는 CGV 영화관도 있다. 팍슨 플라자 백화점과 붙어 있는데 수입 브랜드 제품을 주로 취급하는 매장은 베트남 물가 대비 가격대가 높아 이용객이 적은 편.

Data 지도 102p-C 가는 법 다낭 시내 꼰 시장 맞은편 주소 255-257 Hung Vuong street, Thanh Khe district 전화 0236-366-6000 운영시간 08:00~22:00 홈페이지 www.bigc.vn

혜성처럼 등장한 다낭 쇼핑의 핫플레이스
빈컴 플라자 Vincom Plaza

빈펄 리조트와 빈펄랜드 등을 운영하는 베트남 대기업 빈그룹의 복합 쇼핑몰이다. 전자제품 매장부터 의류, 잡화, 가구, 생활용품 등 없는 게 없고 1층의 하이랜드 커피, 4층의 푸드코트 등 식당가도 잘 갖춰져 있다. 2층에는 빈마트, 3층에는 어린이 엔터테인먼트 시설인 빈케가 있고 4층에는 CGV 영화관과 빈펄랜드 아이스링크도 있어 원스톱 몰링을 즐길 수 있다. 롯데마트와 빅씨가 양분하던 다낭 쇼핑에 한 획을 그었으며, 주말이면 가족 나들이를 즐기는 현지인들의 모습도 구경할 수 있다. 아디다스, 나이키 등 글로벌 브랜드는 가격 메리트가 없는 편이고 베트남 생산품은 저렴하게 구입할 수 있다. 캐리어 등 여행용품, 어린이 장난감 류도 다양하게 갖춰져 있으니 층별로 구경하며 돌아보자.

Data 지도 102p-D 가는 법 한강 동쪽 강변 주소 910A Ngo Quyen street, Son Tra district 전화 0236-399-6688 운영시간 09:30~22:00 홈페이지 vincom.com.vn

강변의 복합 쇼핑몰
인도차이나 리버사이드 몰 Indochina Riverside Mall

다낭에 현대적 시설을 갖춘 쇼핑몰이 많지 않은데, 그중 인도차이나 리버사이드 몰은 일찍부터 다낭 시민들에게 쇼핑 편의를 제공해 왔다. 인도차이나 리버사이드 타워는 쇼핑몰과 엔터테인먼트 시설, 푸드코트, 오피스 빌딩이 결합된 복합 빌딩으로, 시원한 에어컨 바람을 쐬며 쾌적하게 쇼핑할 수 있는 것이 장점. 2층의 푸드코트에서는 탁 트인 한강 전망과 함께 식사할 수 있으며, 1층에는 널찍한 하일랜드 커피 매장과 배스킨라빈스가 있어서 다낭 시민들의 주말 나들이 코스로 인기다. 화장품, 의류 등의 매장이 다양하게 갖춰져 있지만 한국에서 사는 것에 비해 가격적인 메리트가 크지 않다. 여행 가방 등 현지 생산된 공산품은 한국에서보다 저렴하니 눈여겨보자.

Data 지도 102p-D 가는 법 다낭 시내 한강교 근처 주소 74 Bach Dang street, Hai Chau district 전화 0236-384-9445 운영시간 09:00~21:30 홈페이지 www.riversidecenter.com.vn 이메일 info@riversidecenter.com.vn

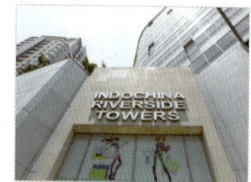

없는 게 없는 24시 한국 마트
K마트 K-Mart

다낭의 유일한 24시 마트다. 베트남 식으로는 '까맛'이라고 부르는 K마트에는 다양한 한국 상품은 물론 여행자들이 자주 찾는 베트남 라면, 맥주, 음료, 과자 등 요긴한 것들이 갖춰져 있다. 복잡한 대형마트에 들르기 번거로울 때 들러서 간단한 것을 사기 좋은 슈퍼마켓이다. 본점과 2호점 모두 시내의 요지에 위치하고 있어 찾아가기도 편하다. 웬만한 술집들이 다 문을 닫은 새벽 시간 마지막 코스로 K마트 앞 노상 술집이 남아 있다는 것은 교민이 귀띔해준 꿀팁!

Data 지도 103p-A 가는 법 본점 알라까르테 호텔 뒤편, 2호점 다낭 대성당 근처 주소 본점 Lo B 01-02-03 Pham Van Dong street, Son Tra, 2호점 104 Bach Dang street, Hai Chau 전화 본점 0236-396-0001, 2호점 0236-381-0001 한국어 090-539-0001 운영시간 24시간 이메일 danangkmart@gmail.com

다낭을 추억하는 모든 기념품
다낭 수브니어&카페 Danang Souvenirs&Cafe

 Writer's Pick!

조잡한 싸구려 기념품 말고, 베트남 어디를 가도 찾아볼 수 있는 그런 뻔한 기념품 말고, 다낭만의 특별한 고퀄리티 기념품을 원한다면 다낭 수브니어가 정답이다. 다낭 여행을 추억할 수 있는 특색 있는 기념품들이 많으며 디자인과 품질 모두 뛰어나다. 다낭 수브니어에서 자체 제작하는 제품들과 기념품으로 좋은 베트남의 인기 디자인 상품들을 적절하게 들여놓았다. 곰인형, 장식 카드, 엽서 등 예쁜 것들은 물론이고 머그컵, 에코백, 여행용 파우치 등 실용적인 아이템도 많아 쇼핑 욕구를 마구 자극한다. 고급 차와 커피 등 어른들께 선물하기 좋은 아이템도 다양하게 갖춰져 있어 선물 고민까지 완벽 해결. 카페와 함께 운영되고 있어 쇼핑에 심드렁한 남편과 아이들이 쉴 수 있어 편리하다. 음료 퀄리티도 준수하니 쇼핑 후 커피 한잔하며 쉬어 가기에도 좋다. 신나게 쇼핑을 즐기고 난 뒤에 카페에 앉아 흡족한 기분으로 포장지를 뜯어보는 기쁨을 누려보자.

Data 지도 102p-B
가는 법 노보텔 바로 옆
주소 34 Bach Dang street, Hai Chau district
전화 0236-387-2555
운영시간 07:00~22:30
홈페이지 www.danangsouvenirs.com
이메일 souvenirsdanang@gmail.com

| 비치사이드 리조트 |

액티브한 여행을 위한 세련된 리조트
풀만 다낭 비치 리조트 Pullman Danang Beach Resort ★★★★★

풀만은 현대적이고 트렌디하다. 박미안 비치의 눈부신 화이트샌드 해변에 위치해 워크숍과 휴양, 액티비티, 가족 여행에 모두 적절하다. 슈피리어, 디럭스, 코티지(빌라) 등 186실을 갖추고 있으며 전 객실에 발코니, 욕조, 레인샤워가 있다. 풀만은 리조트 내 액티비티가 잘 돼 있는 것이 특징. 투숙객에게는 서프보드, 스탠드업 패들 보드, 카약, 바디 보드, 부기 보드 등을 무료로 대여해주며 투숙객이 아닌 경우에도 별도의 비용을 내고 다양한 워터 스포츠를 이용할 수 있다. 매일 오전에는 투숙객을 위한 무료 에어로빅 수업과 태극권 수업이 열리고, 트레이너가 있는 피트니스 클럽과 사우나가 있다. 오전 9시부터 오후 5시까지 운영하는 키즈클럽에서는 종이접기, 볼링, 퍼즐 등 아이들을 위한 액티비티 프로그램이 잘 갖춰져 있고 낮잠방도 있어서 마음 놓고 아이들을 맡길 수 있다. 질소 아이스크림, 이탈리안 커피 등 최고급 메뉴로 제공되는 조식도 합격점.

- 셔틀 운행: 호이안(편도 8만 동) / 다낭 공항(편도 7만 동)

Data 지도 100p-E
가는 법 박미안 비치.
다낭 공항에서 차로 15분
주소 101 Nguyen Giap street, Ngu Hanh Son district
전화 0236-395-8888
요금 슈피리어 24만 원~
홈페이지
www.pullman-danang.com
이메일
h8838@accor.com

다낭의 숙소는 해변가의 비치사이드 리조트와 시내의 호텔로 구분된다. 입국 첫날과 마지막날은 저렴한 시내 호텔, 메인 리조트는 다낭 비치 주변의 리조트로 정하면 알차다.

컬리너리 리조트의 자부심
푸라마 리조트 다낭 Furama Resort Danang ★★★★★

세계 10대 꿈의 호텔 중 하나로 꼽히는 푸라마 리조트는 다낭 최초 5성 리조트라는 자부심이 대단하다. 다소 올드한 느낌도 있지만 리노베이션을 거쳐 이용에 불편함이 없으며, 울창한 열대 정원과 라군 뷰가 뛰어나다. 프렌치 콜로니얼 양식에 베트남 전통 스타일이 더해진 리조트는 4층짜리 객실동에 총 198실을 갖추고 있으며, 빌라도 50채 있다. 전 객실에 발코니와 대리석 욕조가 있다. 다낭 리조트 중에서도 규모가 큰 편. 매일 오전 무료 태극권 수업을 비롯 다양한 리조트 액티비티를 즐길 수 있고, 사우나, 피트니스 센터, 심지어 카지노까지 있다. 윈드서핑, 바디보딩 등 기본적인 워터 스포츠는 물론이고 리조트 내에서 PADI 스쿠버다이빙까지 체험할 수 있다. VIP 게스트를 위한 헬리콥터 이착륙 시설이 있는 것도 푸라마 리조트의 자랑. 하지만 푸라마의 자랑은 무엇보다 음식이다. 카페 인도친은 다낭에서 최초로 해산물 디너 뷔페를 시작했고, 주 3회 참파 공연이 펼쳐지는 해변의 스테이크 하우스, 이탈리안 레스토랑 돈 치프리아니스 등 다양하고 음식의 수준이 높다. - 셔틀 운행: 호이안(왕복 16만 동)

Data 지도 100p-E
가는 법 논느억 비치, 다낭 공항에서 차로 15분
주소 105 Vo Nguyen Giap street, Ngu Hanh Son district
전화 0236-384-7333
요금 가든 슈피리어 28만 원~
홈페이지 www.furamavietnam.com
이메일 reservation@furamavietnam.com

한국인이 가장 선호하는 가족 리조트
하얏트 리젠시 다낭 리조트&스파 Hyatt Regency Danang Resort&Spa ★★★★★

게스트룸과 스위트 193실, 2~3개의 베드룸이 있는 레지던스 95실, 풀빌라 27채 등을 갖추고 있는 하얏트 리젠시는 모던하고 깔끔한 화이트톤 객실로 여심을 저격한다. 주방 시설이 완비된 레지던스와 아이들이 놀기 좋은 수영장이 있어 가족 리조트로 명성이 높은데, 메인 풀 외에도 가든 풀, 피트니스 풀, 리젠시 클럽 전용 풀, 레지던스 전용 풀 등 5개의 수영장이 있다. 비치뿐만 아니라 풀사이드에서도 모래놀이를 할 수 있고 아이들을 위한 워터슬라이드도 있어 인기다. 스파와 피트니스 센터, 사우나는 물론이고 농구장, 테니스 코트도 갖춰져 있다. 리조트 액티비티는 패밀리 요가, 풀 스트레칭 등 온 가족이 함께 즐길 수 있는 것에 초점이 맞춰져 있다. 별도의 워터 스포츠 센터는 없다. 그린 하우스, 풀 하우스, 비치 하우스, 베이커리 등 레스토랑뿐 아니라 룸서비스까지 음식에 대한 평이 좋고, 한국인 손님이 많다 보니 곳곳에서 한국어 안내문을 볼 수 있다. 클럽 객실과 스위트, 풀빌라에 투숙하는 경우 리젠시 클럽 라운지를 이용할 수 있으며 레지던스 객실에는 주방 시설이 완비된 대신 미니바가 없으니 필요한 것을 미리 사가자.
- 셔틀 운행: 호이안(편도 8만 동)

Data 지도 101p-I
가는 법 논느억 비치, 다낭 공항에서 차로 15분
주소 5 Truong Sa street, Ngu Hanh Son district
전화 0236-398-1234
요금 게스트룸 25만 원~
홈페이지
danang.regency.hyatt.com
이메일
danang.regency@hyatt.com

고풍스런 럭셔리 가족 리조트
빈펄 럭셔리 다낭 Vinpearl Luxury Danang ★★★★★

베트남의 대기업 빈그룹이 운영하는 빈펄 리조트는 고풍스러운 가구가 갖춰진 널찍하고 럭셔리한 객실과 5개의 수영장으로 하얏트 리젠시와 함께 가장 인기 있는 다낭 가족 리조트로 꼽힌다. 20세기 초 인도차이나 풍의 건축 양식에 현대적인 느낌이 더해져 편리하면서도 품격 있다. 디럭스 가든뷰 76실과 디럭스 비치프런트 102실, 스위트 10실 등 200개의 호텔 객실을 갖추고 있다. 전 객실에는 발코니와 욕조, 에스프레소 커피 머신과 원두, 체중계 등이 살뜰하게 구비돼 있고 일반적인 목욕 가운 외에 예쁜 기모노 스타일의 가운도 함께 제공된다. 다양한 식음료장을 갖추고 있으며, 빈펄의 자랑 수영장과 자쿠지, 키즈클럽, 피트니스 센터, 테니스 코트 등 5성 리조트로서 부족함이 없다. 매일 아침 무료 요가 수업 등 다양한 액티비티가 있으며 빈참 스파Vincharm Spa의 마사지는 해변에 마련된 스파용 오두막에서 파도 소리를 들으며 받을 수도 있다.

– 셔틀 운행: 호이안(왕복 10만 동)

Data 지도 101p-l
가는 법 논느억 비치. 다낭 공항에서 차로 15분
주소 07 Truong Sa street, Ngu Hanh Son district
전화 0236-393-8220
요금 디럭스 가든뷰 24만 원~
홈페이지 vinpearl.com/luxury-danang
이메일 res.VPLDNRV@vinpearl.com

> **Tip** 다낭에는 빈펄 럭셔리 외에도 흔히 빈펄2라고 하는 빈펄 리조트&스파와 한강변의 빈펄 리버프런트 콘도텔이 있다. 호이안과 남호이안에도 각각 빈펄 리조트가 있다.

나만 알고 싶은 스파 인클루시브 리조트
나만 리트리트 Naman Retreat ★★★★★

다낭의 인기 리조트 가운데 한 곳인 나만 리트리트는 현대적으로 설계된 널찍한 객실과 스파 포함 프로모션으로 큰 인기를 얻고 있다. 객실 요금에 매일 1회의 스파가 포함되어 리조트 안에서 편하게 호텔 스파를 즐길 수 있다. 나만은 '리조트'가 아닌 '리트리트' 콘셉트로, 스파와 웰니스에 초점을 맞추고 있다. 일반적인 스파 서비스 외에 디톡스 프로그램을 운영하는데, 베트남 중부에 단 한 대 밖에 없는 특수 장비를 이용한 장 청소 프로그램까지 갖추고 있을 정도다. 짧게는 120분에서 길게는 300분이 소요되는 반나절 프로그램도 있으니 일상에서 쌓인 독소를 풀며 내 몸을 위한 사치를 부려보자. 전반적인 디자인은 대나무와 쌀 등 베트남의 상징적인 이미지로 풀어냈으며 객실은 미니멀한 화이트 톤으로 심플하고 깨끗한 느낌을 준다. 호텔동의 바빌론 룸과 풀빌라, 비치 빌라와 레지던스를 포함해 총 117실을 갖추고 있으며 투숙객을 위한 액티비티도 다양하다. 저녁 시간에 즐길 수 있는 비치 시네마, 매니저 칵테일 모임, 디너 뷔페 등은 시내와 다소 떨어져 있는 위치의 단점을 상쇄한다. 조식은 가짓수와 퀄리티 모두 흠잡을 데 없고 해변가의 인피니티 풀도 근사하다.

– 셔틀 운행: 코코버스 티켓 제공(무료)

Data 지도 101p-L
가는 법 논느억 비치, 다낭 공항에서 차로 30분
주소 Truong Sa street, Ngu Hanh Son district
전화 0236-395-9888
요금 바빌론룸 25만 원~, 1베드룸 빌라 40만 원~
홈페이지 namanretreat.com
이메일 info@namanretreat.com

| 독채 객실만 있는 빌라형 리조트 |

풀빌라만 있는 프라이빗 리조트
프리미어 빌리지 다낭 리조트 Premier Village Danang Resort ★★★★★

전 객실이 널찍한 독채 풀빌라로 이루어진 아코르 계열 리조트다. 현대적인 시설을 갖춘 111채의 빌라는 비치프런트, 오션 액세스, 가든뷰로 구분되며 전 객실에는 프라이빗 풀, 테라스, 정원, 거실, 주방이 갖춰져 있다. 오션 액세스와 가든뷰 빌라는 1~5개, 비치프런트 빌라는 4개의 베드룸을 갖추고 있어 대가족 여행에 최적화되어 있다. 프리미어 빌리지는 레스토랑의 수준이 높다. 전통 베트남 음식과 인터내셔널 메뉴를 제공하는 올데이 다이닝 레스토랑 레몬그라스 외에 해산물을 즐길 수 있는 까 꾸온 꼬(플라잉 피시), 수영장과 해변의 멋진 경관과 함께 식사할 수 있는 노티카 비치 클럽 등에서 만족스러운 식사를 할 수 있다. 요청 시 셰프가 빌라로 방문해 해산물 바비큐를 요리해주는 인빌라 다이닝도 즐길 수 있다. 투숙객을 위한 워터 액티비티가 잘 갖춰져 있어 액티브한 휴가를 보낼 수 있으며, 유아 풀이 딸린 2개의 대형 야외 수영장, 스파와 피트니스 센터, 키즈클럽 등이 완비돼 있다.

- 셔틀 운행: 다낭 시내(무료) / 호이안(왕복 15만 동) / 다낭 공항(무료)

Data 지도 100p-E
가는 법 미안 비치, 다낭 공항에서 차로 15분
주소 99 Vo Nguyen Giap street, Ngu Hanh Son district
전화 0236-391-9999
요금 가든뷰 2베드룸 빌라 57만 원~
홈페이지 www.premier-village-danang.com
이메일 H9530@accor.com

스파 인클루시브의 원조
퓨전 마이아 다낭 Fusion Maia Danang ★★★★★

유명한 글로벌 호텔 체인들에 비해서 퓨전 마이아의 이름은 낯설지만 한 번 묵어본 사람은 반하게 된다. 퓨전 마이아는 아시아 최초로 스파 인클루시브 서비스를 도입한 곳. 객실료에 아침 식사와 투숙객 당 매일 2회의 스파 트리트먼트가 포함돼 있다. 모처럼만의 휴가에 가격표를 들여다보며 고민할 필요가 없다. 하하와 별 등 연예인 커플의 허니문 여행지로도 알려졌듯이 허니문 여행에 제격인 호텔이다. 모든 객실은 풀빌라로 프라이빗 풀과 정원이 딸려 있으며, 한국인 퓨저니스타가 투숙객의 편의를 살뜰히 살펴 준다. 총 87채의 빌라가 있으며, 객실은 모던하면서도 로맨틱한 퓨전 마이아의 시그니처 컬러로 꾸며져 있다. 퓨전 마이아의 또 한 가지 특별한 점은 아침 식사 배달 서비스. 시간과 장소에 구애받지 않고 리조트 내 원하는 장소로 아침 식사를 배달해준다. 말이 아침식사지 오후에 주문해도 상관없고, 미리 신청하면 해변에서의 로맨틱한 아침식사도 가능하다. 호이안에 있는 퓨전 카페에서 혹은 오후에도 아침식사를 할 수 있다. 무료로 제공되는 셔틀 버스를 타고 아침 일찍 고대 도시 호이안으로 떠나고 싶은 투숙객에게 안성맞춤인 서비스다.

- 셔틀 운행: 호이안(무료) / 바나 힐스(편도 15달러)

Data 지도 100p-E
가는 법 논느억 비치. 다낭 공항에서 차로 15분
주소 Vo Nguyen Giap street, Khue My ward, Ngu Hanh Son district
전화 0236-396-7999
요금 1베드룸 풀빌라 56만 원~
홈페이지 www.fusion-resorts.com/fusionmaiadanang
이메일 reservation-dn@fusion-resorts.com

가성비 좋은 풀빌라가 필요하다면
오션 빌라 The Ocean Villas ★★★★★

독채형 숙소에 묵고싶지만 가격 때문에 고민된다면 오션 빌라가 답이다. 일반 호텔 방 가격에 조금만 더 보태면 방 2~4개의 독채 풀빌라를 온전히 누릴 수 있다. 오션 빌라는 전 객실이 독채 풀빌라로 이루어진 빌라형 리조트로, 2베드룸 풀빌라 21채, 3베드룸 풀빌라 13채, 4베드룸 풀빌라 3채, 5베드룸 비치프런트 풀빌라 3채 등으로 구분된다. 전 객실에 프라이빗 풀과 주방, 넓은 거실이 있어서 일행들끼리 오붓한 시간을 보내기에 최적화되어 있다. 주방에는 전자레인지와 스토브, 커피메이커, 모든 조리 기구는 물론이고 얼음이 나오는 정수기와 세탁기까지 완비돼 있다. 장 봐온 재료를 넣을 수 있는 커다란 냉장고가 있고 미니바도 따로 세팅돼 있어서 급할 때 편리하다. 리셉션에서 간단한 라면, 생리대, 세탁세제 등의 생필품도 판매해 굳이 리조트 밖으로 나가지 않아도 된다. 리조트 바로 맞은편에 다낭 골프 클럽이 있어서 골프 여행객도 많이 찾으며, 단체 워크숍이나 가족 여행에 꼭 어울리는 숙소다. 리조트 규모가 커서 버기카를 호출해 이동하는 것이 좋으며 수영장 옆의 화이트캡스 비치클럽에서 조식 및 올데이 다이닝 서비스가 제공된다.

- 셔틀 운행: 호이안(무료)

Data 지도 101p-L
가는 법 응우한선 근처. 다낭 공항에서 차로 30분
주소 Truong Sa street, Ngu Hanh Son district
전화 0236-396-7094
요금 3베드룸 풀빌라 27만 원~
홈페이지
www.theoceanvillas.com.vn
이메일 reservations@theoceanvillas.com.vn

| 호젓한 여유가 있는 외곽의 럭셔리 리조트 |

※라구나 랑꼬 리조트 단지 안에 위치한 반얀트리와 앙사나는 행정구역상 뜨아티엔 후에 성에 위치하지만, 다낭 리조트를 고를 때 고려 대상이 되는 곳이라 다낭 지역편에 소개한다.

캐주얼한 오렌지빛 리조트
앙사나 랑꼬 Angsana Langco ★★★★★

반얀트리의 자매 격이라 할 수 있는 앙사나는 보다 캐주얼하고 액티브하다. 전 객실이 풀빌라로 된 반얀트리가 허니문에 최적이라면, 다양한 타입의 299개 객실을 갖춘 앙사나는 여러 목적에 맞게 선택할 수 있다. 디럭스룸 외에 주니어 풀 스위트 이상의 객실에는 모두 테라스와 프라이빗 플런지 풀, 간단한 주방 시설이 갖춰져 있다. 반얀트리에서부터 이어지는 수영장은 총 300m 길이로, 동아시아에서 가장 길다. 룸컨디션 역시 최상이고, 어메니티도 빠지는 것 없이 잘 갖춰져 있다. 반얀트리와 앙사나가 있는 라구나 랑꼬 리조트 단지는 월드베이클럽 선정 세계에서 가장 아름다운 만Bay으로 꼽혔던 랑꼬 만에 자리하고 있다. 랑꼬는 유적 도시 후에와 휴양지 다낭 사이의 오지에 불과했는데, 새로운 리조트 로케이션을 찾던 반얀트리 호권핑 회장의 눈에 띄어 반얀트리와 앙사나가 있는 리조트 단지인 라구나 랑꼬가 탄생했다. 앙사나에서는 셔틀 보트 제티Jetty나 버기카를 타고 라구나 랑꼬 단지를 돌아다닐 수 있는데, 유람선 느낌의 제티 탑승을 추천한다. 이외에도 매일 아침 요가 수업, 힐사이드 하이킹, 베트남어 수업 등 리조트 액티비티와 서핑, 제트스키, 패러세일링, 골프, ATV 등을 즐길 수 있다. 키즈클럽과 스파, 수준 높은 식사를 제공하는 레스토랑 완비.
- 셔틀 운행: 호이안(무료) / 후에(무료) / 다낭 공항(무료) / 후에 공항(무료)

Data 지도 167p-A
가는 법 랑꼬 까잉드엉 비치. 다낭 공항에서 차로 1시간
주소 Cu Du village, Loc Vinh commune, Phu Loc district, Thua Thien Hue province
전화 0234-369-5800
요금 가든 발코니 그랜드 15만 원~, 주니어 풀 스위트 28만 원~, 1베드룸 스위트 33만 원~
홈페이지 angsana.com
이메일 reservation-langco@angsana.com

럭셔리, 프라이빗, 로맨틱한 최고의 허니문
반얀트리 랑꼬 Banyan Tree Langco ★★★★★

2012년 오픈해 베트남 중부 여행의 판도를 바꿔놓은 럭셔리 리조트 반얀트리는 총 62채의 빌라 중 대부분의 객실이 풀빌라로 이루어져 로맨틱 허니문과 프라이빗한 휴양에 최적이다. 다낭 인터컨티넨탈, 호이안 남하이와 더불어 최고급 리조트로 꼽힌다. 조식 뷔페에 모에샹동 샴페인이 제공되는 수준이니 더 이상 많은 설명이 필요하지는 않을 듯. 조식은 추가 비용 없이 인룸다이닝으로 신청할 수도 있기 때문에 투숙객들이 빌라에서의 호젓한 식사를 선택하는 편이다. 객실 컨디션은 물론 최상이다. 고객 편의를 고려한 섬세한 어메니티 가운데는 뜨거운 태양 아래 자극받은 피부를 위한 페이셜 미스트까지 구비돼 있으니 가볍게 떠나도 좋다. 패러세일링, 제트스키 등 워터 스포츠는 물론이고 18홀 골프 코스까지 즐길 수 있어 액티브한 취향까지 만족시켜 준다.
- 셔틀 운행: 호이안(무료) / 후에(무료) / 다낭 공항(무료) / 후에 공항(무료)

Data 지도 167p-A
가는 법 랑꼬 까잉드엉 비치. 다낭 공항에서 차로 1시간 **주소** Cu Du village, Loc Vinh commune, Phu Loc district, Thua Thien Hue province **전화** 0234-369-5888 **요금** 라군 풀빌라 50만 원~, 비치 풀빌라 70만 원~ **홈페이지** banyantree.com **이메일** Reservations-Langco@banyantree.com

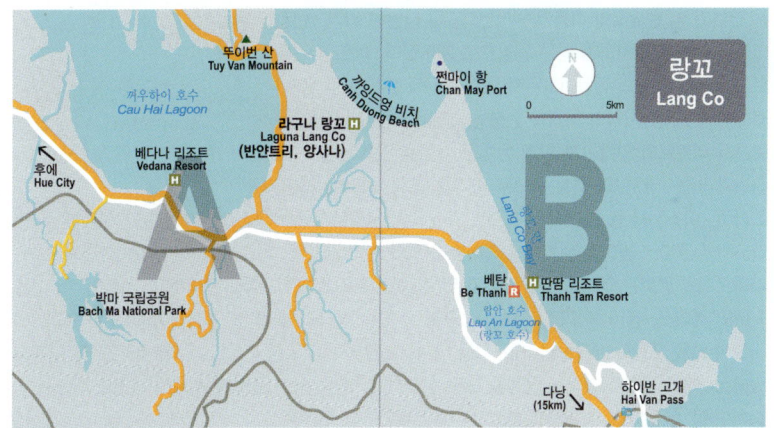

최고의 호사, 7성급 럭셔리

인터컨티넨탈 다낭 선 페닌술라 리조트
InterContinental Danang Sun Peninsula Resort ★★★★★

다낭에는 초특급 리조트가 많지만, 진정한 럭셔리 리조트라면 단연 선짜 반도의 인터컨티넨탈을 꼽을 수 있다. 세계 60개국에 180개 이상의 럭셔리 호텔과 리조트를 디자인한 하버드 출신 건축가 빌 벤슬리의 작품인 인터컨티넨탈 다낭은 그가 1년간 베트남 전역을 답사하며 받은 영감으로 지어졌다. 베트남 전통 모자인 농라 모양의 전등이라든지 부지 곳곳에 장식된 원숭이와 물고기 문양 등 지역의 특색과 전통을 살린 디자인의 섬세함이 럭셔리 리조트의 안락함과 함께 완벽한 여행을 만들어준다. 테라스가 있는 197실의 객실은 모두 바다를 향해 있으며, 헤븐, 스카이, 어스, 시 등 총 4개의 층으로 구분되어 남짬Nam Tram이나 버기카를 타고 이동할 수 있다. 해발 700m 높이에 위치한 프라이빗 비치와 인피니티 풀, 키즈클럽, 피트니스 센터와 스파, 가라오케와 영화관 등의 시설을 갖추고 있고 객실 내 어메니티 구성도 완벽하다. 시트론, 라 메종 1888, 베어풋, 롱바 등 리조트 내에서 즐길 수 있는 식사의 퀄리티도 최상급이며, 무료 요가, 태극권 수업을 포함해 패들보딩, 바구니배 타기, 그물낚시 체험 등 리조트 내 액티비티도 잘 갖춰져 있다. 시내와 거리가 있다는 단점을 모두 상쇄한다. '원숭이 산' 중턱에 위치해 리조트 내에서 원숭이도 볼 수 있다고. - 셔틀 운행: 다낭 시내(무료) / 호이안(무료)

Data 지도 100p-C
가는 법 선짜 반도. 다낭 공항에서 차로 40분
주소 Bai Bac, Son Tra peninsula
전화 0236-393-8888
요금 클래식 오션뷰룸 48만 원~ 클래식 스위트룸 62만 원~
홈페이지 danang.intercontinental.com
이메일 Reservations.ICDanang@ihg.com

| 10만 원으로 즐기는 합리적 리조트 |

Writer's Pick!

레벨 룸과 조식이 훌륭한
멜리아 다낭 Melia Danang ★★★★

가성비 좋은 가족 리조트로 인기를 얻고 있는 멜리아 다낭은 5성으로 착각할 정도로 뛰어난 서비스를 제공하는 4성 리조트다. 게스트룸 75실을 비롯하여 레벨룸 40실 등 총 158실을 운영한다. 레벨룸은 독채는 아니지만 나지막한 2층 건물에 소수의 객실이 모여 있는 빌라로 레벨룸 투숙객 전용 수영장과 더 레벨 라운지가 있어 리조트의 활기와 프라이빗한 느낌을 모두 잡았다. 방은 깔끔하고 모던하며, 어메니티 가운데 치실이 포함돼 있을 정도로 고객 편의에 대한 섬세한 배려가 감동을 준다. 무엇보다 멜리아 다낭을 추천하는 이유는 조식이 너무나 맛있기 때문! 한식, 일식 등 투숙객의 국적에 따른 맞춤 메뉴는 물론 빵 종류와 베트남 음식도 다양하게 제공하는데 모두 맛이 뛰어나다. 다른 리조트 조식에서 흔히 보지 못했던 창의적인 메뉴들이 많은데, 조식 하나 때문에라도 멜리아 다낭에 꼭 가야 한다. 유아풀과 키즈클럽이 있고, 객실에서 응우한선이 바로 보일 정도로 가까워 무료로 빌려주는 자전거를 타고 가볍게 다녀올 수 있다. 리조트 내 액티비티로는 요가, 카약, 베트남어 수업 등이 스케줄에 따라 제공된다.

- 셔틀 운행: 호이안(편도 8만 동)

Data **지도** 101p-l
가는 법 응우한선 맞은편, 다낭 공항에서 차로 30분
주소 Group 39, Hoa Hai ward, Non Nuoc Beach, Ngu Hanh Son district
전화 0236-392-9888
요금 게스트룸 10만 원~, 디럭스룸 11만 원~, 레벨룸 20만 원~
홈페이지 meliadanang.com
이메일 reservations@meliadanang.com

논느억 비치의 대표 리조트
센타라 샌디 비치 리조트 다낭 Centara Sandy Beach Resort Danang ★★★★

논느억 비치의 눈부신 화이트샌드 프라이빗 비치와 2개의 수영장, 유아풀, 키즈클럽, 테니스 코트 등 부족함 없는 부대시설을 갖추고 있다. 슈피리어룸과 방갈로, 빌라 등 198실을 운영하고 있으며 나지막한 객실동은 식민지 시대의 정취를 물씬 풍긴다. 바구니배 타기, 카약 등과 어린이를 위한 액티비티도 잘 갖춰져 있는 편이다. 다낭 골프클럽 및 몽고메리 링크스와 인접해 골프 여행에 편리한 것도 장점.
- 셔틀 운행: 참 조각 박물관(무료) / 호이안(편도 5만 동)

Data 지도 101p-I
가는 법 논느억 비치, 다낭 공항에서 차로 30분
주소 21 Truong Sa street, Ngu Hanh Son district
전화 0236-396-1777
요금 방갈로 9만 원~
홈페이지 www.centarahotels resorts.com/centara/cdv
이메일 cdv@chr.co.th

다낭 시내에도 리조트가?
라이즈마운트 프리미어 리조트 다낭 Risemount Premier Resort Danang ★★★★

다낭의 리조트는 전부 해변에만 있는 줄 알았는데, 시내에서도 휴양을 즐길 수 있는 리조트가 생겼다. 그리스 산토리니 풍의 시원한 블루&화이트 톤으로 꾸며진 라이즈마운트 프리미어다. 굳이 호텔이 아니라 리조트라는 명칭을 고수하는 이유는 단순한 숙박보다 충분한 휴식 그리고 웰니스에 초점을 맞추고 있기 때문. 비치 리조트는 아니지만 수영장이 예뻐 유유자적 즐기기 좋고, 룸타입 별로 디자인이 다른 객실도 여심을 마구 저격한다.
- 셔틀 운행: 다낭 공항(무료)

Data 지도 103p-D
가는 법 다낭 시내 남쪽, 미케 비치에서 도보 10분
주소 120 Nguyen Van Thoai street, Ngu Hanh Son district
전화 0236-3899-999
요금 슈피리어 8만 원~
홈페이지 www.risemount.com/ko 이메일 info@risemountresort.com

| 리조트 부럽지 않은 해변가 호텔 |

호텔에서도 비치는 놓칠 수 없지
홀리데이 비치 다낭 호텔&리조트 Holiday Beach Danang Hotel&Resort ★★★★

비치, 스파 무엇 하나 놓치지 않는 홀리데이 비치는 객실 수가 94실로 다소 적어 4성이지만 5성에 준하는 뛰어난 서비스를 제공하는 것으로 정평이 나 있다. 객실 크기 자체는 작은 편이지만 공간 활용을 잘 해서 비좁다는 느낌은 들지 않는다. 24시간 룸서비스, 흠잡을 데 없는 룸컨디션과 이브닝 턴다운 서비스를 제공하며 모든 객실에서 바다를 볼 수 있다. 해변가의 홀리데이 비치 클럽이나 해변까지 이동할 수 있는 지하도Subway 등 기대 이상의 부대시설로 만족도가 높다. 1층에 풀사이드 비치 가든과 야외 수영장이 있고 옥상에도 작은 풀이 있다. 스카이 바, 전신 안마 의자가 갖춰진 비즈니스 라운지, 피트니스 센터 등이 완비돼 있다. 별도의 스파 빌딩에 더 홀리데이 스파가 있는데, 소금방과 토굴 등을 갖춘 한국식 찜질방 히말라얀 솔트 사우나Himalayan Salt Sauna가 있는 점이 특이하다(39만8천 동). 길 하나만 건너면 미케 비치로, 호텔에서 빈둥거리다가 30초면 바다로 입수할 수 있는 위치도 장점. 여러 모로 장점이 많은 호텔이지만, 현재는 호텔동 추가 공사 중으로(2019년 말 오픈 예정) 야외 수영장 이용이 어려운 등 불편이 있어서 예약에 신중을 기할 필요가 있다.
- 셔틀 운행: 한 시장(무료) / 호이안(무료) / 린응사(왕복 11만8천 동)

Data **지도** 100p-E
가는 법 미케 비치 앞.
다낭 공항에서 차로 10분
주소 300 Vo Nguyen Giap street, Ngu Hanh Son district
전화 0236-396-7777
요금 슈피리어 12만 원~, 디럭스 13만 원~
홈페이지 www.holidaybeachdanang.com
이메일 info@holidaybeachdanang.com

젊고 트렌디한 레지던스형 호텔
알라까르테 다낭 비치 A La Carte Danang Beach ★★★★

루프톱 바로 더 유명한 알라까르테 다낭 비치는 시내에서 길을 찾을 때 기준점이 될 정도로 눈에 잘 띄는 위치에 자리 잡고 있다. 전 객실은 오션뷰이며 전자레인지와 스토브 등 간단한 주방 시설이 갖춰진 레지던스형 호텔이다. 스튜디오 형태의 라이트와 라이트 플러스, 스위트룸인 딜라이트, 딜라이트 플러스, 하이라이트 등 개성 있는 객실명을 사용한다. 알라까르테의 하이라이트는 역시 옥상. 미케 비치 야경을 즐길 수 있는 더 톱은 말할 것도 없고, 인생 사진을 남길 수 있는 옥상의 인피니티 풀은 워낙 유명하다. 더 톱의 인기로 다소 어수선하고, 주말에는 해변의 파티나 행사로 인해 소음이 발생할 수 있다는 점은 감안하자.
- 셔틀 운행: 호이안(편도 10만 동) / 바나 힐스(편도 12만 동) / 다낭 공항 샌딩(6만 동)

Data 지도 100p-B
가는 법 미케 비치 앞, 다낭 공항에서 차로 10분
주소 200 Vo Nguyen Giap street, Son Tra district
전화 0236-395-9555
요금 디럭스 라이트 스튜디오 14만 원~, 라이트 플러스 15만 원~
홈페이지 www.alacartedanangbeach.com
이메일 reservation@alacartedanangbeach.com

©A La Carte Danang Beach

쉐라톤의 시티 호텔
포포인츠 바이 쉐라톤 다낭 Four Points by Sheraton Danang ★★★★★

포포인츠는 캐주얼하고 트렌디하다. SPG 계열의 포포인츠 바이 쉐라톤에는 인터내셔널 체인 호텔의 익숙한 서비스가 제공되며 다양한 국적의 투숙객이 머문다. 5성급 호텔이라기에 서비스가 다소 캐주얼하지만 조식을 보면 확실히 5성이다. 서양식부터 베트남식까지 가짓수와 맛 모두 훌륭하다. 슈피리어룸과 디럭스 룸은 욕조 유무만 다르고, 비치 리조트인 그랜드 쉐라톤과 헷갈릴 수 있으므로 택시를 탈 때는 꼭 '포포인츠'라고 강조하자.

Data 지도 100p-B
가는 법 다낭 공항에서 차로 10분
주소 118-120 Vo Nguyen Giap street, Son Tra district
전화 0236-39-7979
요금 슈피리어 11만 원~, 디럭스 12만 원~
홈페이지 www.marriott.com/hotels/travel/dadfp-four-points-danang

매일 스파가 포함되는 퓨전 마이아의 동생
퓨전 스위트 다낭 비치 Fusion Suites Danang Beach ★★★★★

퓨전 마이아 리조트와 같은 계열의 레지던스형 숙소로 젊은 느낌의 비치 호텔이다. 5성급 리조트다운 고급스러운 분위기는 부족하지만 경쾌하고 아기자기한 분위기와 차별화된 서비스로 만족도가 높다. 스파 인클루시브 서비스의 원조인 퓨전 마이아의 자매 호텔답게 객실료에 매일 1회 45분 발마사지가 포함된다. 마이아 스파 혹은 객실 중 원하는 장소에서 서비스를 받을 수 있다. 129개의 객실이 전부 오션뷰를 자랑한다. 길 하나만 건너면 비치와 비치프런트 풀이 있어 해수와 담수를 오가며 수영을 즐길 수 있다. 수업을 진행하는 요가 스튜디오가 있으며 루프톱 바의 분위기도 좋은 편. 로비 한편의 작은 레스토랑에서 제공되는 조식은 조금 아쉬운 편이지만, 추가 비용 없이 인룸다이닝으로 신청할 수 있는 것은 편리하다. 왕복 20만 동의 저렴한 금액에 바나 힐스 셔틀 버스를 운행하고, 객실마다 갖춰진 주방에는 프렌치 프레스와 커피메이커가 비치돼 있는 등 다른 호텔에서 찾아보기 어려운 서비스가 많다. 직원들은 전반적으로 교육이 잘 되어 있으며 한국어를 할 줄 아는 직원도 있어 도움을 받을 수 있다.

- 셔틀 운행: 호이안(10만 동, 왕복 15만 동) / 바나 힐스(왕복 20만 동)

Data 지도 100p-B
가는 법 알라까르테에서 선짜 반도 가는 길 왼편의 비치 앞. 다낭 공항에서 차로 15분
주소 An Cu 5 Residential, Vo Nguyen Giap street, Son Tra district
전화 0236-391-9777
요금 치크 스튜디오 13만 원~, 오션 스위트 16만 원~
홈페이지 fusionsuites danangbeach.com
이메일 reservations.fsdn@fusion-resorts.com

환상적인 미케 비치 뷰를 자랑하는
그랜드 투란 호텔 Grand Tourane Hotel ★★★★★

막힌 곳 없이 탁 트인 환상적인 미케 비치 뷰를 자랑하고, 독특한 형태의 건물 외관은 멀리서도 눈에 띈다. 2016년 오픈한 그랜드 투란 호텔은 미케 비치 한복판에 자리 잡아 양쪽으로 뻗은 해안선을 시원하게 바라볼 수 있는 현대식 호텔이다. 시티뷰와 시뷰로 구분되는 총 189개의 객실을 운영하고 있다. 슈피리어나 디럭스도 무난하지만 가성비를 따지자면 욕조에서 선짜 반도 뷰를 감상할 수 있는 프리미어 디럭스룸을 추천한다. 바로 앞 해변에 패러세일링을 할 수 있는 워터 스포츠 센터가 있어서 늘 창밖으로 날아다니는 패러세일을 볼 수 있는 것도 그랜드 투란에서 머무는 즐거움. 1층에는 유아풀이 딸린 야외 수영장이 있어서 수영장에서 비치까지 다녀오기도 편하고, 피트니스 센터, 테니스 코트 등을 갖추고 있다. 리조트가 아닌 시내 호텔이지만 투숙객을 위한 줌바, 태극권, 요가 수업이 무료로 제공되는 것도 그랜드 투란의 특별한 점. 로비의 카페, 풀 바, 21층의 스카이 바를 비롯해 레스토랑의 퀄리티도 뛰어나다. 직원 교육이 잘 되어 있어서 서비스도 매끄러운 편이다.

Data 지도 100p-E
가는 법 미케 비치 앞.
다낭 공항에서 차로 10분
주소 252 Vo Nguyen Giap street, Son Tra district
전화 0236-377-8888
요금 슈피리어 11만 원~,
디럭스 13만 원~,
프리미어 디럭스 17만 원~
홈페이지
www.grandtouranehotel.com
이메일
info@grandtouranehotel.com

| 관광이 편리한 다낭 시내 호텔 |

최고의 시내 전망을 자랑하는
노보텔 다낭 프리미어 한 리버 Novotel Danang Premier Han River ★★★★★

다낭 최초의 업스케일 호텔 및 서비스드 아파트먼트로 루프톱 바 스카이 36으로 더 유명하다. 한강 서편에 위치한 37층 건물로, 다낭 시청과 함께 시내 한복판에 자리잡고 있어서 시내 어디서든 눈에 띈다. 한강이 시원스레 내려다보이는 전망 역시 뛰어나, 다낭 최고의 야경을 볼 수 있는 곳으로 손꼽힌다. 323개의 호텔 객실은 대부분 금연실이지만 흡연층도 따로 운영하고 있어 애연가에게는 반가운 소식. 이그제큐티브 라운지, 피트니스 센터와 스파, 요가 홀, 키즈클럽, 수영장 등 부대시설도 빠지지 않는다. - 셔틀 운영: 프리미어 빌리지(무료), 호이안(편도 15만 동)

Data 지도 100p-B
가는 법 다낭 시내.
다낭 공항에서 차로 7분
주소 36 Bach Dang street, Hai Chau district
전화 0236-392-9999
요금 슈피리어 16만 원~
홈페이지 www.novotel-danang-premier.com
이메일 H8287-TH@accor.com

용다리 뷰는 여기가 최고!
반다 호텔 Vanda Hotel ★★★★

용다리와 참 조각 박물관 바로 앞에 위치해 관광이 편리하고 뷰가 뛰어난 호텔이다. 우아한 보랏빛을 시그니처 컬러로 꾸며진 114개의 객실은 동급 호텔 대비 룸컨디션과 서비스 모두 뛰어난 편. 용다리 바로 앞이라는 이점을 극대화할 수 있는 톱 바도 운영하고 있으며 스파와 실내 수영장, 피트니스 센터 등의 부대시설이 있다.

Data 지도 102p-C
가는 법
꺼우롱과 참 조각 박물관 바로 앞
주소 03 Nguyen Van Linh street, Hai Chau district
전화 0236-3525-969
요금 디럭스 7만 원~
홈페이지 www.vandahotel.vn
이메일 info@vandahotel.vn

베트남 자생 브랜드 호텔
무엉탄 그랜드 다낭 호텔
Muong Thanh Grand Danang Hotel ★★★★

베트남 자생 브랜드인 무엉탄은 현지인들이 많이 이용하는 로컬 호텔 체인으로 호이안과 후에에서도 만나볼 수 있다. 무엉탄 다낭은 슈피리어, 디럭스, 트리플 디럭스, 스위트 등 총 370실의 객실을 운영하고 있다. 모든 객실은 한강 혹은 미케 비치를 볼 수 있는 리버뷰 혹은 시뷰로 되어 있다. 객실료 대비 전망이나 룸컨디션이 좋아서 객실 점유율이 높은 편. 현지인들에게 인기가 많기 때문에 휴가철이나 주말에는 다소 붐빈다. 실내 수영장과 피트니스 센터, 스파, 가라오케 등의 부대시설이 있으며 슈피리어룸의 경우 객실에 목욕 가운이 비치돼 있지 않아 필요 시 요청해야 한다. 조식은 무난한 편.

Data 지도 100p-E 가는 법 다낭 시내. 다낭 공항에서 차로 7분
주소 962 Ngo Quyen street, Son Tra district 전화 0236-392-9929
요금 슈피리어 6만 원~, 이그제큐티브 스위트 11만 원~
홈페이지 granddanang.muongthanh.com
이메일 info@danang.muongthanh.vn

전망만큼은 5성 부럽지 않은
다낭 리버사이드 호텔 Danang Riverside Hotel ★★★★

비즈니스 손님이 많이 묵는 저렴한 3성 호텔이었으나 2016년 리노베이션으로 깔끔한 4성 호텔로 재탄생했다. 슈피리어 33실, 디럭스 54실, 스위트 6실 등 107개의 객실을 갖추고 있으며 객실료가 적당하면서도 기본적인 것은 다 갖춰져 있다. 전망이 최대 장점인데, 주말이면 불과 물을 뿜는 롱교를 객실 창문 밖으로 내다볼 수 있을 정도로 롱교와 가깝다. 롱교까지 걸어서 1분, 한강교까지는 3분이면 충분하며, 바로 앞에는 롱교의 전망 포인트로 인기있는 DHC 마리나가 있다. 부대시설로는 야외 수영장과 피트니스 센터가 있으며 다른 시설이나 조식에 대해서는 크게 기대하지 않는 것이 좋다.

Data 지도 100p-E
가는 법 다낭 시내 한강변. 다낭 공항에서 차로 10분
주소 A30 Tran Hung Dao Street, Son Tra District district
전화 0236-394-6666 요금 슈피리어 5만 원~
홈페이지 www.danangriversidehotel.com.vn
이메일 info@danangriverside.vn

| 공항과 가까운 호텔 |

공항 근처 호텔 중 최고
그랜드 머큐어 호텔 다낭 Grand Mercure Hotel Danang ★★★★★

노보텔과 같은 아코르 계열로, 체계적인 서비스를 제공하는 5성급 호텔이다. 다낭 공항에서 무척 가깝기 때문에 새벽 비행기로 입국해 바로 쉬고 싶을 때 가장 좋은 선택지다. 주변이 탁 트여 있어 호텔 창밖으로 아시아파크의 관람차가 보이고, 한강 위를 가로지르는 교각들이 아름다운 야경을 이뤄 전망도 좋다. 한국 관광객들의 필수 코스인 롯데마트와 가까운 점도 편리하다. 베트남 스타일과 프렌치 시크 무드가 조화를 이룬 현대적인 디자인으로 슈피리어, 디럭스, 스위트 등 272개의 객실을 운영하며 금연실과 흡연실이 나뉘어 있다. 디럭스룸과 스위트룸 투숙객이 이용할 수 있는 프리빌리지 라운지에서는 알라까르테와 간단한 샐러드 바를 갖춘 아침식사가 제공된다. 1층 레스토랑의 조식 뷔페는 베트남식, 중국 광동식, 프랑스식 등으로 나오는데 한국인 입맛에 맞다고 하기는 어려운 편. 매주 금요일에는 50가지 이상의 요리가 제공되는 해산물 바비큐 뷔페가 열리고, 2층의 중식당에서는 올유캔잇 딤섬 뷔페도 운영된다. 사우나 시설과 자쿠지를 갖춘 카르마 스파, 야외 수영장, 피트니스 센터와 테니스 코트 등의 부대시설이 있다.

- 셔틀 운영: 참 조각 박물관-한 시장-다낭 비치-아시아파크(무료)

Data 지도 100p-E
가는 법 롯데마트 근처.
다낭 공항에서 차로 5분
주소 Lot A1 Zone of Villas of Green Island, Hai Chau district
전화 0236-379-7777
요금 슈피리어 10만 원~
홈페이지 www.grandmercure.com/Destinations/Vietnam/Danang
이메일 h7821@accor.com

고풍스러운 인생 수영장
민토안 갤럭시 호텔 Minh Toan Galaxy Hotel ★★★★

민토안 갤럭시는 가격 대비 룸컨디션과 부대시설이 뛰어난 시내의 4성급 호텔이다. 공항에서 5분 거리에 있어 입국 첫날 호텔로도, 출국날 밤 비행기를 타기 전까지 쉬다 갈 수 있는 저렴한 호텔로도 적합하다. 합리적인 가격의 스파, 피트니스 센터 등 기본적인 부대시설을 탄탄하게 갖추고 있으며, 특히 한강과 선휠이 내다보이는 고풍스런 야외 수영장이 각광 받고 있다. 아시아파크와 롯데마트가 가깝다.

Data 지도 100p-E
가는 법 다낭 시내 남쪽. 다낭 공항에서 차로 7분
주소 306, 2/9 street, Hai Chau district
전화 0236-366-2288
요금 슈피리어 5만 원~
홈페이지 minhtoangalaxyhotel.vn
이메일 info@minhtoangalaxyhotel.vn

조식이 맛있고 직원들이 친절한
스테이 호텔 Stay Hotel ★★★★

식사가 맛있고 직원들이 친절해서 기분 좋게 머물 수 있는 4성 호텔. 슈피리어 시티뷰, 디럭스 베이뷰, 프리미어 디럭스, 스위트 등 103개의 객실을 운영한다. 다낭 시내 북쪽에 위치해 한강 교각 중 가장 긴 쩐푸욱교를 볼 수 있고 야경 또한 훌륭하다. 공항에서 가깝고 썬짜 반도로 이동하기도 편리한 위치. 슈피리어룸은 다소 작지만 전반적인 룸컨디션은 좋은 편. 로비의 사이공 카페에 그랜드 피아노가 있을 정도로 클래식한 느낌이지만 현대적인 시설을 갖추고 있다. 야외 수영장, 피트니스 센터, 저렴한 로터스 스파가 있고 무엇보다 조식이 무척 맛있다. 한국인 투숙객이 많은 편이라 한국인 입맛에 잘 맞는 메뉴와 김치를 제공해 든든한 아침 식사로 하루를 시작할 수 있다.

Data 지도 100p-A 가는 법 다낭 시내 북쪽. 다낭 공항에서 차로 7분
주소 119, 3/2 Street, Hai Chau district
전화 0236-3861-861~8 요금 슈피리어 5만 원~
홈페이지 www.stayhotel.com.vn
이메일 reservation@stayhotel.com.vn

| 가성비 갑 호텔 |

왜 3성인지 이해가 안 갈 지경
사노우바 다낭 Sanouva Danang ★★★

사노우바 다낭은 저렴한 객실료 대비 깔끔한 룸컨디션과 시내에서 이동이 편리한 위치, 친절한 서비스로 여행의 첫날과 마지막날의 호텔로 인기를 얻고 있다. 수영장이 없어서 3성이라고는 하지만 왜 3성인지 이해가 안 갈 정도로 섬세한 서비스는 웬만한 5성보다 나을 정도. 디럭스 51실, 트리플 10실, 스위트 7실 등을 포함해 총 78실을 운영하고 있다. 조식도 맛있고, 직원들과 의사소통도 원활하며, 가격 대비 스파 퀄리티도 뛰어나 수영장만 아니라면 이 가격에 이만한 시내 호텔도 없다. 스파 포함 프로모션을 하고 있으며 마지막날 쉴 호텔을 찾는 여행자들을 위해 조식 불포함 땡처리 객실도 판매한다.

Data 지도 100p-A **가는 법** 꼰 시장 근처. 다낭 공항에서 차로 7분
주소 68 Pham Chau Trinh street, Hai Chau district **전화** 0236-382-3468 **요금** 스탠다드 9만 원~
홈페이지 www.sanouvadanang.com **이메일** info@sanouvadanang.com

준수한 3성 호텔
시가든 호텔 Sea Garden Hotel ★★★

2015년 오픈해 깔끔하고 무난한 시내의 3성 호텔이다. 디럭스, 디럭스 발코니, 스위트 등 72개의 객실을 갖추고 있으며 객실 크기도 널찍한 편이다. 어메니티나 조식은 딱 3성 수준이지만, 룸컨디션은 좋은 편이라 가격 대비 준수하게 머물 수 있다. 시내와 미케 비치 어디에서든지 가깝고 길 하나만 건너면 24시 운영하는 K마트가 있는 것도 편리하다.

Data 지도 100p-B
가는 법 알라까르테 호텔 근처. 다낭 공항에서 차로 10분
주소 Lot 29-30-31-32-33 Le Van Quy street, Son Tra district
전화 0236-356-8888
요금 디럭스 3만 원~
홈페이지 www.seagardenhotel.vn
이메일 info@seagardenhotel.vn

Da Nang By Area
02

호이안
HỘI AN

우리식으로 '회안會安'이라 읽히는
것을 미루어 보아 호이안이
무역항이었음을 짐작할 수 있다.
베트남 중부의 보석 같은
고대 도시 호이안은 15세기 이래
중국, 일본은 물론 네덜란드, 포르투갈,
프랑스의 상인들이 드나들었던
동남아시아의 중심 무역항이었다.
다행히 베트남전의 포화를 피한
덕분에 중국, 일본, 베트남식이
혼합된 독특한 양식의 건물 원형이
잘 보존되었다. 1999년 도시
전체가 유네스코 세계문화유산으로
지정되며 그 가치를 인정받았다.

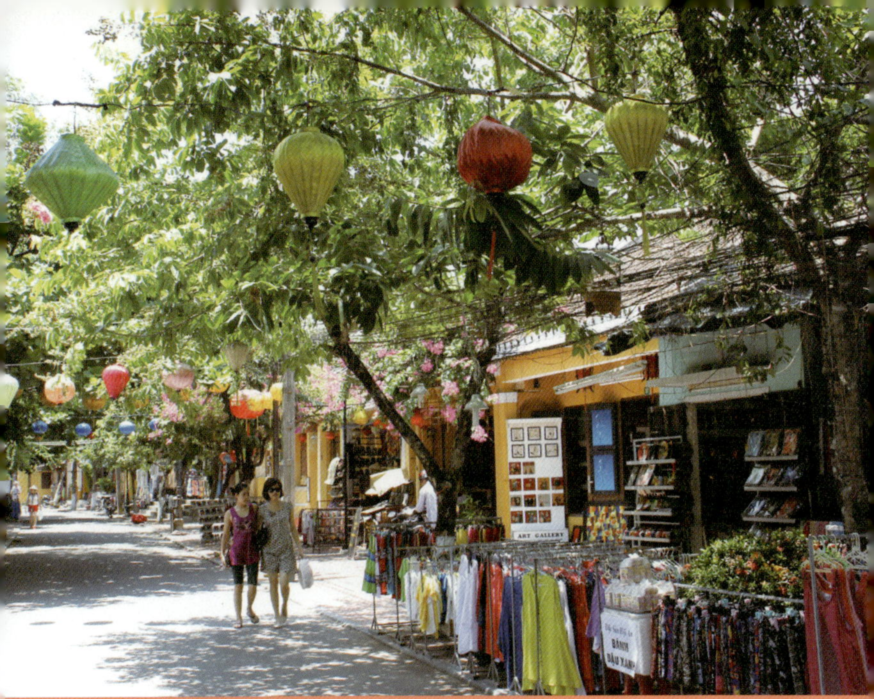
ART GALLERY

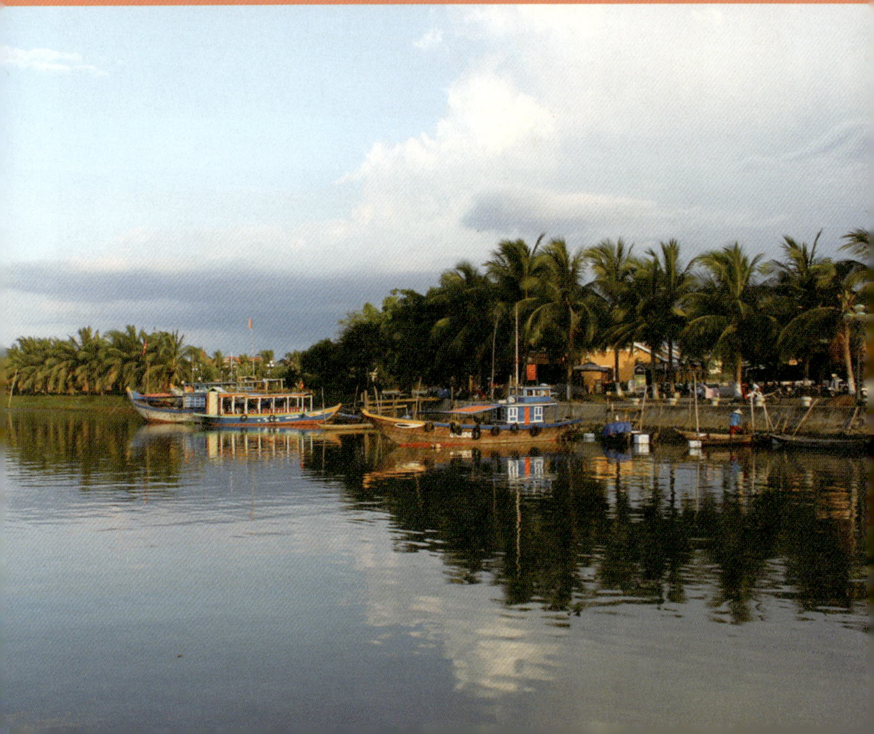

Hoi An
PREVIEW

호이안 여행의 핵심은 올드타운 탐방. 그 외에 에코투어, 쿠킹클래스, 사이드카 트립 등 다낭보다 알찬 즐길 거리가 더 많다. 유명한 맛집, 아기자기한 쇼핑거리도 많으며 야시장에서 저녁 늦게까지 즐길 수 있다. 관광 인프라가 잘 갖춰져 있어 여행도 쉽다.

ENJOY
올드타운은 도보로 구경할 수 있으며 시클로를 타고 한 바퀴 돌아보는 것도 좋다. 아기자기한 구경거리, 살 거리가 많고 전통 공연이 펼쳐지기도 한다. 밤이 되어 거리 곳곳에 호이안 전통 등이 불을 밝힌 모습은 빠지지 않는 엽서 사진! 도자기 마을 투어, 에코투어와 쿠킹 클래스, 투본강 크루즈 등 체험거리도 많다.

EAT
호이안은 베트남에서도 미식의 천국이라 불릴 정도로 음식이 맛있다. 호이안식 전통 국수 까오러우를 비롯, 호이안식 만두 '화이트 로즈' 반바오반박, 튀긴 완탄인 호안탄찌엔, 시금치와 비슷하게 생긴 모닝글로리 나물볶음 라오멍사오, 베트남식 팬케이크 반쎄오 등 꼭 먹어봐야 할 음식이 너무도 많다. 직접 만들어 바로 먹는 쿠킹 클래스 체험도 인기 만점이다.

BUY
호이안 올드타운에서는 다양한 기념품을 찾아볼 수 있다. 수공예 입체 카드나 책갈피, 호랑이 연고 등 자잘한 기념품에서부터 차茶, 대나무 그릇, 도자기 등을 살 수 있는데 베트남의 다른 지역에 비해 가격도 저렴한 편이다. 내 몸에 꼭 맞는 테일러 메이드 드레스와 베트남 스타일의 디자인 상품은 한국에서도 활용도가 높으며 가성비도 최고!

SLEEP
비치를 낀 고급 리조트를 원한다면 다낭 혹은 호이안 어느 쪽을 선택하든 무방하며, 대체로 호이안 쪽의 리조트들이 조금 더 저렴한 편이다. 고대 도시의 정취를 좀 더 느끼고 싶다면 올드타운과 가까운 숙소를 선택해 하루 이틀 머물러보자. 올드타운 주변에는 소규모의 부티크 리조트와 호텔부터 저렴한 홈스테이 하우스까지 다양한 숙소가 분포한다.

Hoi An
BEST OF BEST

걸어서, 자전거 타고, 혹은 보트를 타고 즐기는 올드타운의 낮과 밤.
미식의 천국 호이안에서 즐기는 전통음식과 쿠킹 클래스, 베트남 시골의 전통문화를 체험하는
에코투어도 빼놓을 수 없는 호이안 여행의 베스트 오브 베스트!

볼거리 BEST 3

자전거로 돌아보는
호이안의 거리 곳곳

낮과 밤의 표정이 다른
올드타운 탐방

소원등 떠내려가는
투본강 야경

먹을거리 BEST 3

국물 자작한
호이안 국수 까오러우

호이안의 별미,
화이트 로즈 반바오반박

바삭바삭 튀긴 완탄
호안탄찌엔

투어 BEST 3

베트남 전통 바구니배 타고
호이안 에코투어

반쎄오를 만들어보자,
쿠킹 클래스

호이안 시골로 떠나는
사이드카 트립

Hoi An
GET AROUND

🚗 어떻게 갈까?

호이안은 다낭 옆에 작은 도시로 공항이나 기차역이 따로 없어 다낭 공항이나 다낭 기차역을 통해 가야 한다. 다낭과 호이안은 해안선이 이어져 있어 같은 도시라 봐도 될 정도로 가깝다.

1. 다낭 공항 → 호이안 리조트
다낭 공항에 도착해 바로 호이안의 숙소로 들어가야 하는 경우, 택시나 그랩, 여행사의 픽업 서비스, 리조트 셔틀을 이용하면 된다.

2. 리조트 → 호이안 올드타운
다낭이나 호이안 해변가의 리조트에서 호이안 올드타운으로 들어갈 때는 리조트에서 운영하는 셔틀 차량을 이용하는 것이 가장 좋다. 대부분 리조트에서 올드타운까지 왕복 셔틀을 운영하며 비용은 무료이거나 저렴한 수준이다. 운행시간과 좌석이 한정되어 있으므로 미리 예약을 하고 시간에 맞춰 이용하면 된다. 대부분 체크인 시 운행시간표와 함께 안내해준다. 다낭의 비치 리조트에서 호이안 올드타운까지는 20~40분 정도 소요되며 호이안 해변가의 리조트에서는 10분 정도 걸린다.

3. 다낭 시내 → 호이안 올드타운
택시나 여행사의 투어 버스를 이용해서 이동할 수 있다. 다낭 시내에서 호이안 올드타운까지 택시 이용 시 미터요금으로 편도 40만 동 정도 나오고, 택시 기사와 협상을 하면 34만 동 선에 이동할 수 있다. 인원이 많은 경우 택시나 렌트 차량을 이용하고, 인원이 적은 경우 현지 여행사의 투어 차량을 이용하면 알뜰하다. 하루 2번(10:30, 15:30) 출발하는 신투어리스트 버스 기준 요금은 7만9천 동 선이다(241p 참고).

4. 호이안 올드타운 → 다낭
호이안 올드타운의 야경을 본 뒤 다낭 시내로 가려면 미리 리조트 셔틀을 예약해놓거나, 현지 여행사의 투어 버스나 셔틀 서비스를 이용하는 것이 저렴한 방법. 올드타운에는 신투어리스트, 신카페 등 많은 여행사 사무실이 있다. 다낭과 호이안을 오가는 투어 버스, 정찰제 택시 서비스 등의 교통편을 제공한다. 정해진 시간에 다낭을 오가는 셔틀 서비스는 보통 편도 10만 동, 정찰제 택시는 24만 동 정도. 만약 차량을 미리 예약하지 못했더라도 밤에도 택시 잡기는 어렵지 않다.

다낭에서 시내버스 타기

모험심이 있는 여행자라면 현지인들이 이용하는 대중교통에 도전해보자. 다낭 대성당 앞에 있는 버스 정류장에서 30분 간격으로 다니는 노란색 1번 버스를 타면 호이안까지 1시간 소요된다. 노선이 복잡하지 않고 버스가 눈에 잘 띄기 때문에 이용이 쉬운 편. 다만 에어컨이 없고 느리며 영어도 통하지 않아 불편하다. 버스는 다낭 시내와 응우한선을 지나서 호이안 버스 터미널Main Local Bus Station Hoi An에 도착하기 때문에 다낭 시내에서 응우한선에 갈 때 이용해도 편리하다. 호이안 버스 터미널에서 올드타운까지는 도보 20분 거리로, 택시 이용 시 요금은 4만 동 정도 나온다.

Data 전화 0236-371-1468 **어플** Dana Bus
운영시간 (1번 버스) 05:30~17:50 **요금** 기본 1만8천 동(외국인에게는 5~6만 동을 받는 경우도 많음) **홈페이지** danangbus.vn

어떻게 다닐까?

호이안 관광은 구시가지, 즉 올드타운을 중심으로 이루어진다. 유네스코 세계문화유산으로 지정된 호이안 올드타운 안에는 택시나 오토바이가 들어갈 수 없고 도보나 자전거, 인력거인 시클로를 이용해 돌아볼 수 있다. 호이안의 숙소에서는 대부분 투숙객들에게 무료로 자전거를 빌려준다. 시클로투어는 이동 거리와 시간에 따라서 미리 기사와 협상하고 타면 되는데 30분 기준 20만 동부터 시작한다. 올드타운에서 버스나 배를 타고 외곽의 민속 마을을 방문해볼 수 있으며 관광지인 올드타운과 야시장 주변을 벗어나면 은행, 우체국 등이 있는 호이안 시내가 나온다. 올드타운 안에는 아기자기한 기념품과 구경거리가 많으므로 천천히 걸어 다니면서 구경하는 것이 가장 좋다. 끄아다이 비치, 안방 비치, 외곽의 레스토랑이나 리조트로 이동할 때는 택시와 그랩을 이용하는 것이 편리하다.

Hoi An
ONE FINE DAY

Theme 1 FULL DAY 호이안의 낮과 밤 100배 즐기기

08:00
호이안 중앙 시장의
아침 활기 느끼기

08:30
맞춤옷 부티크에서 아오자이나
테일러 메이드 정장 맞추기

09:00
올드타운 탐방, 내원교, 회관,
고가 포인트 5곳 돌아보기

17:30
노천카페에서 노을지는
올드타운 바라보기

17:00
반미, 까오러우 등
올드타운 별미 맛보기

11:30
호이안 별미로 점심식사
or 쿠킹 클래스 참가

18:30
(화·금·토) 호이안 수상인형극
감상하기 or 시클로투어

19:30
올드타운 맛집에서
만찬 즐기기

20:30
투본강에 소원등 띄우기,
야시장 구경하기

Tip 오전에는 에코투어나 미선 유적지투어를 하고 숙소에서 휴식을 취한 뒤 오후 늦게 올드타운으로 나와 구경하는 것도 좋다. 긴 투어가 부담스럽다면 1시간짜리 사이드카 트립으로 호이안의 농촌을 방문해 보는 것을 추천.

호이안 올드타운 탐방은 다낭 여행의 백미. 일정이 짧다면 오후 4시 정도에 호이안에 도착해서 낮의 풍경과 일몰, 야경을 모두 보고 숙소로 돌아오는 코스가 효율적이다. 시간대별로 느낌이 다르기 때문에 하루 이상 머무르며 여유롭게 구경할 수 있으면 더욱 좋지만 일정이 안 된다면 다낭에서 데이투어로 다녀오자.

Theme 2
HALF DAY 핵심만 쏙! 다낭에서 다녀가는 호이안 데이투어

16:00
리조트 셔틀이나 버스 타고
올드타운으로 이동

16:30
한낮의 열기가 살짝 가신
올드타운 곳곳 눈에 담기

17:00
노을 지는
투본강 풍경 바라보기

19:30
노천카페에서 시원한
느억미아 한 잔 드링킹!

19:00
호이안의 밤은 이제 시작!
시클로투어

17:30
호이안 별미로 저녁식사
or 쿠킹 클래스 참가

20:00
투본강에 소원등 띄우기,
야시장 구경하기

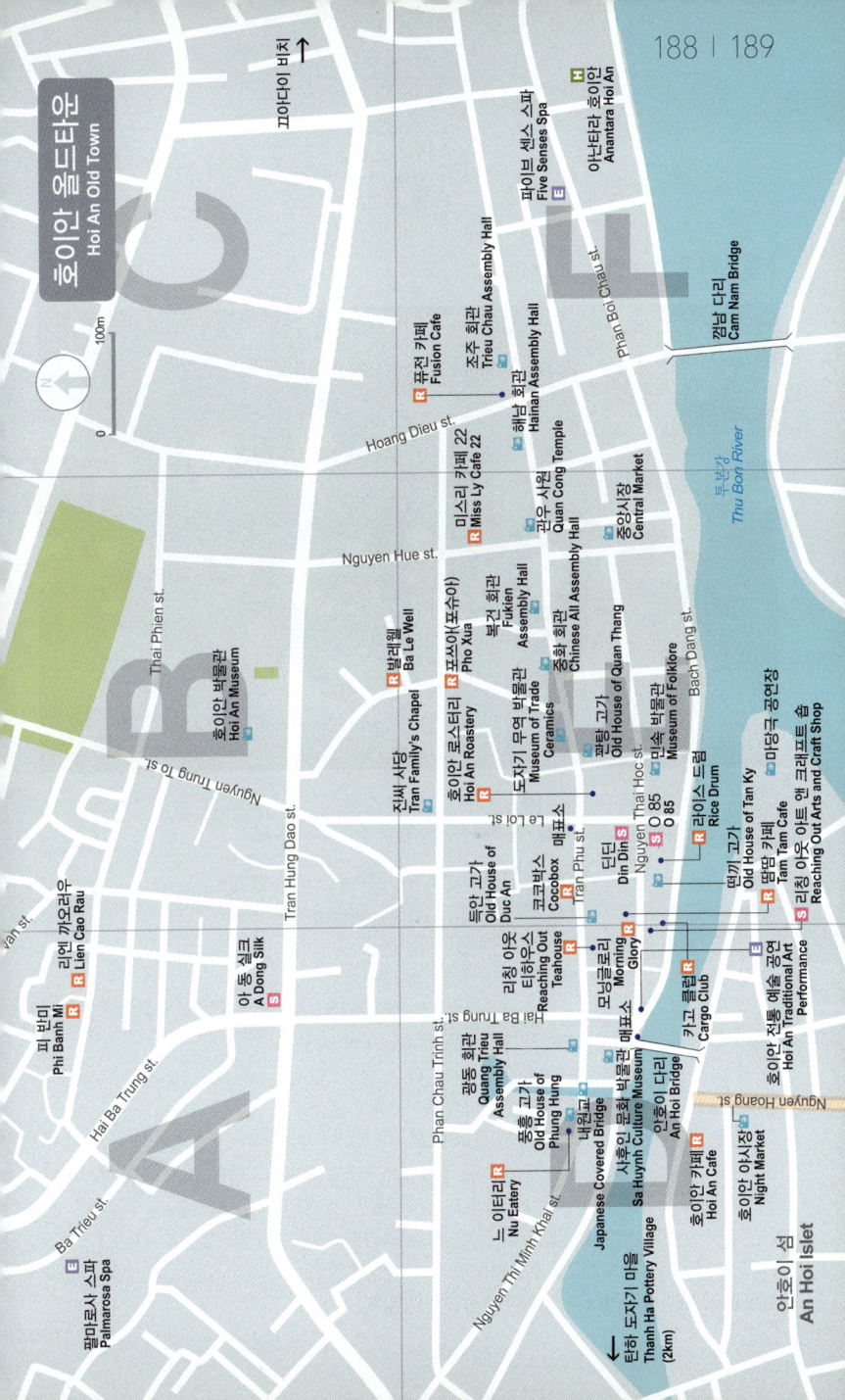

| 올드타운 호이안 |

시간대에 따라 표정이 다른
올드타운의 낮과 밤 Phố Cổ Hội An / Old Town Hoi An

구도심, 올드타운Old Town, 고대 도시Ancient Town, 문화유산 단지Heritage Town 등의 이름으로 불리는 호이안 올드타운은 낮과 밤에 각기 다른 매력을 발산한다. 수백 년 전의 모습을 고스란히 간직하고 있는 중국인 회관과 고가, 박물관을 구경할 수 있다. 거리를 걸으며 눈에 띄는 레스토랑이나 가게들도 모두 옛 모습을 그대로 간직하고 있다. 해 질 녘에는 투본강 너머로 노을 진 고대 도시를 배경으로 인생샷을 남길 수 있다. 밤이 더 아름다운 올드타운에서 시클로투어로 한 바퀴 돌아보고 투본강에 소원등을 띄우는 것도 올드타운 호이안의 머스트 두. 호이안 올드타운은 통합 입장권 시스템으로 운영된다. 올드타운 입구 매표소에서 파는 통합 입장권으로 내원교나 회관, 고가 등의 명소에 둘러볼 수 있다. 저녁에는 대부분의 입장 포인트가 문을 닫기 때문에 따로 검표를 하지 않는다. 호이안이 첫 방문이라면 통합 입장권을 끊고 명소들을 방문하며 올드타운의 유산을 느껴보고, 표를 사지 않아도 되는 저녁 시간을 이용해 고대 도시 산책을 즐겨보자. 오전 9~11시, 오후 3~9시에는 올드타운 내에 오토바이나 자동차 출입이 통제된다.

Data 지도 188p-E
가는 법 호이안의 중심. 끄아다이 비치에서 차로 10분 정도
전화 호이안 관광안내소 0235-386-1327
요금 통합 입장권 12만 동
홈페이지 www.hoianworld-heritage.org.vn
이메일 ttvhtt@dnd.vnn.vn

> **Tip** 보름달이 뜨기 전날인 매월 음력 14일 저녁에 호이안에는 전설의 밤Hoi An Legendary Night이 펼쳐진다. 다른 조명을 전부 끄고 호이안 전통 등으로만 불을 밝히는 제등 축제로 평소와 다른 풍경을 볼 수 있는 기회이니 여행 날짜가 맞다면 놓치지 말 것.

살거리, 구경거리 천국
호이안 야시장 Chợ Đêm / Night Market

호이안 올드타운에서 안호이 다리An Hoi Bridge를 건너가면 응웬 호앙 거리Nguyen Hoang Street를 따라 야시장 거리가 형성돼 있다. 올드타운에 어스름이 깔리고 거리 곳곳에 전통 등이 하나 둘 불을 밝히면 야시장의 좌판들도 활기를 띠기 시작한다. 낮에도 올드타운 곳곳의 상점에서 호이안 기념품을 살 수 있지만 야시장에서는 더 다양한 품목들을 만나볼 수 있다. 호이안 전통 등은 물론이고 코코넛 그릇, 대나무 그릇 등 각종 공예품과 액세서리, 호랑이 연고 등 없는 게 없다. 대량으로 유통되는 다낭의 한 시장이 더 저렴하기는 하지만 물건이 다를 수 있으니 마음에 드는 것을 발견하면 바로 사는 것이 요령. 물론 흥정은 필수!

Data 지도 189p-D
가는 법 올드타운에서 안호이 다리 건너 안호이 섬에 위치
주소 Nguyen Hoang street
운영시간 18:00~22:00

호이안의 아침을 여는 곳
중앙시장 Chợ Hội An / Central Market

호이안의 중앙시장은 현지인들이 이용하는 재래시장으로, 농수산물과 생활용품을 주로 취급한다. 한국에 없는 채소류, 독특하게 생긴 호박, 열대과일 등 신기한 구경거리가 많아 흥미롭다. 관광객을 대상으로 코코넛 오일 같은 기념품을 판매하는 좌판도 많다. 아침 일찍 시장을 찾으면 국수 가게에서 쌀국수로 아침식사를 하고 하루를 시작하는 호이안 사람들을 만나볼 수 있다. 호이안 에코투어나 쿠킹 클래스에 참여하면 재래시장에서 직접 음식 재료를 구입하는 장보기 체험부터 해볼 수 있다.

Data 지도 189p-E
가는 법 내원교에서 쩐푸 거리 따라 직진하거나 강변의 박당 거리 따라 직진 10분
주소 Tran Quy Cap street
운영시간 06:00~일몰

|Theme|
올드타운 통합 입장권으로 방문하는 명소

호이안 올드타운은 통합 입장권 시스템으로 운영된다. 올드타운 곳곳에 매표소가 있으며 주간에는 검표를 하기 때문에 반드시 표를 소지해야 한다. 통합 입장권에는 티켓 5장이 포함되는데 내원교, 회관, 고가 등 올드타운의 명소들에 입장할 수 있다. 대부분의 입장 포인트는 오전 7시 반에 오픈하여 오후 5시까지 입장이 마감되며 점심시간에는 닫는 곳도 있으니 이른 아침이나 오후 늦게 둘러보자. 올드타운 통합 입장권으로 관람할 수 있는 곳은 약 20군데로, 느낌이 비슷한 곳이 많으므로 5군데만 골라서 보면 충분하다.

올드타운 통합 입장권으로 이용 가능한 곳
내원교
중국인 회관 광동 회관, 복건 회관, 조주 회관
고가 떤끼 고가, 풍흥 고가, 꽌탕 고가, 득안 고가
사당 쩐가(진씨) 사당, 응웬쯩가 사당, 캄포 사당, 민흐엉 사당
사원 관우 사원
박물관 호이안 역사문화 박물관, 호이안 민속 박물관, 도자기 무역 박물관, 사후인 문화 박물관
일본 무역상의 묘 구소쿠쿤 묘, 타니야지로베이 묘, 반지로 묘

Data 전화 호이안 관광안내소 0235-386-1327 운영시간 07:30~17:00
요금 통합 입장권 12만 동 홈페이지 www.hoianworldheritage.org.vn
이메일 ttvhtt@dnd.vnn.vn

지붕 덮인 일본식 나무다리, 내원교 Chùa Cầu / Japanese Covered Bridge

호이안의 상징이기도 한 내원교는 일본 양식으로 지어진 작은 목책교로, 일본교라고 부르기도 한다. 1593년 호이안으로 이주한 일본인들이 건설했다. 다리의 한쪽에는 원숭이들이, 다른 한쪽에는 개들이 조각되어 있는데, 이는 원숭이 해에 짓기 시작해서 개의 해에 공사가 끝난 것을 기념하는 의미라는 설이 있다. 다리를 건너는 것은 무료이나 지붕 덮인 다리 안쪽의 작은 사당에 들어가려면 티켓을 내야 한다.

Data 지도 189p-D
가는 법 올드타운 서쪽 **주소** Nguyen Thi Minh Khai street

중국인들의 모임과 제사 장소, 중국인 회관 Hội Quán / Assembly Hall

호이안은 해외에 흩어져 살던 중국인들의 화인 문화를 잘 볼 수 있는 곳이다. 중국 국적을 유지한 채 외국에 살고 있는 중국인을 '화교', 현지 국적을 취득해 귀화한 중국 출신자를 '화인'이라고 한다. 화교와 화인들은 외국에서도 고향별로 회관을 만들어 모였으며 회관 한편에 사당을 두어 조상신을 모시기도 했다. 신에게 제사를 지내는 사원의 기능 또한 겸한다. 광동회관, 복건회관, 조주회관이 규모도 있고 볼 만하다.

광동 회관 Quảng Đông Hội Quán / Quang Trieu(Cantonese) Assembly Hall

광동성 출신 화교들의 모임 장소이자 관우를 모시는 사당으로 1885년에 지어졌다. 건물은 중국 본토에서 제작한 후 호이안으로 가져와 조립해 완성했다고 한다. 용 모양의 분수대에서 물을 뿜고, 삼국지 벽화 그림이 그려져 있는 등 무척 화려하다.

Data 지도 188p-D 주소 176 Tran Phu street

복건 회관
Phúc Kiến Hội Quán / Fukien Assembly Hall

복건성 출신 화교들의 모임 장소로 1757년에 지어졌다. 이후 복건성 사람들이 모시는 여신 티엔허우(천후)를 숭배하는 사원으로 기능이 변모했다. 회관들 중 가장 규모가 크고 유명한 곳이다.

Data 지도 188p-E 주소 46 Tran Phu street

조주 회관
Triều Châu Hội Quán / Trieu Chau Assembly Hall

광동성 동부의 조주(차오저우) 출신 상인들의 회관으로 1845년에 지어졌다. 화려한 나무 조각이 눈길을 끈다. 안전한 해상무역을 기원하며 바람과 파도를 관장하는 신에게 제사 지내던 곳으로, 지금도 음력 설마다 조주인들이 모여 제사를 지낸다.

Data 지도 188p-F 주소 157 Nguyen Duy Hieu street

해남 회관
Hải Nam Hội Quán / Hainan Assembly Hall

1875년 지어진 해남성 출신 화교들의 회관. 뚜득 황제 시기, 해적으로 오인받고 죽임을 당한 무역상 108인의 넋을 기리기 위해 지어졌다. 뚜득 황제는 희생자들에게 시호를 내리고, 해남 회관을 지어 제사를 지내도록 했다.

Data 지도 188p-F 주소 10 Tran Phu street
※티켓 없이 입장 가능

중화 회관 Trung Hoa Hội Quán /
Chinese All-Community Assembly Hall

1741년 가장 먼저 생긴 중국인 회관으로 여러 지역 출신의 상인들이 함께 지은 화교 총회관이다. 처음에 상인들의 회관이라는 의미에서 상가 회관이라 불렸으나 1928년 지금의 이름으로 개칭되었다. 티엔허우에게 제사를 지내고 모임을 하는 장소이자 쑨원을 모시는 사당의 역할을 한다.

Data 지도 188p-E 주소 64 Tran Phu street
※티켓 없이 입장 가능

옛 모습을 그대로 간직한 가옥들, 고가 Nhà Cổ / Old House

16~17세기에 국제 무역항으로 번성했던 호이안에는 당시 거상들이 거주하던 가옥이 남아 있다. 베트남식 토대에 중국과 일본, 유럽의 건축 문화가 반영되어 독특한 양식을 이루고 있다. 고가 가운데는 지금까지 그 후손들이 거주하는 곳도 있다. 베트남 문화재청이 지정한 1급 고가인 떤끼 고가가 가장 유명하며 풍흥 고가, 꽌탕 고가, 득안 고가 등도 볼 만하다.

떤끼 고가

Nhà Cổ Tấn Ký Hội An / Old House of Tan Ky

집 전체가 골동품이라 할 수 있는 떤끼 고가는 호이안에서 18세기 저택의 모습을 가장 잘 간직하고 있는 집이다. 베트남의 가옥 구조는 기본적으로 앞채와 중정, 뒤채로 구성되는데 떤끼 고가도 같다. 가로 3열과 세로 5열의 서까래는 천지인과 오행을 의미하며 중국 문화의 영향을 읽어낼 수 있다. 250여 년에 지어진 가옥이지만 강도 5~6의 지진이 와도 무너지지 않을 정도로 견고하다. 홍수로 투본강이 범람할 때마다 1층에 물이 차는데, 매년 물이 얼마나 들어왔었는지를 기록한 표식도 남아 있다. 떤끼 고가에서는 드라마와 영화 촬영도 자주 이루어진다. 티켓을 내고 입장하면 보이차를 한 잔 제공한다.

주소 101 Nguyen Thai Hoc street

풍흥 고가

Nhà Cổ Phùng Hưng / Old House of Phuong Hung

1780년에 지어진 2층짜리 집으로 80개의 기둥이 지탱하고 있다. 일본과 중국의 양식이 혼합된 형태의 집으로 8대 후손들이 지금도 거주하고 있다.

주소 4 Nguyen Thi Minh Khai street

꽌탕 고가

Nhà Cổ Quân Thắng / Old House of Quan Thang

18세기 초에 지어진 중국 양식의 가옥으로, 보존이 잘 되어 있다. 굽이치는 지붕, 서까래, 창문 덮개 등 집안 곳곳이 오리엔탈 스타일로 장식되어 보는 이의 감탄을 자아낸다.

주소 77 Tran Phu street

득안 고가

Nhà Cổ Đức An / Old House of Duc An

4세기 동안 한 집안에서 관리해온 땅으로 현재의 건물은 1850년에 지어진 것이다. 당대 베트남 중부 지역에서 가장 유명한 서점으로 베트남과 중국 책은 물론 서양 철학자들의 책까지 수입해서 유통하던 역사를 가지고 있다.

주소 129 Tran Phu street

조상과 신께 제사 지내는 곳, 사당&사원 Miếu / Family's Chapel & Chùa / Temple

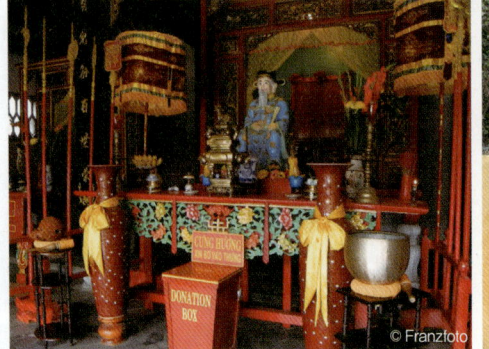

사당은 집안의 조상을 모시는 곳이고 사원은 신을 모시는 곳이다. 호이안에는 선현을 기리고 후손의 복을 빌기 위한 사당과 사원이 여럿 있다.

진씨 사당
Nhà Thờ Cổ Tộc Trần / Tran Family's Chapel

진陳씨라면 진씨 사당에 방문해보자. 18세기 중국에서 베트남으로 이주한 진씨 가문의 사당으로, 19세기 고위 관료였던 쩐뜨낙이 조상을 기리기 위해 지은 곳이다.

주소 21 Le Loi street

관우 사원
Chùa Ông / Ong Pagoda, Quan Cong Temple

베트남어로 꽌꽁Quan Công, 즉 관우를 모시는 사원으로 1653년 지어졌다. 느낌은 광조 회관과 다소 비슷하다.

주소 24 Tran Phu street

역사와 문화가 박제된 곳, 박물관 Bảo Tàng / Museum

호이안 올드타운 곳곳에서 아담한 규모의 박물관들을 만나볼 수 있다. 무역 도시 호이안에 대한 이해를 돕는다. 대부분의 박물관들이 고가를 개조한 곳이라 건물을 둘러보는 재미도 있다.

호이안 박물관 Bảo Tàng Gốm Sứ Mậu Dịch Hội An / Hoi An Museum
호이안의 문화유산을 압축하여 보여주는 박물관으로 호이안을 보다 입체적으로 이해하고 싶다면 들러보자.

주소 10B Tran Hung Dao street

호이안 민속 박물관 Bảo Tàng Lịch Sử Văn Hóa Hội An / Museum of Folk Culture
호이안에서 가장 큰 2층짜리 목조 건물로 강변을 마주하고 있다. 호이안 사람들의 전통적인 생활양식을 살펴볼 수 있는 곳이다.

주소 33 Nguyen Thai Hoc street

도자기 무역 박물관 Bảo Tàng Văn Hóa Dân Gian / Museum of Trade Ceramics
호이안이 파이포라 불리며 무역으로 활발했던 13세기부터 17세기까지의 베트남과 중국, 태국, 일본 등의 도자기를 전시한다.

주소 80 Tran Phu street

사후인 문화 박물관 Bảo Tàng Văn Hóa Sa Huỳnh / Sa Huynh Culture Museum
호이안의 첫 주인이었던 사후인 민족의 독특한 문화를 무역 관계를 중심으로 다루고 있는 박물관이다.

주소 149 Nguyen Thi Minh Khai street

| 호이안의 특별한 즐길 거리와 투어 |

물 위의 인형들이 펼치는 전통 공연
호이안 수상 인형극 Biểu Diễn Nghệ Thuật Rối Nước / Hoi An Water Puppet Show

수상 인형극은 베트남의 고유한 전통 예술로, 농경을 기반으로 하는 베트남 문화를 표현한다. 하노이의 탕롱 수상 인형극이 가장 유명하다. 비교적 규모는 작지만 호이안 수상 인형극도 볼 만하다. 호이안이 속한 꽝남 지방의 문화를 보여주는 공연은 기본적으로 베트남어로 진행되지만 영어로도 안내 방송이 나오며 공연 시간이 길지 않아서 지루하지 않게 감상할 수 있다.

Data 지도 188p-E
가는 법 올드타운 북쪽의
호이안 극장Hoi An Theatre
주소 548 Hai Ba Trung street
전화 094-137-9569
운영시간 화·금·토 18:30
(45분 공연)
요금 8만 동, 아동 4만 동

> **Tip** 저녁나절 GAM 보석 박물관(주소 130 Nguyen Thai Hoc street) 앞의 작은 광장에서 야외 마당극 공연이 펼쳐지기도 한다. 베트남어로 진행되어 대사를 이해하기는 어렵지만 인간의 희노애락을 담아내는 표정과 동작은 다양한 국적을 가진 여행자들의 발걸음을 붙잡아놓는다.

운치 있게 호이안을 즐기는 방법
투본강 유람선

Sông Thu Bồn Du Lịch Trên Biển / Thu Bon River Cruise

투본강 유람선을 이용하면 배를 타고 운치 있게 호이안 올드타운의 풍경을 감상할 수 있다. 해 질 녘 풍경을 감상하며 투본강을 유람하는 선셋 크루즈, 식사가 포함된 디너 크루즈 등의 프로그램이 있으며 전통 음악 공연, 소원등 띄우기 등이 포함된다. 유람선 탑승은 강변에 늘어서 있는 보트에 직접 문의하거나 유람선을 운영하는 여행사를 통해 미리 예약해도 되고 리조트에서 운영하는 프로그램을 이용할 수도 있다.

Data 지도 188p-E
가는 법 박당 거리 앞 강변에 선착장 요금 크루즈 10~30달러 선
홈페이지 시나몬 크루즈 www.cinnamoncruises.com

베트남은 역시 오토바이
호이안 스쿠터 투어 Vespa Scooter Tou

베트남에서는 어디를 가든 차보다는 오토바이를 타야 제대로 된 현지 체험을 할 수 있다. 길이 좁고 도로 사정이 나빠 큰 차가 다니기 힘든 호이안에서는 더욱 그렇다. 하지만 스쿠터투어를 하고 나면 호이안에 대해 새로운 이미지를 가지게 될 것이다. 숙소에서 가이드와 기사를 만나 베트남 음식에 꼭 들어가는 느억맘 소스를 만드는 어촌, 관광객의 손을 타지 않은 진짜 로컬 시장, 대나무 수공예품을 만나는 장인의 집 등을 방문하며 반나절 동안 다양한 체험을 해본다. 낚시꾼들이 그물을 손질하며 부르는 노동요를 듣고 낚싯배를 타고 전통 방식으로 그물질을 해볼 수도 있다. 친절한 영어 가이드가 포인트마다 설명을 해주며 사진도 찍어주고, 현지인들과의 소통도 도와줘 어려움 없이 로컬 분위기에 흠씬 젖어들 수 있다. 이제는 너무나 유명해진 여행지 호이안에서 특별한 추억을 원한다면 강력 추천.

Data 가는 법 호텔 미팅 **진행 여행사**
베트남스토리: 8만6천 원(스쿠터 및 기사, 헬멧, 영어 가이드, 커피&간식, 중식 포함, 팁 및 개인경비 불포함)
전화 02-554-6565 **홈페이지** www.vietnamstory.co.kr **이메일** op4@vietnamstory.co.kr
문의 카카오톡 플러스 친구 베트남스토리, 베스투어

장인이 만드는 도자기
탄하 도자기 마을
Làng gốm Thanh Hà / Thanh Ha Pottery Village

호이안 주변에는 탄하 도자기 마을이나 킴봉 목공예 마을 Kim Bong Carpentry Village 등의 민속 마을이 있다. 올드타운 중심부에서 4km 거리에 있는 탄하 도자기 마을에서는 장인이 만드는 도자기 제작 시연을 보고 도자기로 만든 동물 모양 호루라기도 기념품으로 받을 수 있다. 마을 사람들이 공동으로 사용하는 가마가 있을 정도로 마을 전체가 도자기 제작에 종사한다. 이곳에서 만든 붉은색의 황토 그릇도 직접 구매할 수 있다. 파란 염료가 들어간 도자기는 북부에서 가져온 것이며, 품질이 좋지 않으니 구입하지 않도록 하자. 개별적으로 찾아갈 수도 있지만 투어 프로그램에 포함되어 있는 경우가 많다.

Data 지도 188p-D **가는 법** 올드타운 중심에서 서쪽으로 4km
주소 Block 5, Thanh Ha ward, Hoi An **전화** 0235-386-2715
요금 마을 입장권 2만5천 동 **이메일** gomthanhha@gmail.com

 Writer's Pick!

오토바이 옆에 타고 시골마을 방문하기
사이드카 트립 Sidecar Trip

사이드카는 오토바이 옆에 연결된 탈것으로, 기사가 운전하는 오토바이의 사이드카를 타고 편하게 주변 경치를 감상하며 이동할 수 있다. 사이드카를 이용해 호이안의 시골마을을 방문하는 사이드카 트립은 잘 알려지지 않은 알짜배기 투어로, 빅토리아 호이안 리조트에서 운영하고 있다. 기본 1시간 프로그램은 리조트에서 출발해 일반 차량으로는 진입할 수 없는 울퉁불퉁한 시골길을 지나 짜꿰 채소 마을Tra Que Vegetable Village를 방문한 뒤 돌아오는 것이다. 연중 풍성한 베트남의 논밭 풍경, 한가로이 풀을 뜯는 물소 떼, 관광객은 아랑곳없다는 듯이 농작물을 거두어들이는 베트남 농부들의 모습 등 올드타운과는 또 다른 시골 풍경이 무척 매력적이다. 친절한 운전기사가 아이스박스 담아둔 생수, 콜드타월도 챙겨주어 더욱 편안하게 투어를 즐길 수 있다. 1시간짜리 기본 프로그램을 추천하지만 민속마을 방문을 포함하는 2시간짜리 프로그램, 랑꼬나 바나 힐스에 다녀오는 프로그램, 라오스 국경에 다녀오는 3박 4일짜리 프로그램까지도 있으므로 원하는 코스가 있으면 투어 데스크에 상담해 볼 것.

Data 지도 188p-F
가는 법 끄아다이 비치
주소 Victoria Hoi An Resort, Cua Dai Beach, Hoi An
전화 0235-392-7040
요금 1시간 프로그램 – 사이드카 1대당 84만8천 동(1~2인 탑승 가능)
홈페이지 victoriahotels.asia
이메일 resa.hoian@victoriahotels.asia

Writer's Pick!
바구니배 타고 항아리 깨기 도전!
호이안 에코투어 Hoi An Eco Tour

에코투어는 호이안에서 가장 대중적인 투어다. 호이안의 시골 마을에서 즐기는 전통 체험인 에코투어는 로컬 가이드와 함께 시장을 방문하는 것에서부터 시작된다. 활기가 넘치는 아침 시장을 구경하고 베트남 식재료를 구입한 뒤 선착장으로 이동해 보트를 타고 끄어다이 근처 시골 마을로 이동한다. 중간에 베트남 전통 바구니배로 갈아타고 코코넛 정글을 지나며 직접 노를 저어볼 수 있다. 현지인들이 나룻배에서 전통 그물 낚시를 하는 모습도 볼 수 있다. 코코넛 마을에 도착하면 직접 전통 낚시를 하거나 베트남의 전통놀이 항아리 깨기Crack the pot에 도전해 보자. 쿠킹 클래스가 포함된 프로그램이 많은데, 베트남인 요리사와 함께 2시간 동안 반쎄오Bánh Xèo, 고이꾸온Gỏi Cuốn, 파파야 샐러드 등을 직접 만든다. 요리에 관심이 없는 사람이라면 조금 긴 시간일 수도 있지만 가르쳐주는 대로 따라만 하면 어렵지 않고 재미있다. 직접 만든 음식으로 차려지는 점심식사까지가 투어에 포함되며, 레시피 북도 제공되어 한국에 돌아와서도 다시 만들어볼 수 있다. 쿠킹 클래스 대신 전통 농사짓기나 물소 타기 체험을 할 수 있는 프로그램도 있다.

Data 지도 188p-F
가는 법 호텔 픽업 혹은 지정 장소 미팅
진행 여행사
에코코코넛 투어: 35달러, 이동 16.5달러
전화 093-517-4425
홈페이지 hoianecococonut-tour.vn
이메일 hoianecococonutt@gmail.com
카카오톡 Khuong123

DA NANG BY AREA 02
호이안

|Theme|
베트남 셰프가 되어보자,
호이안 쿠킹 클래스 Hoi An Cooking Class

긴 시간이 소요되는 에코투어에 참여할 여유가 되지 않는다면 1~2시간짜리 쿠킹 클래스를 체험해보는 것도 좋다. 올드타운의 여러 레스토랑에서 쿠킹 클래스를 진행하며 직접 만든 음식을 바로 먹을 수 있다는 것이 큰 매력이다.

미스 비의 쿠킹 스쿨 Ms Vy's Cooking School

호이안에서 최초로 쿠킹 클래스를 시작한 곳. 18년 동안 탄탄히 다져진 노하우로 퀄리티 있는 서비스를 제공한다. 간단한 2시간짜리 체험에서부터 요리사들을 위한 심도 있는 요리 수업까지 요일별로 다양한 프로그램이 있으며 레시피도 제공한다. 홈페이지에서 프로그램 내용과 날짜, 시간을 확인하고 바로 예약할 수 있다.

Data **가는 법** 올드타운에서 안호이 다리 건너 안호이 섬 위치
주소 3 Nguyen Hoang street **전화** 0235-224-1555, 091-404-4034
홈페이지 msvy-tastevietnam.com
이메일 cookingclasses@msvy-tastevietnam.com

한국에서도 할 수 있다!
베트남식 팬케이크, 반쎄오 만들기

재료(반쎄오 4개 기준)
새우 100g, 돼지고기 100g, 숙주 50g, 쌀가루 300g, 강황가루 2티스푼, 라이스 페이퍼, 메추리알 4개, 신선한 채소, 물

만드는 방법
❶ 쌀가루에 물과 강황가루를 넣어 부드럽게 저어 반죽한 뒤 10분 정도 둔다.
❷ 중불로 예열한 팬에 새우 2마리와 돼지고기 2조각을 넣고 뒤집어가며 익힌다.
❸ 팬에 쌀가루 반죽 1국자를 펼치듯이 잘 부어준다.
❹ 반쯤 익은 반죽 위에 숙주와 메추리알 1개를 올리고 반으로 접어준다.
  양면이 모두 바삭바삭하도록 익힌다.
❺ 반쎄오를 야채와 함께 라이스 페이퍼에 싸서 소스에 찍어 먹는다.

|Theme|
하미 마을 Ha My Massacre Site

화려한 관광 도시인 줄로만 알았던 다낭과 호이안에 숨은 아픔이 있다.

청룡 부대는 베트남 전쟁에 파병돼 있으면서 많은 민간인을 살해했다. 전쟁 기간 동안 한국군에 의해 학살된 베트남인 민간인 희생자는 약 5천여 명이 넘는 것으로 추정된다. 베트남 전역에는 베트남전 당시 참전했던 미국과 한국군이 저지른 전쟁 범죄를 규탄하는 '증오비'와 희생자를 위로하는 '위령비'가 흩어져 있다. 다낭과 호이안 사이에 위치한 하미 마을도 그런 곳 중 하나다.

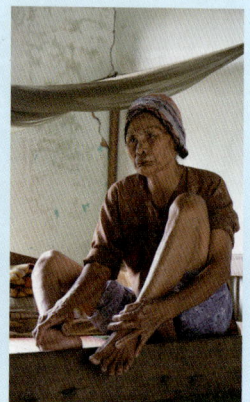

음력 1968년 1월 24일, 하미 마을에서 한국군에 의한 민간인 학살이 일어났다. 청룡부대 병사들이 한 집의 마당에 마을 사람들을 모두 불러 모은 뒤 몰살했다. '따이한(대한)'들은 집을 통째로 불태우고 떠나 버렸다. 희생자는 135명에 달했다. 하미 학살은 2018년 50주기를 맞으며 한베평화재단 등 민간단체의 추모 활동으로 한국 사회에도 알려지게 되었다.
하미 마을 입구의 좁은 길을 따라 걸어 들어가면 위령비와 희생자들의 묘역이 나온다. 희생자들의 넋을 기리는 위령비는 학살이 일어났던 자리에 세워졌다. 위령비는 2001년 한국의 월남참전전우복지회의 지원으로 건립되었다. 주민들은 위령비 뒷면에 하미 학살에 대한 내용을 기록했지만 한국 측의 반대로 결국 비문 위에 연꽃 그림을 그려 내용을 가리게 됐다.

Data
퐁닛·퐁넛&하미 마을 평화 여행
한국군에 의해 각각 70여명, 135명이 학살된 퐁닛·퐁넛 마을과 하미 마을을 방문해보는 평화 여행으로 투어 수익의 50%는 전쟁 피해 마을 지원 사업에 기부된다.

요금 성인 3만2천 원~7만8천 원
전화 02-554-6565
홈페이지
www.vietnamstory.co.kr
이메일
op16@vietnamstory.co.kr
문의 카카오톡 플러스 친구
베트남스토리, 베스투어

| 호이안의 비치 |

딱 놀기 좋은 아늑함

안방 비치 Bãi Biển An Bang / An Bang Beach

Writer's Pick!

Data 지도 188p-B
가는 법 올드타운에서 북쪽으로 약 4km

호이안의 대표적인 해변으로는 안방 비치와 끄아다이 비치가 있다. 안방 비치가 규모는 더 작은 편이지만 아늑하고 호젓한 분위기로 인기가 많다. 프라이빗 비치가 있는 리조트에 묵지 않는 여행자나 현지인들은 주로 안방 비치로 해수욕을 하러 온다. 선베드에 누워 책을 읽거나 모래사장에서 선탠을 즐기는 서양인 여행자들의 비율이 높은 편이라 자유로운 분위기가 물씬. 다양한 비치 액티비티를 즐길 수 있음은 물론 소울키친, 안방 비치 클럽 등 분위기 좋은 해변가 맛집들, 배낭여행자를 위한 저렴한 숙소가 주변에 많이 있어 즐기기 좋은 곳이다.

야자수가 아름다운 해변

끄아다이 비치 Bãi Biển Cửa Đại / Cua Dai Beach

Data 지도 188p-C
가는 법 올드타운에서 북동쪽으로 약 6km

다낭의 미케 비치, 논느억 비치에서 시작된 해안선은 호이안의 하미 비치, 안방 비치를 지나 끄아다이 비치까지 이어진다. 끄아다이는 참 섬으로 가는 배를 탈 수 있는 선착장이 있는 곳으로, 안방 비치보다 더 규모가 크고 다양한 워터 스포츠를 즐길 수 있는 시설이 갖춰져 있다. 해변을 따라 늘어선 야자수들이 시원한 그늘을 이루어 아름다운 해변이지만, 태풍이 지나갈 때마다 해변의 모래가 유실되어 해수욕이 어려울 때도 있다. 팜가든, 빅토리아, 골든 샌드, 선라이즈 프리미엄 등 호이안의 여러 비치 리조트가 끄아다이 비치를 끼고 있어서 따로 찾아갈 것 없이 프라이빗 비치에서 즐길 수 있다.

|Theme|
미선 유적지 My Son Holy Land

'베트남의 앙코르와트'라고 불리는 미선 유적지는 4~13세기 베트남 중남부를 지배했던 참파 왕조의 힌두교 문화를 보여주는 사원들로 구성된다. 호이안, 다낭, 후에가 있는 베트남 중부와 남쪽의 나짱에 이르는 지역까지는 베트남 토착 민족이 아닌 외부에서 유입된 참 족이 살던 지역이다. 1832년 이후 베트남의 참 족은 소수 민족으로 전락해 이제는 박물관에서나 그 흔적을 찾아볼 수 있게 되었다. 근성이 강했던 민족으로 뛰어난 문화유산을 많이 남겼다.

Data 지도 209p 가는 법 호이안에서 서쪽으로 45km, 약 1시간 30분 소요 전화 0235-373-1309 운영시간 06:00~17:00 요금 15만 동 홈페이지 mysonsanctuary.com.vn 이메일 mysonstr@gmail.com

화려하게 꽃피운 참파 문명의 우수성

미선 유적지는 4세기 말 바드라바르만 왕 통치 아래 종교적 중심지가 되어 13세기에 점령당할 때까지 메콩강 유역에서 화려한 참파 문명을 꽃피웠던 현장이다. 4세기에 처음 지어진 신전은 목조 건물이었는데 7세기에 화재로 전소된 뒤 벽돌로 다시 지었다. 접착제를 쓰지 않고 벽돌을 끼워 맞춰 지은 건축 양식으로, 경주의 첨성대와 유사한 고도의 과학 기술이다. 압사라 무희를 새겨 넣은 양각 기술도 눈여겨볼 만하다. 1999년 미선 유적지는 우수성을 인정받아 유네스코 세계문화유산으로 지정되었다.

전쟁의 포화로 파괴된 유적

베트남전 당시 미군의 폭격으로 많은 사원이 파괴됐다. 70여 채의 건축물 중 현재 20채 정도만이 남아 있다. A부터 L까지 유적군별로 번호를 붙여 개방하고 있는데 B, C, D군 정도가 온전한 형태를 간직하고 있다. 각 사원군은 주 사원을 중심으로 부속 건물들이 있다. 미선 유적지 사원은 힌두교의 파괴신 시바를 위한 신전이다. 아직 복원 중인 관계로, 장시간 이동한 것에 비해서 관람 만족도가 낮을 수도 있다. 그럼에도 유적지로서의 가치가 높고 투본강 유역의 울창한 삼림 속 계곡에 위치해 경관도 아름답기 때문에 여행자들이 들르는 곳이다.

비온 뒤 더 단단해지는 라테라이트

마하르바티 분지에 위치한 미선 일대는 붉은색 사암(라테라이트 토양)으로 이루어져 있다. 라테라이트 토양의 특성상 비가 오면 더욱 견고해져 돌처럼 단단히 굳는다. 가마에 벽돌을 굽는 기술이 없었을 때는 이를 햇볕에 말렸는데, 그 과정에서 벽돌의 내구성이 높아지고 더욱 견고해졌다.

압사라 무희의 춤을 놓치지 말자

오전 9시 30분, 10시 30분과 오후 2시 30분에는 천상의 무희 압사라 공연도 펼쳐지니 멀리까지 온 보람이 있도록 놓치지 말자. 미선 유적지는 주로 반일 투어 프로그램을 이용해 방문한다. 분지 지형이라 주변보다 기온이 높아 무척 더우므로 여름에는 아침 일찍 투어에 참가해 둘러보고 오후에는 숙소에서 휴식하자.

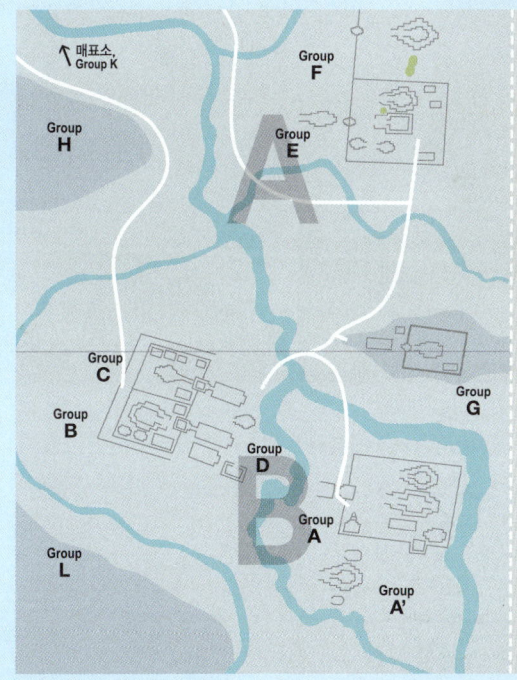

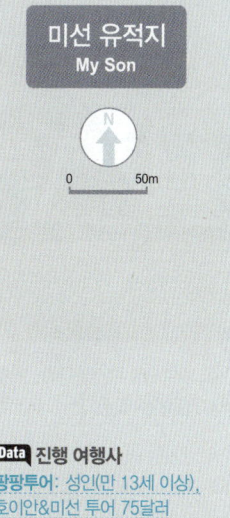

Data 진행 여행사
팡팡투어: 성인(만 13세 이상), 호이안&미선 투어 75달러
문의 카카오톡 플러스 친구 다낭자유여행_팡팡투어 혹은 네이버 카페 cafe.naver.com/danang

미션 유적지를 다녀온다면, 여기도 들러보자
짜끼에우 대성당 Nhà Thờ Trà Kiệu / Tra Kieu Cathedral

호이안에서 미션 유적지 방향으로 30km 정도 가다보면 과거 참파 왕국의 수도였던 도시 짜끼에우가 나온다. 짜끼에우에는 성모가 현현했다는 짜끼에우 대성당이 있는데, 베트남의 공식 성모 발현지 두 곳 가운데 한 곳이다. 성당은 야트막한 언덕 위에 위치해 계단을 올라가면 작은 도시 짜끼에우의 모습이 한눈에 들어온다. 성당 건축도 아름다워 볼 만하고, 천주교 신자에게는 더욱 의미 깊은 방문지가 된다. 투어 프로그램에 따라 간혹 들르는 경우가 있는데 프라이빗 투어 시 요청하면 미션 유적지를 오갈 때 쉽게 들렀다 갈 수 있다.

| 스파 |

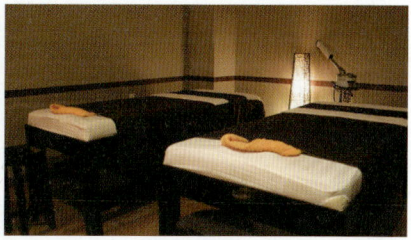

호이안 마사지 1번지
팔마로사 스파 Palmarosa Spa

깨끗한 시설과 뛰어난 서비스로 오랜 기간 명성을 유지하고 있는 호이안 최고의 마사지숍이다. 유명세에 비해서 규모가 다소 작아 예약이 어려울 정도였으나, 근처로 확장 이전을 했다. 전화나 이메일, 홈페이지는 물론 카카오톡을 통해 손쉽게 예약할 수 있다. 마사지를 받기 전 웰컴 드링크가 제공되며 소지품은 열쇠 달린 보관함에 넣어둘 수 있어 안심된다. 샤워 시설은 물론 작은 키즈 존도 마련되어 있어서 아이들을 데려가도 걱정이 없다. 전신 마사지인 아시안 블렌드 보디 테라피는 60% 이상의 한국인 손님이 선택하는 인기 코스. 임산부에게 추천하는 스웨디시 마사지도 메뉴에 갖추고 있다.

Data 지도 189p-A
가는 법 올드타운 북쪽 빈흥2호텔 근처
주소 48 Ba Trieu street
전화 0235-393-3999, 091-612-6126
운영시간 10:00~21:00
요금 아시안 블렌드 보디 테라피 65분 38만 동, 팔마로사 스파 시그니처 100분 59만 동
홈페이지 www.palmarosaspa.vn
이메일 palmarosaspa@yahoo.com
카카오톡 palmarosaspa, 0906533503

따라잡을 수 없는 가성비의 로컬 마사지숍
파이브 센스 스파 Five Senses Spa

작고 허름한 로컬 마사지 숍이지만 마사지 실력만큼은 뛰어난 곳이다. 베트남인 가족이 경영하는 작은 숍으로, 오픈한 지 오래 되지 않았지만 뛰어난 가성비로 현지에 사는 외국인들 사이에 입소문이 나서 단골이 많다. 웰컴 드링크로 생수를 1병 주고, 규모는 작지만 마사지 베드도 청결하게 관리되는 등 구색은 다 갖췄다. 로컬스러운 마사지숍의 분위기를 느껴보고 싶지만 퀄리티도 포기할 수 없다면 파이브 센스 스파가 정답. 작은 여행사도 겸하고 있어 다낭으로 돌아가는 교통편도 저렴하게 제공받을 수 있다.

Data 지도 189p-F 가는 법 박당 거리 따라 직진하다 판보이짜우 거리 진입
주소 14 Phan Boi Chau street 전화 0356-022-423
운영시간 08:00~23:00 요금 전신 마사지 60분 14달러/90분 20달러
이메일 fivesensespahoian@gmail.com 카카오톡 5sensespahoian

DA NANG BY AREA 02
호이안

EAT

| 올드타운의 인기 레스토랑 |

작지만 테이블 회전율은 최고
포쓰아(포슈아) Pho Xua

호이안 전통 음식을 비롯해 쌀국수, 분짜 등 베트남 요리를 파는 작은 식당이다. 올드타운 한복판에 위치해 찾아가기도 쉽고, 음식 맛이 괜찮기로 소문나 손님이 끊이지 않는다. 호이안 국수인 까오러우, 호이안식 치킨라이스 껌가Cơm Gà 등 대부분의 메뉴가 준수하고 서비스도 빨라서 만족스러운 한 끼 식사를 할 수 있다. 유명세에 비해 자그마한 가게지만 테이블 회전율만큼은 최고! 한국인 관광객들 사이에 '포슈아'라는 이름으로 알려져 한국어 간판까지 달고 있지만 실제 발음은 '포쓰아'가 맞다.

Data 지도 189p-E
가는 법 올드타운 한복판 판짜우찐 거리 중앙에 위치
주소 35 Phan Chau Trinh street **전화** 090-311-2237
운영시간 10:00~21:00 **가격** 까오러우 3만5천 동, 껌가(치킨라이스) 4만 동 **이메일** phoxuarestaurant.hoian@gmail.com

Writer's Pick!
레스토랑+베트남 카페+바
땀땀 카페 Tam Tam Cafe

프렌치 콜로니얼 풍의 분위기가 물씬 풍기는 2층짜리 레스토랑 겸 카페다. 서양식과 베트남식을 제공하는데 음식 맛이 뛰어나고 찾아가기 쉬워 인기가 높다. 빵과 피자, 샌드위치 등 서양식 메뉴와 커피가 맛있기로 입소문 났다. 당구대가 있는 것도 특징. 낮에는 중정의 운치 있는 좌석에서 진한 베트남 커피를 즐기고, 저녁에는 근사한 바 테이블을 선택해도 좋을 듯. 서비스도 친절한 편이며, 특히 까오러우가 맛있다.

Data 지도 189p-E
가는 법 안호이 다리 북쪽에서 응웬타이혹 거리로 접어들면 두 번째 블록에 위치
주소 110 Nguyen Thai Hoc street
전화 0235-386-2212
운영시간 08:00~24:00
가격 까오러우 5만5천 동, 반쎄오 7만 동, 호안탄찌엔 9만5천 동
홈페이지 www.tamtamcafe-hoian.com
이메일 tamtam.ha@dng.vnn.vn

분위기도 좋고 맛도 좋고
라이스 드럼 Rice Drum

올드타운의 분위기 좋은 레스토랑 중 하나로, 음식 맛이 뛰어나고 직원들도 친절한 편이다. 아늑한 야외 테이블에 앉아 오가는 사람들을 구경하며 맥주 한잔하기도 좋다. 2층 테라스 좌석에서는 투본강을 내려다볼 수도 있다는 장점도 있다. 각종 그릴 요리 및 베트남 음식을 제공하는데 다양한 세트 메뉴를 갖추고 있어 메뉴 선택이 어려울 때 편하게 이용할 수 있다. 쿠킹 클래스도 운영한다.

Data **지도** 189p-E **가는 법** 안호이 다리 북쪽에서 박당 거리로 접어들면 두 번째 블록에 위치 **주소** 92 Bach Dang street **전화** 0235-386-2999 **운영시간** 08:00~23:00 **가격** 까오러우 5만 동, 반바오반박 5만 동, 호안탄찌엔 5만 동, 호이안 세트 18만 동

국민 나물만큼이나 유명한 식당
모닝글로리 오리지널 Morning Glory Original

시금치와 비슷하게 생긴 모닝글로리 나물은 고소하고 맛있으며 건강에도 좋아 현지인들은 물론, 여행자에게도 인기 있는 베트남의 대표 식재료다. 베트남의 국민 나물 요리라고 할 수 있는 라오멍사오Rau Muống Xào의 영어 표현을 따서 이름 지은 모닝글로리 레스토랑은, 모닝글로리 나물만큼이나 유명하다. TV 프로그램 〈원나잇 푸드트립〉을 촬영한 곳. 간단한 스트리트 푸드에서부터 고메 요리까지 두루 갖췄다. 호이안의 길거리 음식인 각종 국수, 호이안식 샌드위치에서부터 레스토랑의 주인이자 셰프인 미스 비가 개발한 특별 요리까지 다양한 음식을 맛볼 수 있다. 모닝글로리 맞은편에 있는 미스 비의 쿠킹 스쿨은 호이안에서 최초로 쿠킹 클래스를 시작한 곳이다. 본점인 모닝글로리 오리지널과 모닝글로리 시그니처, 모닝글로리 2호점이 있다.

Data **지도** 189p-D
가는 법 안호이 다리 북쪽에서 응웬타이혹 거리로 접어들면 두 번째 블록에 위치
주소 106 Nguyen Thai Hoc street
전화 0235-224-1555
운영시간 10:00~23:00
가격 비프스테이크 반미 7만5천 동, 까오러우 6만5천 동, 호이안 치킨 라이스 7만5천 동
홈페이지 tastevietnam.asia
이메일 morningglory@tastevietnam.asia

아늑하고 맛있어서 자꾸 가고 싶은 곳
미스리 카페 22 Miss Ly Cafe 22

작고 아늑한 로컬 레스토랑이지만 맛으로 입소문이 자자하여 늘 손님이 많다. 직원이 주문을 받으며 "고수 오케이?"라고 물어볼 만큼 한국인 여행자들이 많은 곳. 다양한 호이안 전통 음식을 맛볼 수 있으며 음료 메뉴도 다양하다. 채식주의자를 위한 메뉴도 있다. 여러 가지 호이안 음식을 조금씩 제공하는 테이스팅 메뉴가 있어 나홀로 여행자도 걱정없다. 까오러우와 반바오반박, 호안탄찌엔, 짜조를 고루 맛볼 수 있다. 회전율이 높아서인지 음식이 늘 신선하며 직원들과 의사소통도 잘 된다. 본래 식당 이름은 번짓수를 딴 '미스리 카페 22'지만 흔히 '미스리 카페'라고 부른다.

Data 지도 189p-E
가는 법 올드타운 동쪽, 중앙시장과 관우 사원 근처
주소 22 Nguyen Hue street
전화 0235-386-1603
운영시간 10:00~22:00
가격 까오러우 5만5천 동, 반바오반박 5만5천 동, 호안탄찌엔 10만 동, 세트 메뉴 18만 동
이메일 lycafe22@yahoo.com

퓨전 마이아에서 운영하는 카페
퓨전 카페 Fusion Cafe

다낭의 퓨전 마이아 리조트에서 운영하는 레스토랑 겸 카페로 투숙객이 아니라도 이용할 수 있다. 5성 리조트에서 운영하는 시설답게 뛰어난 서비스를 제공하는데 음식 값은 리조트 시설만큼 비싸지는 않으므로 부담 없이 이용할 수 있다. 시설이 청결하며 직원들은 친절하고 영어로 의사소통도 잘 된다. 올드타운을 누비다가 한낮의 햇살을 피해 잠시 쉬어가기 좋은 카페다. 결제는 달러로도 가능하고 퓨전 마이아 투숙객은 리조트 체크아웃 시 지불해도 된다. 퓨전 마이아 투숙객이 리조트 조식 대신 아침 식사를 할 수 있는 장소이기도 하며, 투숙객에게는 자전거도 무료로 빌려준다.

Data 지도 189p-F **가는 법** 올드타운 동쪽
주소 13 Hoang Dieu street **전화** 0235-393-0333
운영시간 09:00~22:30 **가격** 까오러우 7만5천 동, 망고 주스 6만5천 동
홈페이지 www.fusionmaiadanang.com
이메일 hoian-lounge@fusion-resorts.com

올드타운 터줏대감
카고 클럽 Cargo Club

모닝글로리와 같은 계열의 레스토랑으로 올드타운 터줏대감 중 하나다. 메뉴는 고루 갖추고 있으나 서양 요리가 맛있고 특히 디저트와 베이커리가 훌륭한 것으로 정평이 나 있다. 인기가 워낙 많아 늘 여러 국적의 손님들로 붐비고 서비스가 원활하지 않은 경향도 있으니 감안할 것. 가격대는 다소 높은 편. 2층 야외 테이블의 무척 전망이 좋아, 자리를 얻을 수 있다면 커피나 술 한 잔과 함께 여유를 즐겨보자.

Data 지도 지도 189p-E
주소 107D Nguyen Thai Hoc street
전화 0235-3911-227
운영시간 08:00~23:00
가격 연어 스테이크 19만5천 동, 해산물 스파게티 21만5천 동
홈페이지 tastevietnam.asia

 특별한 한 끼가 있는 퓨전 가정식 레스토랑
느 이터리 Nu Eatery

일부러 찾아가지 않으면 지나쳐 버리기 쉬운, 내원교 옆의 작은 골목에 위치한 2층짜리 음식점이다. 정통 베트남 음식이 아닌 퓨전 아시안 메뉴를 지향하는 곳으로, 호이안식 국수와 반미, 껌가를 응용한 메인 메뉴와 스타터 메뉴 모두 여느 로컬 음식점에서 먹던 것과는 좀 다르다. 정갈한 플레이팅과 낯선 듯 친근한 퓨전 메뉴에 입이 호강한다. 좁다란 골목길에 위치하였으나 그 맛과 분위기에 끌려 찾아오는 사람이 많아 주말 저녁에는 웨이팅도 감수해야 할 정도. 하지만 비슷비슷한 쌀국수와 반미가 지겨워지려고 한다면 반드시 가보야야 할 곳이다.

Data 지도 189p-D
가는 법 올드타운에서 내원교 지나 바로 오른쪽 골목 안
주소 10A Nguyen Thi Minh Khai street
전화 012-9519-0190
운영시간 월~토 12:0~21:00
가격 반미 샌드위치 9만 동, 새서미 치킨 9만 동, 누들 9만 동 등
홈페이지 www.facebook.com/NuEateryHoiAn
이메일 NuEatery@gmail.com

| 허름해서 더 맛있는 로컬 맛집 |

반바오반박, 화이트 로즈 혹은 봉홍짱
봉홍짱 Bong Hong Trang

호이안식 만두의 일종인 반바오반박Bánh Bao Bánh Vạc은 흰 장미와 생김새가 비슷해 '화이트 로즈'라는 별칭으로 많이 불린다. 흰 장미를 베트남어로는 '봉홍짱Bông Hồng Trắng'이라고 하는데, 호이안의 반바오반박 원조집에서 이를 식당 이름으로 삼고 있다. 호이안 최고의 반바오반박과 튀긴 완탄인 호안탄찌엔Hoành Thánh Chiên을 맛볼 수 있는 곳이다. 호이안의 다른 식당들에 반바오반박을 만들어 납품하는 것으로도 알려져 있다. 메뉴는 반바오반박과 호안탄찌엔 딱 두 가지밖에 없지만 그 맛이 무척 뛰어나, 게눈 감추듯 흡입하게 된다. 메뉴판에는 없지만 나홀로 여행자를 위한 하프 메뉴도 있다.

Data 지도 188p-E 가는 법 올드타운 북쪽 주소 533 Hai Ba Trung street 전화 0235-386-2784 운영시간 07:00~21:00
가격 반바오반박 7만 동, 호안탄찌엔 10만 동, 하프 메뉴 8만5천 동
홈페이지 facebook.com/bonghongtrang.hoian
이메일 hoianfood@gmail.com

레 아줌마의 우물
발레웰 Ba Le Well

'베일웰'이라고 많이 불리고 있지만 사실은 '레 아줌마의 우물'을 뜻하는 발레웰이 맞는 발음. 길거리에서부터 시작해 호이안에서 20년 이상 된 식당으로 호이안식 팬케이크인 반쎄오와 돼지고기 꼬치의 맛이 뛰어나다. 따로 주문할 것도 없이 반쎄오와 람꾸온Ram Cuốn(스프링롤), 넴느엉Nem Nướng(구운 돼지고기 꼬치), 팃느엉Thịt Nướng(라이스 페이퍼에 싸먹는 돼지고기 요리) 등 4가지 음식으로 구성된 세트 메뉴가 나온다. 좁은 골목길에

Data 지도 189p-B
가는 법 올드타운 중심에서 펀가 사당 지나 좁은 골목 깊숙이 위치
주소 45/51 Tran Hung Dao street 전화 090-843-3121
운영시간 10:00~22:00
가격 세트 메뉴 12만 동, 망고 주스 2만5천 동

위치하고 있지만 뛰어난 맛과 유명세로 늦은 시간까지 계속해서 손님들이 찾아온다. 여기가 맞나? 의심하며 골목골목 헤매다보면 마침내 찾을 수 있는, 진정한 맛집의 위엄이 느껴지는 곳이다.

반미 먹고 싶을 때
Writer's Pick!
피 반미 Phi Banh Mi

마담 칸, 반미 프엉와 함께 호이안 3대 반미로 꼽힌다. 올드타운 북쪽의 자그마한 로컬 음식점으로, 친절한 사장님, 배낭여행자들이 만들어 놓은 한국어 메뉴판 등이 정감 간다. 가격도 저렴해 부담 없이 매일 가서 새로운 반미를 맛보고 싶은 곳. 부근에 저렴한 호텔과 민박집이 많아서 배낭여행자들이 진한 베트남 커피와 함께 반미 샌드위치로 아침식사를 하거나 테이크아웃 하러 자주 방문한다.

Data 지도 189p-A
가는 법 올드타운 북쪽
주소 88 Thai Phien street
전화 090-575-5283
운영시간 07:00~20:00
가격 전통 베트남 샌드위치 1만5천 동, 치킨 샌드위치 2만 동, 피 반미 샌드위치 3만5천 동
이메일 phibanhmi88thaiphien@gmail.com

진정한 로컬 국숫집
리엔 까오러우 Lien Cao Rau

호이안 로컬들이 호이안 최고의 까오러우를 맛볼 수 있는 곳으로 꼽는 작은 국숫집이다. 간판도 따로 없이 주인 아주머니의 이름을 내건 '리엔 까오러우'라는 작은 현수막이 하나 붙어 있을 뿐이다. 영업시간도 오후 나절 잠깐으로 짧지만 끊임없이 손님이 들어온다. 로컬스럽게 고수와 향채가 듬뿍 나오는데 강한 향이 싫다면 덜어내고 먹으면 된다. 영어는 한 마디도 통하지 않으므로 진정 현지스러운 경험을 하고 싶을 때 추천한다. 간단한 음료도 팔지만, 무료 제공되는 차가운 녹차 짜다Trà Đá를 마셔보자. 우리나라 분식점에서 어묵 국물을 셀프로 떠 마시듯이, 물통에서 플라스틱 컵으로 직접 짜다를 떠서 마시면 된다. 로컬 지수가 마구 올라가는 느낌!

Data 지도 189p-A
가는 법 올드타운 북쪽, 피 반미에서 도보 3분
주소 18 Thai Phien street
전화 012-8267-2587
운영시간 15:00~19:00
가격 까오러우 3만 동

| 반박 불가! 올드타운의 베스트 차&커피&주스 |

Enjoy the Silence

리칭 아웃 티하우스 Reaching Out Teahouse

시끌벅적 활기가 넘치는 올드타운에서 달콤한 정적과 함께 완전한 평화를 누릴 수 있는 곳. 리칭 아웃 티하우스에서는 베트남어를 못해도 상관없다. 청각장애인 직원들은 손님의 눈빛과 테이블 위의 주문서, 나무 조각과 메모지를 읽고 그 어떤 말보다도 섬세하게 손님의 요구사항을 들어준다. 내가 베트남어를 하지 못하는 외국인이라는 것도, 장애인 혹은 비장애인이라는 것도 잊고 오로지 고요를 즐기며 차를 마실 수 있는 공간이다. 베트남에서 드물게 와이파이도 터지지 않고, 대화도 속삭이듯 해야 하는 곳이기에 나를 위한 차 한 잔에 집중할 수 있다. 선물용으로 구매하기에도 좋은 유기농 찻잎과 커피는 공정거래 방식으로 생산되며, 티포트와 찻잔 등의 테이블웨어는 모두 리칭 아웃 크래프트 숍에서 제작된 수제품이다. 평화롭고 따듯했던 티타임을 잊지 않기 위해 기념이나 선물로 사보자. 차를 마시고 나서 응웬타이혹 길에 위치한 크래프트 숍에도 들러보는 것도 좋다.

Data **지도** 189p-D
가는 법 내원교에서 올드타운 중심 방향으로 3블록 직진
주소 131 Tran Phu street
전화 0235-391-0168
운영시간 월~금 08:30~21:00
토~일 10:00~20:30
가격 베트남 유기농 녹차 5만7천 동, 로컬 커피 5만7천 동, 베트남 티 테이스팅 세트 13만5천 동
홈페이지
reachingoutvietnam.com
이메일
info@reachingoutvietnam.com

호이안 로스터리 커피의 자존심
호이안 로스터리 Hoi An Roastery

식당 혹은 길거리 등 어디서든 진한 카페 스어다를 맛볼 수 있는 커피 대국 베트남이지만, 호이안에서 가장 맛있는 커피를 마실 수 있는 곳은 단연 호이안 로스터리다. 세계 2위의 커피 생산량을 자랑하는 베트남에서도 최상급으로 치는 달랏 고원의 농장에서 원두를 직매입하며, 매장에서 직접 로스팅해 신선도와 품질을 관리한다. 베트남식 커피부터 에스프레소 메뉴, 샌드위치는 물론 쌀국수와 스프링롤 등의 메뉴도 갖추고 있어 간단한 식사까지 해결할 수 있다. 평범한 커피가 지겹다면 푸어오버, 프렌치프레스, 사이폰 등 흔하지 않은 방식으로 추출된 커피를 시도해보는 것도 좋다. 올드타운 곳곳에 7개의 지점이 있다.

Data **지도** 189p-E **가는 법** 올드타운의 주요 거리에 매장들이 위치해 찾기 쉽다 **주소** 135 Tran Phu street, 47 Le Loi street, 685 Hai Ba Trung street **전화** 0235-392-7772
운영시간 07:00~22:00 **가격** 에스프레소 도피오 5만9천 동, 아메리카노 5만 동, 카페 스어다 5만5천 동, 코코넛 아이스 커피 6만5천 동
홈페이지 hoianroastery.com **이메일** info@hoianroastery.com

건강한 주스를 마셔요
코코박스 Cocobox

베트남의 신선한 과일과 채소를 듬뿍 넣은 콜드 프레스드 주스와 건강 스무디 종류에 주력하는 주스 바 겸 카페다. 홈메이드 빵과 쿠키, 초콜릿 등의 고급 간식거리도 취급하는데 특히 잼이 맛있기로 유명하다. 잼이나 쿠키를 선물로 사가도 좋고, 더운 날 올드타운을 걷다가 시원한 건강 주스 한 잔으로 원기를 회복하기에도 좋은 곳. 올드타운에 매장이 네 곳 있으며 호이안 로스터리와 붙어 있는 지점도 있다(**주소** 95 Nguyen Thai Hoc).

Data **지도** 189p-E
가는 법 올드타운 내 주요 거리들
주소 94 Le Loi street, 03 Chau Thuong Van street
전화 0235-386-2000
운영시간 09:00~20:00
가격 콜드 프레스드 주스 6만9천 동, 굿모닝 호이안 스무디 7만9천 동
홈페이지 www.cocobox.vn
이메일 info@cocoboxvietnam.com

| 비치 및 외곽의 맛집들 |

안방 가서 모히토 한 잔?
소울 키친 Soul Kitchen

안방 비치에는 물놀이를 하다 들어와서 식사를 하기에도, 뜨거운 태양을 피해 시원한 커피나 칵테일을 즐기기에도 좋은 비치 클럽이 여러 곳 있다. 소울 키친은 그중 가장 유명한 곳. 커피, 맥주, 칵테일 종류를 다양하게 갖추고 있으며 식사에 하우스 와인을 곁들일 수도 있다. 애피타이저부터 육류 및 해산물 요리와 디저트, 베트남 음식 등 알찬 메뉴들을 구비하고 있으며 맛도 좋은 편. 해수욕을 하고 들어오는 손님들을 위해 샤워 시설도 갖추고 있다. 저녁에는 라이브 공연도 펼친다.

Data **지도** 188p-B **가는 법** 안방 비치 **주소** An Bang Beach **전화** 090-644-0320 **운영시간** 07:30~22:00, 바 23:00까지 **가격** 칵테일 8만5천~9만5천 동, 카페 스어다 3만5천 동, 칼라마리 튀김 8만5천 동 **홈페이지** www.soulkitchen.sitew.com **이메일** soulkitchenvietnam@gmail.com

투본 강변에서의 로맨틱 디너
풀문타운 Fullmoon Town

풀문타운은 투본 강변에서의 로맨틱 캔들라이트 디너로 유명한 곳이다. 곳곳에 호이안 전통 등이 걸려 있는 강변의 야외 정원에 세팅된 테이블에서 운치 있게 식사할 수 있다. 음식 맛과 분위기, 친절한 서비스 모두 흠잡을 데가 없어 현지인과 관광객 모두에게 인기가 많다. 세트 메뉴가 특화된 레스토랑으로 가격에 따라 코스에 포함되는 메뉴가 달라진다. 기본 세트 메뉴에는 쇠고기를 곁들인 파인애플 샐러드, 마요네즈에 재운 닭고기 요리, 까오러우, 닭고기 찜, 라오멍사오, 해산물 수프와 밥, 과일 등이 나온다. 저녁에는 간단한 수상 인형극 공연도 선보인다.

Data **지도** 188p-F **가는 법** 무엉탄 호이안 근처 **주소** 101 Cua Dai street **전화** 0235-392-3922~3 **운영시간** 09:00~22:00 **가격** 세트 메뉴 20~70만 동 **홈페이지** www.hoianfullmoontown.com **이메일** info@hoianfullmoontown.com

| 호이안에서는 슬로 푸드를 |

친구 집 정원에서 식사하는 느낌
안지아 코티지 An Gia Cottage

팜 가든 리조트 맞은편에 있는 작은 가정식 레스토랑이다. 영어가 능숙한 직원들과 정갈하게 나오는 가정식 메뉴로 평이 좋은 곳이다. 실내 좌석도 있지만 야외 정원이 운치가 있다. 서빙은 느린 편이므로 여유를 갖고 식사하는 게 좋다. 올드타운 외곽에 비슷한 느낌의 슬로 푸드 레스토랑이 몇 군데 있는데, 서빙이 느리다는 점 외에는 대체로 만족도가 높다. 호이안의 비치 리조트에 머물 때 올드타운까지 들어가기도, 리조트에서 식사하기도 애매할 때 최적의 선택지. 음식 맛도 분위기도 실망시키지 않을 것이다.

Data **지도** 188p-B
가는 법 팜 가든 리조트 맞은편
주소 93 Lac Long Quan
전화 098-950-1400
운영시간 월~토 11:00~22:00
가격 안지아 롤 5만9천 동, 생강 치킨 스튜 11만9천 동

슬로 라이프, 슬로 푸드
손호이안 Son Hoi An

활기가 넘치지만 복잡하기도 한 올드타운. 조금만 외곽으로 벗어나면 한층 여유 있게 식사할 수 있는 슬로 푸드 레스토랑이 몇 곳 있다. 손호이안은 호이안의 슬로 푸드 레스토랑 중에서 첫손에 꼽을 만한 곳. 베트남식과 서양식이 혼합된 느낌의 정갈한 퓨전 가정식을 선보이는데 모든 메뉴가 맛있다. 건강한 맛의 주스나 디저트도 뛰어나다. 주변에 이렇다 할 관광지도 없는 애매한 위치에 있지만 길 건너 보이는 투본강과 주변 농촌 풍경의 운치를 즐길 줄 아는 사람이라면 잔잔한 여유를 느낄 수 있을 것. 가족이 경영하는 소규모 레스토랑이라 서빙이 느리다는 점은 염두에 두자.

Data **지도** 188p-E **가는 법** 호이안 트레일스 리조트 옆
주소 232 Cua Dai strret **전화** 0235-386-1172
운영시간 월~토 10:00~22:00 **가격** 선사인 샐러드 8만9천 동, 버터에 재운 새우 17만9천 동, 스프링롤 5만9천 동
이메일 sonhoian@gmail.com

| 유니크한 기념품 제대로 건지는 숍 |

공정무역 고급 수제품

리칭 아웃 아트 앤 크래프트 숍 Reaching Out Arts and Craft Shop

올드타운에 티하우스를 운영하는 리칭 아웃은 장애인 생산의 수공예품을 판매하는 크래프트 숍으로 시작했다. 리칭 아웃 크래프트 숍에 방문하면 한편에 자리한 공방에서 수공예품을 제작하는 모습을 볼 수 있다. 매니저 포함 모든 직원들이 장애인으로 구성되어 있으며, 수익금 또한 장애인 복지를 위해 쓰인다. 도자기로 만든 그릇이나 의류, 유아용품 등 젊은 주부라면 손이 갈 만한 실용적 아이템을 많이 갖추고 있다. 믿을 수 있는 원료를 사용하는 고품격 수공예품일 뿐만 아니라 생산자에게 정당한 대가가 충분히 돌아가도록 하는 '착한 가게'. 현지 물가에 비해서는 가격이 다소 높은 편이다. 정찰제 매장으로 흥정은 되지 않는다.

Data 지도 189p-D
가는 법 안호이 다리에서 응웬타이혹 거리로 접어들어 한 블록 반 거리에 위치
주소 103 Nguyen Thai Hoc street
전화 0235-391-0168
운영시간 월~금 08:30~21:30 토~일 09:30~20:30
가격 도자기 티포트 세트 45달러
홈페이지 reachingoutvietnam.com
이메일 info@reachingoutvietnam.com

Writer's Pick! 베트남 아티스트의 작품을 만나는
오 85 O 85

베트남의 문화와 자연에서 영감을 얻어 디자인한 고급 아트 상품을 판매하는 라이프 스타일 편집숍이다. 쿠시앤아트, 사이공 키치, 드래곤플라이 등 베트남 토종 디자이너 브랜드의 제품을 취급하는데 의류와 액세서리부터 가방, 클러치, 파우치, 엽서와 문구류 등 유니크한 디자인의 제품을 다양하게 갖추고 있다. 길거리 기념품은 품질이 다소 조악한 경우가 많은데 오 85 물건은 품질과 실용성 모두 뛰어나 선물용으로 구입하기에도 좋다. 길거리 기념품에 비하면 비싸지만 뛰어난 디자인과 품질을 감안하면 가격대도 합리적인 편. 개성 없는 싸구려 기념품에 지쳤다면 필히 방문해볼 것. 최근에는 오탈라O-Thala라는 로컬 브랜드의 고급 의류를 중심으로 매장이 운영되고 있다.

Data 지도 189p-E
가는 법 안호이 다리에서 응웬타이혹 거리로 접어들어 두 번째 골목. 가게가 앞뒤로 길어 한쪽 출구는 박당 거리로 나 있다
주소 85 Nguyen Thai Hoc street
전화 0783-276-993
운영시간 09:00~22:00

|Theme|
테일러 메이드 드레스와 아오자이 맞추기

동남아 어느 나라나 가면 살 수 있는 흔한 길거리 기념품 말고, 오직 베트남, 특히 호이안의 올드타운에서만 살 수 있는 특별한 기념품을 구입하고 싶다면? 내 몸에 꼭 맞는 테일러 메이드 드레스와 아오자이 맞추기에 도전해보자.

테일러 메이드 드레스 Tailor Made Dress

호이안 올드타운에는 샘플을 보고 원하는 옷감을 골라 자기 몸에 꼭 맞게 옷을 만들어주는 맞춤옷 전문점이 많다. 고급 실크 드레스를 맞춤 제작하는 부티크도 많이 있지만 비교적 저렴한 가격에 원피스나 양복을 맞출 수 있는 조그만 매장들도 있다. 여성 원피스 기준 1벌에 50만 동(25달러) 정도로, 저렴한 가격에 손재주 뛰어난 베트남 사람들이 두어 시간이면 뚝딱 만들어주는 신속함이 매력이다. 마네킹에 걸려 있는 샘플을 보고 마음에 드는 매장에 들어가 문의하면 되는데 어디든 제작 방식이나 가격에는 큰 차이가 없다. 기성복이 아닌 맞춤옷이기 때문에 매장에 없는 디자인이라도 사진을 보여주면 제작 가능. 여성용 원피스에 주력하는 매장이 많지만 남성용 재킷과 같은 양복도 맞출 수 있다. 서양인 여행자들이 호이안에 오면 한 벌씩 장만해가는 아이템이다. 올드타운에 도착해서 옷을 맞추고, 구경 후 수령해가면 하루만에도 나만의 맞춤옷을 가질 수 있다. 드레스 코드가 있는 레스토랑에 가고 싶은데 미처 준비하지 못했을 때도 호이안 테일러 메이드 드레스가 해결사!

베트남 여인 완벽 빙의! 아오자이 맞추기 Ao Dai

아오자이는 우리나라의 한복처럼 베트남의 전통옷이다. 몸에 딱 붙는 실루엣이 아름답고 활동성도 좋아 현대에도 호텔 직원들의 유니폼, 개량 드레스 등으로 입는다. 웨딩드레스 스타일의 아오자이를 입고 결혼식을 올리기도 한다. 흰색 아오자이 교복을 입고 자전거를 타는 여성의 모습은 전형적인 베트남 여학생의 이미지. 베트남 여행을 기념할 수 있는 아오자이를 맞춰보는 것도 특별한 경험이 된다. 아오자이는 옷감과 디자인에 따라서 가격 차이가 많이 나는데, 다낭 한 시장에서는 한 벌에 50만 동에서부터 심플한 개량 아오자이를 맞출 수 있고, 호이안 올드타운의 부티크에서는 100달러 이상의 고급 실크 아오자이도 맞출 수 있다. 신체 치수를 재서 몸에 꼭 맞게 만들어 입어야 예쁜 옷이므로 이왕이면 제대로 된 부티크에서 맞추는 게 어떨까? 고전적인 스타일의 아오자이부터 현대적인 개량 드레스형 아오자이까지 선택의 폭이 다양하며 레이스, 자수, 소매, 깃 등 모두 원하는 대로 선택할 수 있다. 고급 아오자이를 맞출 수 있는 부티크에서는 파티용 드레스나 정장류도 취급하기 때문에 원하는 디자인을 선택하면 된다. 허니문 여행, 리마인드 웨딩 등 특별한 여행이라면 혹은 스냅사진 촬영이 계획되어 있다면 내 몸에 맞는 아오자이를 입고 멋진 사진을 남겨보자. 베트남 전통 모자 농라까지 쓰면 아름다운 베트남 여인으로 완벽 빙의!

Data 아 동 실크 A Dong Silk
호이안에서 가장 유명한 전문 의상실로, 샘플 이미지를 통해 원하는 디자인과 색의 아오자이를 만들어준다. 품질도 좋고 친절하고 사후 고객 관리까지 꼼꼼하다.
지도 189p-A
가는 법 올드타운에 있는 지점 세 곳
주소 62 Tran Hung Dao street,
91 Tran Hung Dao street,
40 Le Loi street
전화 0235-391-0579
운영시간 07:30~21:30
홈페이지 www.adongsilk.com
이메일 info@adongsilk.com

SLEEP

| 호이안의 비치 리조트 |

호이안의 비치 리조트는 다낭에서 호이안으로 이어지는 해안선을 따라 하미 비치와 끄아다이 비치를 끼고 늘어서 있다.

야자수 늘어진 정원 그늘에서의 휴식
팜 가든 리조트 호이안 Palm Garden Resort Hoi An ★★★★★

직원들의 환대로 체크인부터 기분이 좋아지는 팜 가든 리조트는 이름이 말해주듯 수백 그루의 야자수로 둘러싸여 있다. 동남아시아에서 가장 푸른 경관을 가진 호텔로 선정되기도 했을 정도로 멋진 조경은 팜 가든의 자랑이다. 슈피리어, 디럭스, 방갈로(빌라), 스위트 등 총 214개의 객실을 운영하고 있다. 풀빌라는 없지만 리조트의 중앙의 수영장 규모가 큰 편이고 아이들을 위한 유아풀도 있다. 프라이빗 비치의 선베드에 누워 호젓하게 파도 소리를 듣거나 해수욕을 즐길 수 있으며, 해변의 스파용 오두막에서 팜 스파의 서비스를 받을 수도 있다. 테니스 코트, 피트니스 센터와 사우나, 키즈클럽 등의 부대시설이 있으며 테라스 레스토랑, 콜리브리 비치 레스토랑, 해변의 브리즈 바 등 식음료장도 5성급 리조트답게 잘 갖춰져 있다. 골든 샌드, 선라이즈 등 인근의 동급 리조트에 비해서 한국인 투숙객이 적은 편인 것도 장점이라면 장점. - 셔틀 운행: 올드타운(무료)

Data 지도 188p-B
가는 법 끄아다이 비치. 올드타운에서 차로 15분
주소 Lac Long Quan street, Cua Dai Beach, Hoi An
전화 0235-392-7927
요금 슈피리어 가든뷰 13만 원~, 디럭스 가든뷰 15만 원~, 방갈로 28만 원~
홈페이지 www.palmgardenresort.com.vn
이메일 info@pgr.com.vn

단연 호이안 최고의 럭셔리
포시즌스 리조트 더 남하이 Four Seasons Resort The Nam Hai ★★★★★

베트남 최고의 럭셔리 리조트로 꼽히는 곳. 포시즌스의 객실은 크게 수영장이 없는 일반 빌라와 풀빌라로 구분된다. 1베드룸 빌라 60채, 1~5개의 베드룸이 있는 풀빌라 40채가 있으며 빌라마다 정원이 있고, 바다 전망도 즐길 수 있다. 3개의 수영장 가운데는 온수풀도 있어 겨울에도 수영할 수 있다. 스파, 테니스 코트, 배드민턴 코트, 농구 코트, 헬스클럽, 키즈클럽 외에 틴클럽까지 갖추고 있다. 높은 천장, 평상형 킹 사이즈 침대, 로맨틱한 대리석 욕조는 물론 에스프레소 머신, 1,500여 곡이 세팅된 아이팟, 최신 영화가 세팅된 모니터 등이 있어 아무 준비 없이 가더라도 파티를 즐길 수 있다. 1~5베드룸 풀빌라의 경우 한층 더 럭셔리하다. 공항 왕복은 물론 호이안과 다낭 시내로 가는 차량, 주류를 포함한 미니바, 세탁 서비스, 애프터눈 티와 드링크&스낵 서비스가 모두 객실료에 포함돼 있다. 게다가 투숙 중 필요한 부분을 모두 해결해주는 전담 집사(버틀러)가 따로 있으니 그저 이 모든 호사를 누리기만 하면 된다. 객실료가 사악한 것은 당연지사.

- 셔틀 서비스: 올드타운(무료)

Data 지도 188p-A
가는 법 하미 비치. 올드타운에서 차로 20분
주소 Block Ha My Dong B, Dien Duong ward, Dien Ban town, Quang Nam province
전화 0235-394-0000
요금 1베드룸 빌라 86만 원~
1베드룸 풀빌라 130만 원~
홈페이지
www.fourseasons.com/hoian
이메일 reservations.hoian@fourseasons.com

〈배틀트립〉이 선택한 그곳
빈펄 리조트&스파 호이안 Vinpeal Resort&Spa Hoi An ★★★★★

호이안 올드타운 동쪽 끝에 위치한 호이안 빈펄 리조트&스파는 193개의 일반 객실과 풀빌라로 이루어져 있다. 다낭과 호이안 지역에 있는 다섯 군데 빈펄 리조트 가운데 비교적 가격대가 낮은데, 객실과 서비스 수준은 나무랄 데 없어 만족스럽게 투숙할 수 있다. 다만 리조트 주변에 별다른 시설이 없기 때문에 휴양 위주의 여행에 적합하다. KBS 프로그램 〈배틀트립〉에서 오현경과 정시아가 묵었던 리조트로도 알려졌는데, 전용 비치는 따로 없지만 끄아다이 비치와 가깝다.

- 셔틀 운행: 올드타운(무료)

Data 지도 188p-F
가는 법 올드타운에서 차로 15분
주소 Group 6, Phuoc Hai Block, Cua Dai, Hoi An
전화 0235-375-3333
요금 디럭스 14만 원~
홈페이지 www.vinpearl.com
이메일 res.VPRSHA@vinpearl.com

Tip 다낭·호이안의 빈펄 리조트 5곳

❶ **빈펄 럭셔리 다낭(빈펄1):** 다낭에서 가장 먼저 생긴 빈펄 리조트로 일반 객실과 풀빌라 200개를 운영한다. (161p)

❷ **빈펄 리조트&스파 다낭(빈펄2, 빈펄 오션 리조트):** 빈펄1에서 남쪽에 위치하며 122개 전 객실이 풀빌라로 이루어져 있다.

❸ **빈펄 리조트&골프 남호이안:** 호이안에서도 남쪽으로 20분 이상 가야 하는 위치에 있어 시내 관광보다는 리조트 즐기기에 적합하다. 429개의 리조트 객실과 139개의 풀빌라, 테마파크인 빈펄랜드와 골프장을 갖추고 있어 가족 단위 혹은 골프 여행객에게 인기가 많다.

❹ **빈펄 리버프런트 콘도텔 다낭:** 끝내주는 한강 뷰를 즐길 수 있는 다낭 시내 호텔로 빈컴 플라자와 가까워 쇼핑에도 편리하다. 837실을 운영하는 대형 고층 호텔이다.

해뜨는 풍경이 아름다운
선라이즈 프리미엄 호이안 비치 리조트
Sunrise Premium Hoi An Beach Resort ★★★★★

디럭스 174실, 클럽 디럭스 20실, 스위트 20실과 빌라 포함 총 222실의 객실을 운영하는 리조트로, 스웨덴 출신 총지배인 하에 유럽식으로 운영되고 있다. 일출 시 창밖의 끄아다이 비치를 바라보면 경치가 무척 아름다워 리조트 이름을 잘 지었다는 생각이 든다. 객실은 5성급 리조트로서 손색없이 깔끔하고 어메니티도 뛰어나다. 아이들을 위한 액티비티가 잘 갖춰져 있는 키즈 클럽은 물론이고 테니스 코트, 도서관, 영화 감상실, 스파, 클럽 룸 투숙객을 위한 라운지 등 부대시설이 탄탄하다. 특히 최상의 시설을 자랑하는 피트니스 센터에는 상주 트레이너가 체력 단련을 도와주기 때문에 여행 중에도 운동을 쉬고 싶지 않은 사람에게 추천. 자전거나 바디보드 렌탈, 바구니배 체험, 태극권과 요가 수업은 투숙객에게 추가 비용 없이 제공되며 베스파 체험, 쿠킹 클래스 등 유료 액티비티도 운영된다. 조식에는 베트남 가정식 스타일의 메뉴와 이탈리안 셰프가 직접 요리해주는 이탈리안 가정식 등이 다양하게 제공되며, 레스토랑에서는 서양식의 퀄리티가 좋은 편이다. 리조트 입구 맞은편에는 빨래를 해주는 가게도 있다.

- 셔틀 운행: 올드타운(편도 2만5천 동), 다낭 공항(편도 10만5천 동)

Data 지도 188p-F
가는 법 끄아다이 비치, 올드타운에서 차로 10분
주소 Cua Dai Beach, Hoi An
전화 0235-393-7777
요금 디럭스 가든뷰 18만 원~, 디럭스 오션뷰 21만 원~
홈페이지 www.sunrisehoian.vn
이메일 resa@sunrisehoian.vn

중국+프랑스+일본+베트남
르벨하미 호이안 리조트&스파
Le Belhamy Hoi An Resort&Spa ★★★★

르벨하미 리조트의 건축 양식은 과거 무역항으로 번성했던 호이안 올드타운의 모습을 반영하여 주변 환경과 조화를 이룬다. 중국식과 프랑스식 건물에 일본풍의 느낌이 가미된 다양한 객실들이 너른 부지에 갖춰져 있다. 아기자기한 기념품이 제공되는 리셉션에서부터 기분이 좋아지는 르벨하미에는 키즈클럽과 어린이 놀이터가 있어 가족 단위로 머물기에도 좋다. 프라이빗 비치 외에 가든 풀과 비치 풀에서 취향껏 수영을 즐길 수 있으며 해변에서 파도 소리를 들으며 스파 서비스를 받을 수도 있다. 시설이 화려하지는 않지만 가격 대비 만족도가 높은 리조트.
- 셔틀 운행: 올드타운(무료)

Data 지도 188p-A 가는 법 하미 비치, 올드타운에서 차로 15분
주소 Ha My Beach, Hoi An 전화 0235-394-1888
요금 디럭스 가든뷰 11만 원~, 파이포 빌라 15만 원~, 풀빌라 17만 원~
홈페이지 www.belhamy.com 이메일 info@belhamy.com

화이트 하우스 같은 부티크 리조트
부티크 호이안 리조트 Boutique Hoi An Resort ★★★★

2010년 10월 10일이라는 재미있는 날짜에 문을 연 부티크 리조트로, 프렌치 콜로니얼 풍의 정취를 담은 건축 양식으로 지어졌다. 탁 트인 실내는 화이트톤으로 꾸며져 시원하고 깔끔한 느낌을 주며, 룸컨디션도 무척 좋다. 슈피리어 48실, 디럭스 20실, 프리미어 디럭스 32실과 빌라 등 총 112실을 갖추고 있다. 빌라 객실은 많지 않지만 노트북과 커피 머신까지 비치하여 고객 편의를 최상으로 배려하고 있다. 안방 비치에 위치하고 있어 올드타운까지 차로 5분밖에 걸리지 않는 위치도 장점이다. 프라이빗 비치에서의 호젓한 한때나 해변에서의 스파 서비스도 얼마든지 누릴 수 있는 곳. - 셔틀 운행: 올드타운(무료)

Data 지도 188p-B
가는 법 안방 비치, 올드타운에서 차로 5분
주소 34 Lac Long district, Cam An ward, Hoi An
전화 0235-393-9111 요금 슈피리어 15만 원~, 디럭스 16만 원~, 프리미어 디럭스 18만 원~
홈페이지 www.boutique-hoianresort.com
이메일 reservation@boutiquehoianresort.com

부티크 리조트에서 즐기는 액티비티

빅토리아 호이안 비치 리조트&스파 Victoria Hoi An Beach Resort&Spa ★★★★

4성이라기에는 의아할 정도로 뛰어난 시설과 서비스를 갖춘 비치 리조트. 부티크 느낌의 운치 있는 객실과 투숙객을 위한 셔틀 보트, 사이드카 트립, 워터 스포츠 등의 액티비티가 잘 되어 있는 것이 장점이다. 프랑스 출신 총지배인 하에 직원 교육이 잘 되고 있어 동급의 리조트에 비해 서비스 수준이 높은 편이다. 6가지 종류의 109개 객실은 다소 올드한 느낌이 있지만 무척 널찍하며, 탄산수와 세탁세제까지 포함된 꼼꼼한 어메니티가 비치되어 있다. 넓고 예쁜 프라이빗 비치와 비치프런트 풀, 투숙객을 위한 무료 태극권 수업, 뛰어난 스파 서비스 등으로 인기가 높다. 독특하게도 올드타운까지 배로 이동할 수 있는 셔틀 보트를 운행하는데(8인승 보트 1대당 편도 88만 동) 한 번 이용해보면 특별한 추억이 될 듯. 하루 7회 올드타운까지 무료로 운행하는 셔틀 버스 외에도 원하는 시간에 택시비보다 저렴한 금액에 교통편을 제공해주니 리셉션에 문의하자. 무엇보다 빅토리아 리조트의 사이드카 트립은 투숙객이 아니라도 꼭 한 번 해보자. - 셔틀 서비스: 올드타운(무료)

Data 지도 188p-F
가는 법 끄아다이 비치, 올드타운에서 차로 15분
주소 Cua Dai Beach, Hoi An
전화 0235-392-7040
요금 슈피리어 리버뷰 17만 원~, 디럭스 19만 원~, 주니어 스위트 31만 원~
홈페이지
www.victoriahotels.asia
이메일 resa.hoian@victoriahotels.asia

| 올드타운 근처의 부티크 리조트 |

Writer's Pick! 호이안에 다시 가고 싶어지는 이유
아난타라 호이안 리조트 Anantara Hoi An Resort ★★★★★

아난타라는 체크인부터 체크아웃까지 완벽한 고객 맞춤 서비스를 제공한다. 웰컴 과일과 웰컴 카드는 물론이고 베드타임 스토리와 굿나잇 메시지가 제공되는 이브닝 턴다운 서비스, 마지막 밤 침대 머리맡에 놓아두고 가는 자그마한 기념품, 마지막 아침식사 때 가져다주는 굿바이 카드까지 순간순간이 감동의 연속이다. 콜로니얼 풍의 대리석으로 꾸며진 널찍한 객실은 쾌적하고 아늑하다. 원하는 향을 선택할 수 있는 욕실용품, 커피와 홍차는 물론 녹차, 허브티까지 종류별로 갖춰놓은 섬세함, 아이홈 도킹 시스템 등 투숙객 편의를 최상으로 배려한다. 스파의 퀄리티도 무척 뛰어나며, 매일 아침 강변에서의 요가 수업, 투본강을 바라보며 러닝머신을 뛸 수 있는 체육관, 투숙객에게 자전거 지도와 함께 무료로 빌려주는 자전거로 머무는 내내 지루할 틈이 없다. 93개의 객실을 운영하는 아담한 부티크 리조트로 유럽인 투숙객 비율이 높다. 아이들을 위한 키즈 액티비티, 온 가족이 즐길 수 있는 선셋 크루즈 같은 프로그램은 잘 되어 있지만 키즈클럽과 유아풀은 따로 없기 때문에 초등학생 이상의 아이들을 동반한 가족 여행에 더욱 적합하다.

Data 지도 188p-E
가는 법 올드타운 동쪽으로 강변 따라 도보 15분
주소 1 Pham Hong Thai street, Hoi An
전화 0235-391-4555
요금 요금 디럭스 스위트 29만 원~, 프리미엄 리버뷰 스위트 45만 원~
홈페이지 hoi-an.anantara.com
이메일 hoian@anantara.com

여심 저격, 가성비 최고의 스파 리조트
알마니티 호이안 웰니스 리조트 Almanity Hoi An Wellness Resort ★★★★

호이안 유일의 스파 인클루시브 리조트로 인기를 얻고 있는 알마니티 호이안은 아기자기하고 예쁜 객실, 친절한 직원들, 맛있는 조식으로 여심을 마구 저격한다. 매일 1회의 마이 치 스파 서비스가 객실료에 포함되어 있다. 부드럽게 긴장을 풀어주는 전신 스파가 여독을 싹 씻어주는 기분. 한 번으로는 부족해 여러 번 서비스를 받고 싶을 때도 높은 퀄리티 대비 가격이 합리적이라 부담 없이 이용할 수 있다. 객실 종류는 콘셉트에 따라 구분되어 이 방 저 방 다 자보고 싶을 정도. 가장 기본적인 객실은 마이 마인드이며 가족 단위 투숙에 좋은 마이 에너지, 안전상 아동은 투숙 불가한 복층형 마이 스피릿, 테라스에 자쿠지 욕조가 있어 허니문에 최적화된 마이 하트가 있다. 아침에는 투숙객을 위한 무료 요가 수업을 진행하며, 피트니스 센터, 키즈클럽 등의 부대시설을 갖췄다. 온수풀이 있어 겨울에도 수영할 수 있는 것이 장점. 조식 뷔페는 메뉴 하나하나가 깔끔하고 맛이 좋으며 블루보틀 바, 패션 주스 바 등 식음료장도 잘 갖춰져 있다. - 셔틀 운행: 안방 비치(무료)

Data 지도 188p-E
가는 법 올드타운 북쪽으로 도보 15분
주소 326 Ly Thuong Kiet street, Tan An ward, Hoi An
전화 0235-366-6888
요금 마이 스피릿 슈피리어 19만 원~, 마이 마인드 타운뷰 21만 원~, 마이 하트 타운뷰 35만 원~
홈페이지 almanityhoian.com
이메일 info@almanityhoian.com

올드타운 안팎의 호텔

호이안의 유산 만끽하는 부티크 호텔
호텔 로얄 호이안 엠갤러리 매니지드 바이 소피텔
Hotel Royal Hoi An M-Gallery Managed By Sofitel ★★★★★

호이안 올드타운 내의 유일한 5성 호텔인 로얄 호이안 엠갤러리. 베트남에서 최초로 외국인과 결혼한 와카쿠 왕녀의 실제 사연을 배경 삼아 고대 도시 호이안의 특색을 최대로 살린 부티크 호텔이다. 16세기 후반에 태어난 나가사키 출신의 일본 상인 소타로 아라키는 필리핀, 태국, 캄보디아를 두루 다니며 무역으로 큰 부를 쌓았는데, 1619년 베트남에서 와카쿠 왕녀와 결혼해 함께 일본으로 갔다고 한다. 이 러브 스토리는 로얄 호텔 로비의 석상에도 표현되어 있다. 배경에 걸맞게 호텔은 베트남 왕조의 분위기에 일본 양식이 더해져 있으며, 세계적인 호텔 체인 아코르 계열의 엠갤러리답게 현대적인 아르누보 양식으로 고풍스럽다. 2014년 12월에 오픈했고, 관리가 잘 되고 있어 모든 시설이 깔끔하며, 총 119개의 객실이 있다. 전 객실에 욕조와 레인샤워, 발코니 완비. 로비 대신 리빙 룸이라고 부르는 1층 공간을 통해 들어갈 수 있는 예쁜 야외 수영장이 인상적이며, 우사 스파, 피트니스 센터 등의 부대시설이 있다. 셔틀 버스나 택시를 탈 필요 없이 걸어서 10분이면 올드타운에 도착할 수 있는 위치도 매력적. 무료로 빌려주는 자전거를 타고 올드타운에 다녀오는 것도 좋다.

Data 지도 188p-D
가는 법 올드타운 서쪽으로 도보 10분
주소 39 Dao Duy Tu street, Hoi An
전화 0235-395-0777
요금 디럭스 16만 원~, 그랜드 디럭스 18만 원~, 로얄 디럭스 28만 원~
홈페이지 www.hotelroyalhoian.vn
이메일 reservation@hotelroyalhoian.vn

올드타운 내 산뜻하고 합리적인 4성 호텔
엠 호텔 EMM Hotel ★★★★

오래된 숙소가 많은 올드타운에서 2016년 오픈해 눈에 띄는 깨끗한 호텔. 호이안의 상징적 색깔인 노랑과 파랑 두 가지로 콘셉트를 잡아 모던하고 산뜻한 느낌의 객실 92개를 운영하고 있다. 객실은 화려하지 않지만 깔끔하며, 직원 교육이 잘 돼 있어 가격 대비 서비스 수준이 높다. 올드타운까지 걸어서 갈 수 있는 위치라 편리하고 자전거도 대여할 수 있다. 빅토리아 호이안 리조트와 같은 TMGH 계열이라 무료 셔틀 버스를 타고 가서 프라이빗 비치를 이용할 수 있다는 것도 이득! 작게나마 키즈클럽과 피트니스 센터도 있다. 조식 퀄리티도 좋은 편.
– 셔틀 운행: 빅토리아 호이안 리조트(무료)

Data 지도 188p-E 가는 법 올드타운 북쪽으로 도보 15분
주소 187 Ly Thuong Kiet street, Cam Pho ward, Hoi An
전화 0235-626-9999 요금 슈피리어 7만 원~, 디럭스 8만 원~,
스위트룸 16만 원~ 홈페이지 emmhotels.com/hoian
이메일 resa.hoian@emmhotels.com

투본강 뷰가 좋은 강변의 호텔
무엉탄 홀리데이 호이안 호텔 Muong Thanh Holiday Hoi An Hotel ★★★★

다낭, 후에에도 있는 무엉탄 호텔은 베트남에 20곳 이상 있는 최대의 호텔 체인이다. 합리적인 가격 대비 깔끔한 시설로 실속 있는 여행자들에게 무엉탄 홀리데이 호이안은 시티 호텔 콘셉트의 다낭의 무엉탄 그랜드보다 훨씬 더 여행에 적합한데, 올드타운까지 무료 셔틀버스가 운행될 뿐만 아니라 수영장이 상당히 잘 되어 있기 때문. 투본강을 끼고 있으며 건너편의 끄아다이 비치도 살짝 내다볼 수 있는 널찍한 야외 수영장은 비치 리조트가 부럽지 않은 수준이다. 프라이빗 비치나 액티비티는 따로 없지만 미선 유적지 등 관광에 집중하고 싶다면 추천. 주변이 탁 트여 있어 나지막한 리조트보다 전망도 좋다. 다만 조식 만족도는 낮은 편. – 셔틀 운행: 올드타운(무료)

Data 지도 188p-F 가는 법 빅토리아 리조트와 골든샌드 리조트 사이. 비치 건너편의 강변에 위치
주소 Block 9, Phuoc Trach-Phuoc Hai New Urban Area, Au Co street, Cua Dai ward, Hoi An
전화 0235-366-6999 요금 디럭스 5만 원~, 이그제큐티브 스위트 9만 원~
홈페이지 holidayhoian.muongthanh.com

Da Nang By Area
03

후에
HUẾ

베트남어로 '훼'에 가깝게 발음되는 후에는 베트남의 마지막 왕조인 응우옌 황조(1802~1945)의 수도이다. 13인의 황제를 배출한 고도古都이자 베트남 역사의 주요 무대. 우리나라 경주에 자주 비견되는 유적도시다. 베트남전 최대의 격전지로 도시 대부분이 황폐해진 아픔도 있었는데, 1990년대 이후 지방 정부가 후에의 가치를 깨닫고 복원을 시작했다. 1993년 후에의 고대 문화유산과 궁정음악이 유네스코 세계문화유산에 등재되었다.

Hue
PREVIEW

후에에는 황제의 도시답게 황궁과 사원, 황릉 등 문화유산이 많다. 다낭에서는 차로 2~3시간 정도 거리이다 보니 후에는 '가도 후회, 안 가도 후회라서 후에'라는 식의 농담도 생겨났다. 하지만 일정과 체력만 허락한다면 결코 후회하지 않을 여행지다.

ENJOY

띠엔무 사원과 황궁, 황릉들을 먼저 돌아보고 여유가 있으면 시내의 꾸옥혹과 안딘 궁에 가보자. 황릉은 서로 떨어져 있기 때문에 투어를 이용하면 효율적으로 돌아볼 수 있다. 후에에서 출발하는 DMZ 투어는 베트남의 현대사를 엿볼 수 있는 유익한 기회이니 일정에 여유가 있다면 참가해보자.

EAT

황제가 된 기분으로 궁중요리를 맛보자. 꼬치요리 넴루이, 후에식 만두 반베오와 오징어 요리, 후에 전통 파파야 요리 등 보기만 해도 호화로운 황제의 밥상이 펼쳐진다. 황제의 옷을 입어 보는 복식 체험, 전통 악단의 라이브 연주를 들어볼 수 있는 궁정음악 체험도 할 수 있다. 임페리얼 호텔의 로얄 다이닝 코스가 정석이지만 좀 더 저렴한 가격에 비슷한 메뉴를 제공하는 레스토랑도 많다.

BUY

후에는 일찍부터 여행자들이 많던 도시라 관광 인프라가 잘 갖춰져 있다. 황궁에서 다리 하나만 건너면 여행자거리가 나오며, 기념품을 사기 좋은 가게가 많다. 해가 지면 강변에는 야시장이 선다. 현지인들은 빅씨 마트, 동바 시장에서 쇼핑을 한다.

SLEEP

다낭 같은 고급 리조트는 별로 없지만 유서 깊은 호텔들이 있어 눈높이를 낮출 필요가 없다. 황제가 된 기분을 느낄 수 있는 5성 호텔에서부터 여행자거리 주변의 저렴한 배낭여행자 숙소까지 선택지가 다양하다. 대부분의 호텔은 시내에 위치해 시내 관광에 편리하다. 반얀트리와 앙사나는 행정 구역상 뜨아티엔 후에 도에 들어가지만 후에 시내와는 1시간가량 떨어져 있다.

Hue
BEST OF BEST

베트남의 고도古都 후에에는 셀 수 없이 많은 볼거리가 있다. 꼭 봐야 할 곳은
역시 후에 성과 황궁, 한두 곳의 황릉, 띠엔무 사원. 하나하나 느낌이 다른 사원들과
고대 도시의 유적들이 곳곳에 남아 있어 며칠을 둘러봐도 못 가본 곳이 남는다.

볼거리 BEST 3

시타델과 다이노이,
후에 성과 황궁

황제의 무덤,
황릉

띠엔무, 뚜땀, 후엔콩, 투히에우
비교체험 후에의 사원들

먹을거리 BEST 3

후에의 전통
넴루이와 반베오

황제의 식탁,
후에 궁중요리

얼큰한 후에 국수
분보후에

투어 BEST 3

구석구석 볼거리 많은
후에 시티투어

외곽의 황릉 한번에 도는
황릉투어

분단의 역사 살피는
DMZ투어

Hue
GET AROUND

🚙 어떻게 갈까?
후에에는 푸바이 국제공항Phu Bai Airport이 있지만 다낭 국제공항이 생기면서 지금은 주로 국내선만 다닌다. 따라서 다낭에서 육로로 이동해야 한다. 기차로는 약 3시간, 신투어리스트 버스로는 2시간 30분이 걸린다. 하이반 고개 루트 이용 시 3시간, 하이반 터널을 지나가는 경우 2시간 반 정도가 소요된다.

1. 데이 투어
일반적으로 베트남 중부 여행은 다낭과 호이안이 메인이기 때문에 후에는 하루짜리 데이투어로 다녀오는 경우가 많다. 일정이 허락한다면 후에에 머물면서 둘러보는 것이 가장 좋지만, 여행 기간이 짧은 경우 현지 여행사의 후에 투어 프로그램을 살펴보자. 아침 일찍 출발해 하이반 고개 절경을 감상하고 후에로 넘어가 황궁과 주요 황릉들, 띠엔무 사원 정도를 돌아보고 저녁에 다낭으로 돌아오는 코스가 일반적이다.

Data 팡팡투어 후에투어
하이반 고개 절경, 황궁, 띠엔무 사원, 민망 황릉, 까이딘 황릉 등 후에의 하이라이트 관람
가격 성인(만 13세 이상) 95달러, 아동 66달러(다낭 리조트 픽드롭, 왕복 차량 및 가이드, 입장료, 점심식사 포함)
문의 카카오톡 플러스 친구 다낭자유여행_팡팡투어, 네이버 카페 cafe.naver.com/danang

2. 렌터카
다낭에서 후에로 갈 때는 택시를 이용할 생각은 하지 않는 것이 좋다. 택시 요금은 100만 동이 훌쩍 넘고, 하이반 고개를 보고 가려면 가파른 고갯길도 넘어야 하기 때문에 작은 택시로 이동하기는 불편하다. 인원이 많아 렌터카를 이용하는 경우라면 렌터카 신청 시 후에 이동을 미리 상담하면 견적을 받을 수 있다. 이동 거리가 긴 만큼 다낭 시내 이용에 비해서 비용이 추가된다(097p).

3. 신투어리스트 버스

신투어리스트와 같은 유명 현지 여행사에서 제공하는 사설버스를 이용하면 저렴하게 다낭과 후에를 오갈 수 있다. 신투어리스트 사무실에서 하루 2회(09:15, 14:30) 출발하며 후에까지 2시간 30분이 소요된다. 웹사이트를 통해 미리 예매하거나 신투어리스트 사무실에서 표를 살 수 있다. 버스 요금은 9만9천 동. 하이반 고개는 지나지 않는다.

신투어리스트 www.thesinhtourist.vn

Data 신투어리스트 다낭 사무실
주소 No. 16, 3 Thang 2 street
전화 0236-384-3259 운영시간 07:00~22:00
이메일 danang@thesinhtourist.vn

Data 신투어리스트 후에 사무실
주소 37 Nguyen Thai Hoc street
전화 0234-384-5022 운영시간 06:30~20:30
이메일 hue@thesinhtourist.vn

4. 기차

후에로 이동할 때 가장 추천하는 교통편. 가격이 저렴하고 이용도 쉽다. 차표는 기차역에 직접 가서 구입하거나 온라인으로 예매하면 된다. 영문이 지원되는 베트남 철도청 공식 사이트에서 직접 좌석도 고를 수 있다. 요금은 좌석과 열차 종류, 시기에 따라 다르지만 대체로 4만9천~11만9천 동으로 5달러 안팎이면 충분하다. 호텔이나 리조트의 컨시어지에 부탁하면 예매를 도와주며, 영어 울렁증이 있는 경우라면 약간의 수수료를 내고 한인 여행사에 예매 대행을 부탁할 수도 있다.

베트남 철도청 공식 사이트 dsvn.vn
한인 여행사 발로투어 cafe.naver.com/eumsuk

Tip vietnam-railway.com이나 www.vietnamtrain.com 등 영문 예매 사이트는 사설 여행사에서 외국인을 대상으로 운영하는 서비스라 가격이 3배 이상 비싸다. 사이트 이용이 편리하고 결제가 원활한 것은 장점이니 필요에 따라 이용하자.

| 베트남 기차여행 |

베트남의 기차에는 크게 4가지 종류의 좌석이 있다. 하드 싯Hard Seat, 소프트 싯Soft Seat, 하드 버스Hard Berth, 소프트 버스Soft Berth로 침대칸이 있는 것이 특별하다. 하드 싯 차량에는 입석 승객도 많아 복잡하기 때문에 추천하지 않으며, 소프트 싯 이상의 좌석을 이용하는 게 좋다. 침대칸인 하드 버스와 소프트 버스는 보통 4인 혹은 6인이 한 칸을 쓰게 되어 있으며, 열차칸 내부는 2층 혹은 3층 침대 2개에 테이블이 하나 놓인 구조다. 후에까지 3시간 정도라 누워서 갈 필요는 없지만 열차 내부가 훨씬 쾌적하고 전망도 더 좋은데다 침대 열차 여행의 특별함을 즐길 수 있기 때문에 타보는 것도 추천한다.

좌석 종류	하드 싯 Hard Seat	소프트 싯 Soft Seat	하드 버스 Hard Berth	소프트 버스 Soft Berth
좌석 특징	딱딱한 의자 좁고 불편	푹신한 의자 무난한 편	딱딱한 침대	푹신한 침대
			4~6인실 독립된 열차칸으로 쾌적	
가격 (다낭~후에)	49,000동	72,000동	79,000~99,000동	109,000~119,000동

Tip 다낭에서 후에로 갈 때는 열차가 해안선을 따라 움직이기 때문에 열차 진행 방향 오른쪽 창가에 앉는 것이 좋다. 하이반 고개를 넘어갈 때는 눈부신 랑꼬비치가 펼쳐지는 모습을 볼 수 있다. 후에에서 다낭으로 올 때는 반대로 열차 진행 방향의 왼편에 앉자.

5. 리조트 셔틀

후에와 다낭의 중간에 있는 랑꼬의 앙사나 혹은 반얀트리에 투숙하는 경우 다낭 공항과 후에 공항에서 정해진 시간에 리조트 셔틀 버스를 이용할 수 있다. 리조트에서 후에 시내와 호이안 올드타운으로 가는 셔틀 버스도 다니므로 알뜰하게 이동 가능하다. 랑꼬에서 후에까지는 약 1시간이 걸린다.

어떻게 다닐까?

후에 시내에서는 택시와 시클로를 이용해 편리하게 이동할 수 있다. 택시 이용은 다낭에서와 마찬가지로 어렵지 않다. 후에에는 방Vang 택시가 다닌다. 후에의 젖줄인 흐엉강을 중심으로 북쪽에는 고대 도시와 황궁이 있고 다리를 건너 남쪽에 신시가지가 형성돼 있다. 여름철에는 무더워 낮에 걸어다니기 힘들지만 겨울은 한국의 봄 날씨 정도로

걸어서 시내를 구경하는 것도 괜찮다. 사원이나 황릉은 외곽에 떨어져 있기 때문에 투어 프로그램을 통해 방문하는 것이 좋다.

| 시클로 |

후에는 시클로 호객 행위가 상당히 심한 편인데, 좋은 시클로 기사를 만나면 로컬만이 아는 명소들을 소개받으며 재미있게 여행할 수 있다. 후에는 우리나라 경주처럼 땅을 파면 유적이 나오는 곳이라 구석구석 많은 유적들이 있지만 유명한 곳 외에는 지도에도 잘 나오지 않기 때문. 하지만 후에의 시클로는 올드타운에서 통합 관리하는 호이안의 시클로와는 달리 개인이 운영하는 것이기 때문에 다소 주의가 필요하다. 믿을 만한 시클로를 이용하려면 호텔의 컨시어지에 부탁하자.

| 쎄옴 |

시클로 기사들은 대부분 오토바이 택시인 쎄옴Xe Ôm도 운행한다. 시클로와 마찬가지로 길거리에서 섭외하거나 호텔 컨시어지에 부탁해서 부를 수 있다. 쎄옴은 외곽의 황릉이나 사원, 딴또안 다리 등을 방문할 때 편리하고 택시보다 비용도 저렴하다. 후에에는 차로 들어가기 힘든 좁은 길에 있는 유적지도 많아 쎄옴을 이용하면 편리하게 방문할 수 있다. 비용은 이동 거리에 따라 미리 흥정하면 되는데 하루 종일 투어를 한 경우 대략 50~100만 동 정도면 적당하다.

Hue
ONE FINE DAY
자유롭게 응용 가능한 하루 혹은 이틀 일정

DAY 1 후에의 사원과 황궁, 황릉 등 필수 코스

08:41
다낭에서 기차 타고 랑꼬비치
절경 감상(신투어리스트 버스
이용 시 09:15 다낭 출발)

12:06
후에 도착
(투숙 시 호텔 체크인)

12:30
후에 궁중요리로
점심식사

17:00
후에 시내로 돌아와
후에 전통음식으로 저녁식사

15:00
띠엔무 사원, 까이딘 황릉,
민망 황릉 등 후에의 명소 관람

13:30
후에 황궁
관람

19:00
후에 야시장, 여행자거리
산책 후 호텔에서 휴식

혹은

12:06
후에 기차역에서
기차 타고 다낭 복귀

다낭을 메인으로 하는 휴양 여행에서는 생략하는 경우가 많지만 도시 전체가
유네스코 세계문화유산인 후에를 놓치는 건 아쉽다. 응우옌 황가의 유산이 고스란히 남아 있는
고대 도시와 황궁, 황제의 무덤인 황릉들과 하나하나 특징이 다른 사원들 등 관광거리 많기로는
후에만 한 곳이 없다. 여름철에는 워낙 더워 겉핥기 데이투어를 해도 힘들 수 있으나,
다낭에서 해수욕이 힘든 겨울철에는 후에 일정을 꼭 포함하자.

DAY 2 시클로·쎄옴·택시 등 섭외해 투어 or 투어 프로그램 참가

08:00
안딘궁, 뚜땀 사원,
바오꾸옥 사원, 남짜오 제단 등
후에 시내 명소 방문

09:30
외곽의 투히에우 사원,
향 마을, 봉칸 언덕

11:00
뚜득 황릉
관람

15:30
후엔콩 사원,
띠엔무 사원

14:30
호찌민 거주지, 꾸옥혹,
박물관 등 방문

12:00
시내로 돌아와
점심식사 후 휴식

16:30
딴또안 마을,
딴또안 다리

18:00
후에 시내로
되돌아오기

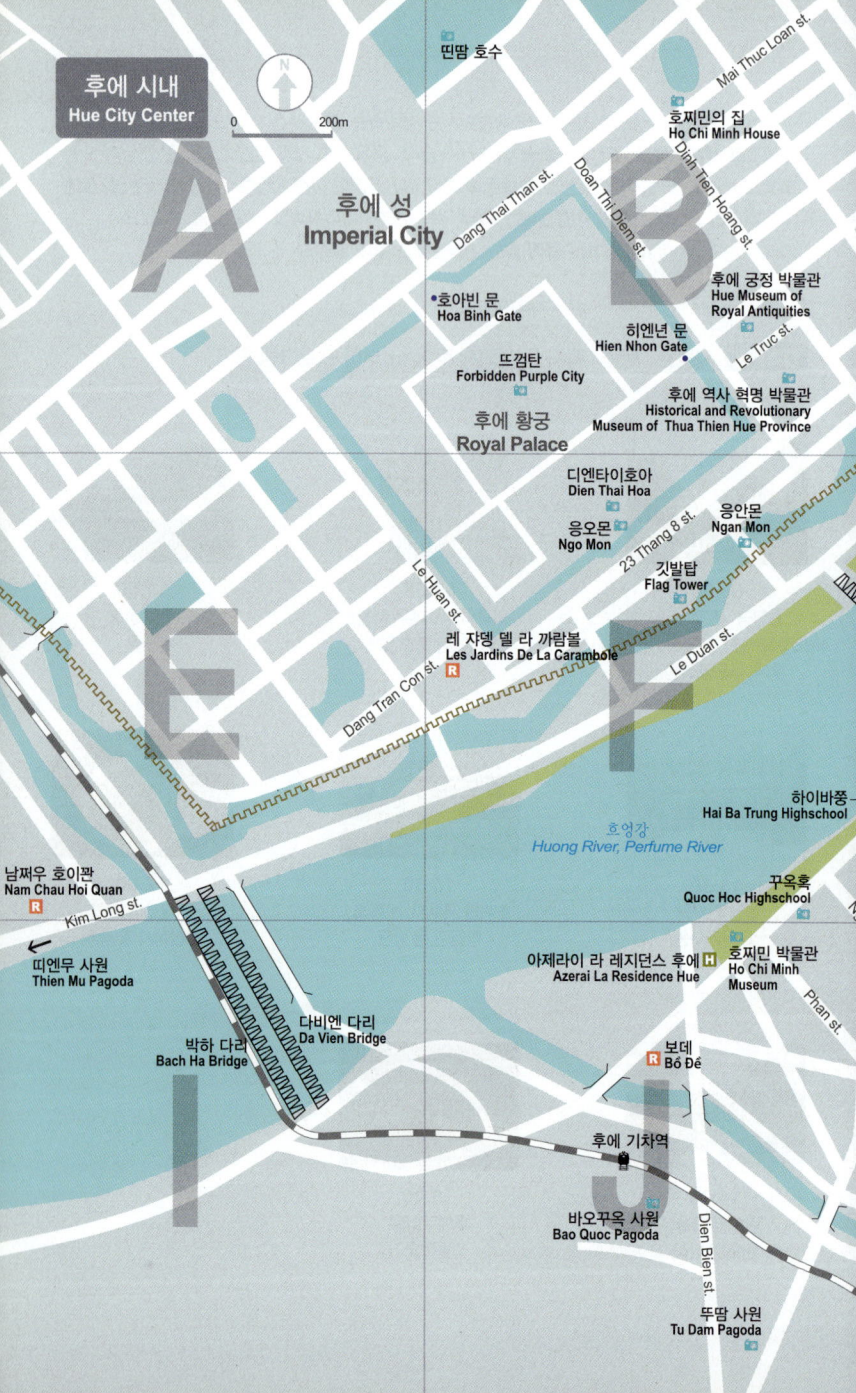

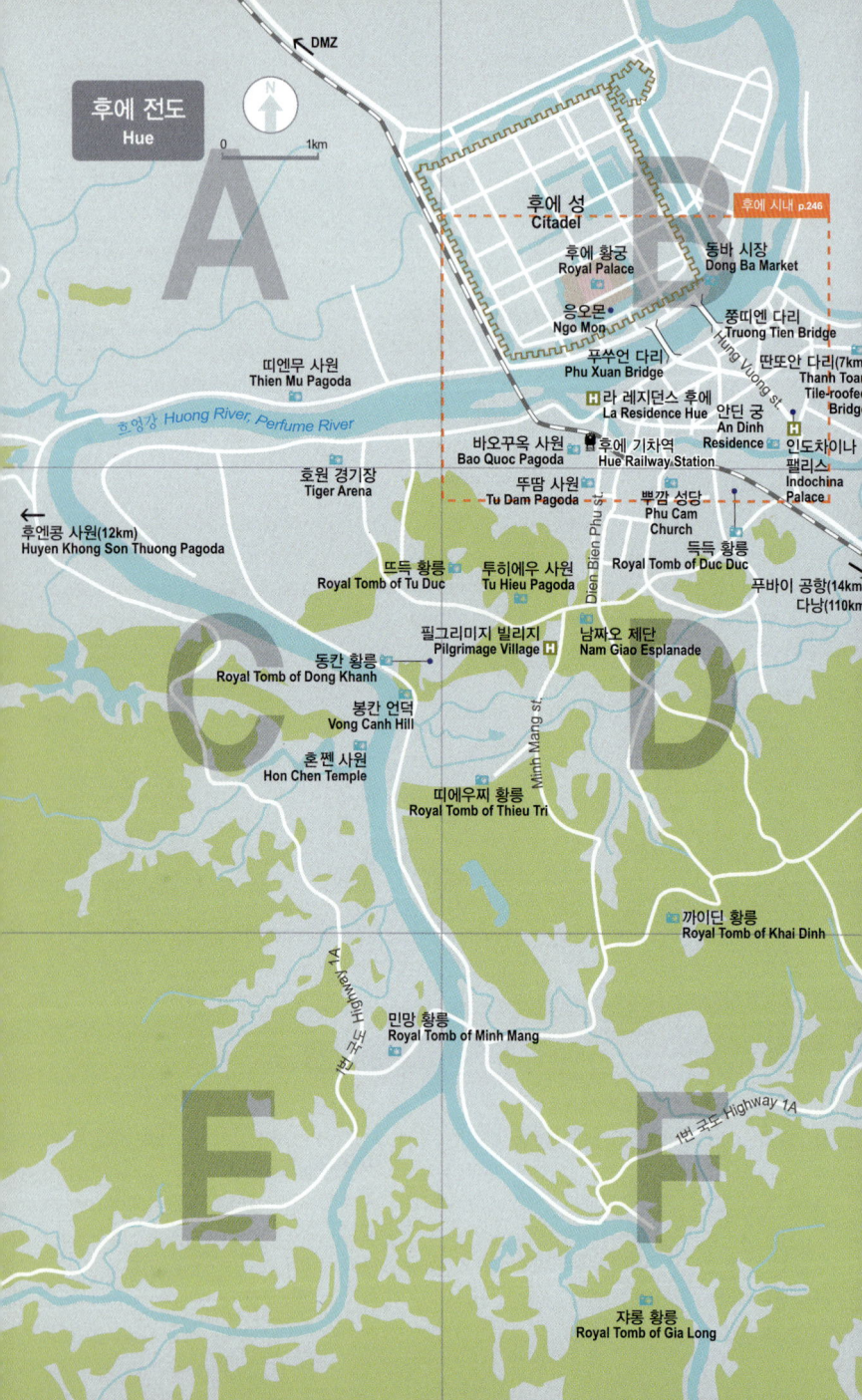

|Talk|
황제의 도시, 후에

베트남의 마지막 왕조, 응우옌 황조

후에는 베트남의 마지막 왕조인 응우옌 황조(1802~1945)가 수도로 삼았던 유서 깊은 도시로 1대 쟈롱 황제부터 마지막 바오다이 황제까지 13인의 통치자가 군림했다. 황제와 가족들이 생활하던 궁궐은 오늘날 다이노이Đại Nội라 불리며 방문객을 맞고 있으며, 13인의 황제 중 8인의 무덤이 후에 외곽에 남아 있다. 베트남전 중에 많이 파괴되기는 했지만 황조의 눈부신 문화유산이 남아 있는 후에는 도시 전체가 유네스코 세계문화유산으로 지정되어 있다. 후에 궁정음악 또한 유네스코 무형 문화유산으로 등재되며 그 우수성을 인정받고 있다.

후에의 사람들과 문화

유서 깊은 황제의 도시 출신이라는 자부심 때문일까. 후에 사람들은 베트남 사람들 중에서도 자존심이 강하고 꼿꼿하다. 후에에는 베트남의 최고 명문 고등학교인 꾸옥혹(남고)과 하이바쯩(여고)이 있으며 대학도 많은 교육도시다. 베트남에는 후에 출신의 정치인과 유명인도 많은 편이다. 후에 사람들은 아직도 전통적인 생활양식을 지키며 살고 있다. 황궁이 있는 흐엉강 북쪽의 구시가지는 예로부터 황궁보다 높은 건물을 짓지 못하게 했는데, 현재는 법적인 규제가 없음에도 황제에 대한 불충이라는 인식이 있어 고층 건물이 들어서지 않고 있다. 따라서 흐엉강 남쪽에 신시가지가 형성돼 발전하고 있고 고대 도시는 여전히 옛 모습을 유지하고 있다. 궁중요리를 비롯한 후에의 다채로운 식문화 또한 즐길 거리다. 매콤하고 기름진 후에 전통요리는 궁중요리처럼 화려하게 장식되는데 그 완벽한 꾸밈 역시 후에 음식 문화의 특징이다.

왕과 황제의 차이는 무엇일까?

베트남은 968년 딘 왕조부터 '칭제 건원' 즉, 군주를 황제로 칭하고 중국과 다른 독자 연호를 사용하기 시작했다. 19세기 시작된 응우옌 왕조의 왕들은 중국과 대등한 황제인 셈으로, 황제만 사용할 수 있는 용 문양이나 금빛 장식을 황궁 곳곳에서 볼 수 있다. 우리나라의 경우 조선시대 동안 중국에 대한 사대가 지속되다가 고종 때에 이르러서야 칭제 건원을 하고 황국이 되었는데 일찍이 중국의 그늘을 벗어난 베트남인들의 자긍심이 엿보이는 대목이다.

ENJOY

고대 도시 속 황제의 궁궐
후에 성과 황궁 Citadel&Đại Nội / Imperial City&Royal Palace

흐엉강 북쪽에 위치한 응우옌 황조의 수도, 후에 성은 1804년 쟈롱 황제 때 짓기 시작해 1832년 민망 황제 때 완성되었다. 5.2km² 면적의 부지에 147개의 건축물이 있는 후에 성은 '고대 도시'라는 뜻의 시타델Citadel이라 불린다. 도시의 상징인 깃발 탑, 대포, 문, 주거 터 등 옛 베트남인들의 생활 터전이 남아 있고 그 안에는 황제가 거주하고 집무를 보던 궁궐이 있다. 후에 황궁은 베트남어로 호앙꿍Hoàng Cung이지만 '커다란 궁전'이라는 뜻의 다이노이Đại Nội라고 더 많이 부른다. 우리나라로 치면 경복궁에 해당하는 대궐로, 황제의 집무실, 거주 공간, 황가의 식구들이 살던 건물과 제사를 지내던 사당 등이 남아 있다. 중국과 국경이 맞닿아 있는 베트남은 조선만큼이나 중국의 영향을 많이 받아서, 우리나라나 중국의 궁궐과 기본적인 틀이나 건물 배치가 비슷하다. 중국의 것을 본뜬 자금성(뜨껌탄)이 있을 정도. 하지만 베트남만의 독특한 문양이나 건축 기법도 찾아볼 수 있기 때문에 비교하며 관람하면 더욱 흥미롭다. 안타깝게도 베트남전의 폭격 피해로 파괴되어 복원 작업이 이루어지고 있다. 황궁은 워낙 넓은 데다 그늘이 별로 없기 때문에 입구에서 전동카를 타고 둘러보면 편리하다.

Data 지도 248p-B
가는 법 흐엉강 북쪽의 구도심
전화 0234-350-1143
운영시간 07:00~17:00
요금 황궁과 궁정 박물관 통합 입장권 15만 동, 아동(7~12세) 3만 동
홈페이지
www.hueworldheritage.org.vn

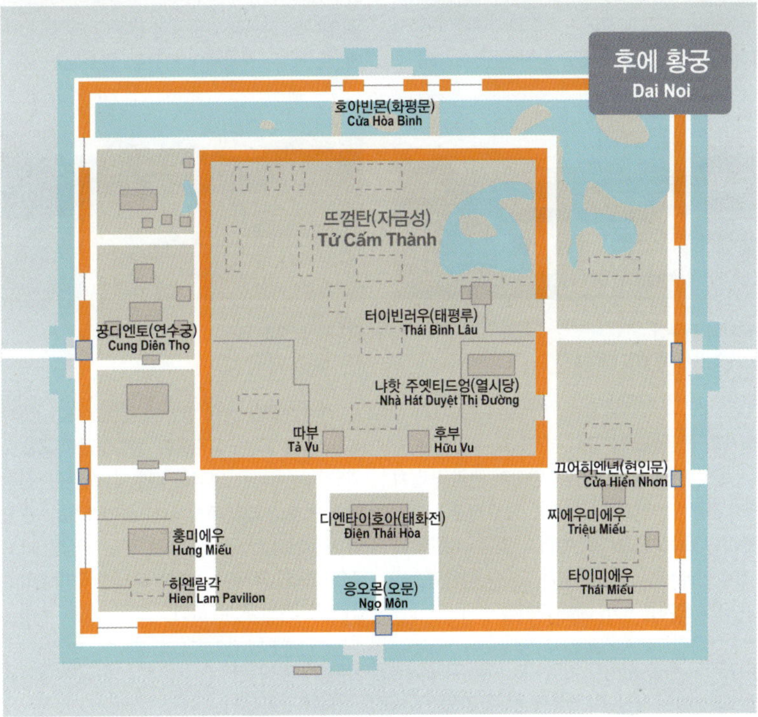

후에 황궁
Dai Noi

- 호아빈몬(화평문) Cửa Hòa Bình
- 뜨껌탄(자금성) Tử Cấm Thành
- 터이빈러우(태평루) Thái Bình Lâu
- 꿍디엔토(연수궁) Cung Diên Thọ
- 냐핫 주옛티드엉(열시당) Nhà Hát Duyệt Thị Đường
- 따부 Tả Vu
- 후부 Hữu Vu
- 끄어히엔년(현인문) Cửa Hiển Nhơn
- 홍미에우 Hưng Miếu
- 디엔타이호아(태화전) Điện Thái Hòa
- 찌에우미에우 Triệu Miếu
- 히엔람각 Hien Lam Pavilion
- 응오몬(오문) Ngọ Môn
- 타이미에우 Thái Miếu

황궁의 주인을 표시하는 국기 게양대
깃발탑 Kỳ Đài, Cột Cờ / Flag Tower

응오몬 앞에 있는 17m 높이의 거대한 국기 게양대는 강 건너편에서부터 눈에 띈다. 1807년 쟈롱 황제 시기에 세워졌다. 황궁을 상징하는 깃발탑으로, 기단부가 3단으로 이루어져 있는데 아래층부터 각각 자연의 섭리, 인간의 세계, 신의 세계를 상징한다. 현재는 베트남 국기가 펄럭이고 있는데 베트남 전쟁 중에는 격전의 상황에 따라서 다른 깃발이 걸리기도 했던 상징적인 장소이다.

궁궐의 정문
응오몬(오문)
Ngọ Môn / Southern Gate, Noon Gate

황궁으로 들어가는 남쪽 입구로, 황실의 정문에 해당한다. 1833년 민망 황제 때 지어졌으며 정오에 해가 이 문 앞에 떠 있다고 하여 '정오의 문'라고도 부른다. 응오문에는 출입구가 3개 있다. 가운데는 황제만 출입할 수 있고 좌우 양쪽으로는 각각 문관과 무관이 드나들었는데, 오늘날은 관광객의 입구로 활용되고 있다.

황제의 사무실
디엔타이호아(태화전)
Điện Thái Hòa / Thai Hoa Palace

황제의 집무실이자 공식 접견실로 쓰였던 화려한 목조 건물이다. 가운데 황좌가 위엄을 떨치고, 건물 앞의 너른 마당에는 문무백관의 자리를 표시하는 품계석이 늘어서 있다. 디엔타이호아 안에서는 사진 촬영을 할 수 없으며, 쓰고 있던 모자를 벗어 예를 갖춰야 한다.

금지된 보랏빛 궁전
뜨껌탄(자금성)
Tử Cấm Thành / Forbidden Purple City

황제와 황가의 구성원들이 생활하던 내궁으로 외부인의 출입은 엄격히 제한되었던 곳. 전쟁 때 많이 훼손되어 복원 공사 중이라 일부 관람이 제한된다. 자금성 안에는 황실 극장인 냐핫주옛티드엉(열시당), 황실 서재인 타이빈러우(태평루) 등을 볼 수 있다.

이외에도 쟈롱 황제가 어머니를 위해 지은 궁전인 꿍디엔토(연수궁)Cung Diên Thọ, 황실의 조상들을 모신 황실 사당(종묘)Miêu 등 황궁에는 구석구석 살펴볼 곳이 많다.

황실 유물을 만나는 아름다운 궁전
후에 궁정 박물관 Bảo Tàng Cổ Vật Cung Đình Huế / Hue Royal Antiquities Museum

황궁 입구에서 구입하는 입장권에는 2개의 절취부가 있는데 하나는 황궁 입장권이고 다른 하나는 후에 궁정 박물관의 표다. 많은 관람객들이 궁정 박물관은 패스하고 황궁만 보고 가지만 여유가 있다면 둘러볼 만한 가치가 있는 곳이다. 후에 궁정 박물관은 1923년 까이딘 황제 때 처음 개관하여 까이딘 박물관이라 하였으나 2008년 이후 후에의 고대 유물을 전시하는 궁정 박물관으로 운영되고 있다. 전시품 대부분은 황실의 유물로 각종 도자기, 황동으로 된 그릇들, 황실의 의복과 문양, 악기 등 응우옌 황조의 유산이다. 박물관의 주 전시실은 1845년 띠에우찌 황제 시기 건설된 황실의 부속 건물인 롱안궁Điện Long An, Long An Palace으로, 후에에서도 가장 아름다운 건축물 중 하나로 꼽히는 곳이다. 관람객도 많지 않아 조용하니, 황궁의 인파에서 벗어나 잠시 고즈넉한 시간을 보내고 싶다면 방문해보자.

Data 지도 246p-B
가는 법 황궁의 동문인 히엔년문으로 나가면 바로
주소 3 Le Truc street
전화 0234-352-4429
운영시간 화~일 07:00~11:00, 13:30~17:00
요금 황궁과 궁정 박물관 통합 입장권 15만 동, 아동(7~12세) 3만 동
홈페이지 www.hueworldheritage.org.vn
이메일 baotangcovat@gmail.com

| 황제의 발자취를 따라서, 황릉 |

응우옌 황제들의 능 대부분은 안타깝게도 베트남전 폭격으로 인해 심각하게 파괴되었다. 민망 황릉, 뜨득 황릉, 까이딘 황릉은 비교적 보존 상태가 좋아 관광객들이 많이 찾는 대표적인 능이다. 황릉은 대부분 시내에서 남쪽으로 멀리 떨어져 있기 때문에 현지 여행사나 호텔에서 제공하는 투어를 이용해 방문하는 것이 가장 좋다.

자연과 조화를 이루어 웅장한 성군의 능
민망 황릉 Lăng Minh Mạng / Royal Tomb of Minh Mang

후에의 황릉 가운데 가장 웅장하고 근엄한 응우옌 황조의 대표 능이다. 민망 황제는 1820~1840년 재위한 응우옌 황조의 2대 통치자로 백성들의 사랑을 받는 성군이었다. 민망 황제의 능은 장엄하며 주변 환경과 조화를 이루는 건축미가 무척 뛰어나고 풍수지리학적으로도 좋은 위치에 자리하고 있다. 황제가 생전에 직접 설계하고 그의 사후에 건설된 황릉은 중국식 양식으로 3개의 큰 문과 공덕비, 사당, 인공 호수 등이 갖춰져 있다. 공원을 산책하는 느낌으로 둘러볼 수 있어 인기가 많은 방문지다. 민망 황제는 수많은 부인과 후궁들을 거느렸으며 자식들도 셀 수 없었다. 후에에서는 그의 이름을 딴 술 '민망주'도 있는데 정력에 좋다고 하여 관광객들이 한 잔씩 맛보는 독한 술이다. 농담의 소재가 되기도 하지만 사실은 어진 왕이었다는 점을 잊지 말자.

Data 지도 248p-E
가는 법 시내에서 남쪽으로 12km
운영시간 07:00~17:00
요금 10만 동

풍류를 알았던 미식가 황제의 능
뜨득 황릉 Lăng Tự Đức / Royal Tomb of Tu Duc

뜨득 황제는 응우옌 황조에서 가장 재위 기간이 길었던 (1847~1883) 4대 황제이다. 뜨득 황제의 능은 황릉 중에서도 가장 규모가 크고 화려하다. 50여 채의 건축물이 있는 너른 부지는 제사 의식을 위한 사당에 해당하는 공간과 유해가 안치된 묘역으로 구분되어 있다. 협죽도와 소나무에 둘러싸인 호수와 섬은 한 폭의 그림을 방불케 하는데, 이는 뜨득 황제가 직접 지은 곳이다. '시인 황제'라고 불렸던 뜨득 황제는 104명의 부인과 셀 수 없이 많은 후궁을 두고 있었으며, 생전에 지은 황릉의 호숫가에서 후궁들과 함께 풍류를 즐겼다고 전해진다. 또한 굉장한 미식가여서, 끼니마다 요리사 50명이 준비한 50가지 요리를 시종 50명의 시중을 받으며 먹었으며, 밤새 모아둔 이슬로만 차를 우려내 마셨다는 이야기도 있다. 수많은 부인과 후궁에도 불구하고 대를 이을 후사가 없어 능의 공덕비 문구도 스스로 지었다고 한다. 황제의 놀이터를 엿보는 기분으로 산책하듯 둘러볼 수 있어 가장 추천하는 방문지다.

Data 지도 248p-D
가는 법 후에 시내에서 남쪽으로 7km
운영시간 07:00~17:00
요금 10만 동

역사의 모순, 화려한 동서양의 조화
까이딘 황릉 Lăng Khải Định / Royal Tomb of Khai Dinh

Writer's Pick!

서구식으로 지어져 화려한 까이딘 황릉은 중국식으로 지어진 민망 황릉이나 뜨득 황릉과는 분위기가 확연히 다르다. 까이딘 황제가 재위한 1916~1925년은 프랑스 식민지 시기로, 서양 문물이 물밀 듯이 베트남으로 들어오던 때였다. 당시에는 독특한 양식의 예술품과 건축물이 많이 탄생했는데 이를 잘 보여주는 것 중 하나가 바로 까이딘 황릉이다. 전통과 현대, 화려한 프랑스식 양식과 베트남 전통 건축 기법이 혼재되어 동서양이 조화를 이룬 건축미의 결정판으로 평가받는 까이딘 황릉은 독특하면서도 아름다워 방문객이 많다. 시내 외곽의 구릉 지대에 위치해 전망도 무척 뛰어나다. 까이딘 황제는 재위 당시 폭정으로 백성들의 원성을 샀던 왕이다. 황릉에는 무덤 주인의 업적을 기록한 공덕비가 있는데, 까이딘 황릉의 공덕비는 그를 싫어하는 사람들에 의해 내용이 지워져 있을 뿐만 아니라 비판적인 내용의 낙서로 훼손되어 있다. 베트남 사람들의 정치적 관심도와 역사 인식을 보여주는 부분이다. 그럼에도 불구하고 아름다운 건축미를 자랑하는 황릉을 구경하기 위해 찾아오는 수많은 관광객들이 내는 입장료가 오늘날 베트남 경제에는 도움이 되고 있으니 아이러니한 일이다.

Data 지도 248p-D
가는 법 후에 시내에서 남쪽으로 10km
운영시간 07:00~17:00
요금 10만 동

황폐한 옛 영화가 스러진 능
띠에우찌 황릉 Lăng Thiệu Trị / Royal Tomb of Thieu Tri

후에의 황릉이라고 하면 대부분 민망, 뜨득, 까이딘 황제의 능을 방문하지만 이외에도 4개의 능이 더 있다. 응우옌 황조의 태조인 쟈롱 황제의 능Lăng Gia Rồng과 동칸 황릉Lăng Đồng Khánh, 득득 황릉Lăng Dục Đức, 띠에우찌 황릉으로 훼손 상태가 심각하고 관리가 잘 안 되고 있어 방문객은 많지 않다. 하지만 황폐해진 무덤가에서 스러져간 옛 황조의 영화를 떠올려볼 수 있는 유적지로 매력이 있다. 띠에우찌 황제는 민망 황제의 아들로 응우옌 황조의 2대 통치자였다. 띠에우찌 황릉은 민망 황릉과 비슷하게 자연과 조화를 이루며 거대한 부지에 제사를 위한 사당 공간과 유해가 안치된 묘역 공간이 좌우로 구분되어 있다. 주변에는 너른 연밭이 있어 방문 시기에 따라 연꽃이 만개한 풍경도 감상할 수 있다. 관람객이 적다 보니 안내도 부실하고 표지판도 제대로 없어 헤매기 십상. 문화재를 이렇게 방치해도 되나 싶은 생각이 들 정도로 묘역 가까이에 소떼가 돌아다니기도 한다. 복원이 안 된 대로 자연스러운 느낌에, 호젓한 외곽에서 관광객들의 북적거림 없이 여유롭게 황릉을 둘러보고 싶다면 추천한다.

Data 지도 248p-D
가는 법 후에 시내에서 남쪽으로 8km
운영시간 07:00~17:00
요금 10만 동

| 후에의 사원과 성당 |

베트남은 여러 종교가 공존하는 국가로 불교 사원과 천주교 성당을 모두 볼 수 있다. 특히 후에는 응우옌 황조의 수도였던 만큼 큰 사원이 여럿 남아 있다. 베트남의 불교 사원은 기본적으로 우리나라의 절과 구조가 비슷하지만 토착 문화와 결합해 분위기가 다르기 때문에 흥미롭게 구경할 수 있다.

하늘의 여인이 계시한 전설의 사원
Writer's Pick! 띠엔무 사원(천모사) Chùa Thiên Mụ / Thien Mu Pagoda

황궁과 함께 반나절 데이투어에 필수로 포함되는 띠엔무 사원은 후에의 사원 중 가장 유명하다. 린무사Chùa Linh Mụ라고도 불리는 띠엔무 사원은 하늘의 여인 띠엔무에 대한 전설이 서려 있는 절이다. 전설에 의하면 이곳에 한 노파가 위대한 지도자가 이곳에 절을 짓고 나라에 평안을 가져올 것이라는 예언을 하였는데 이 일대를 지나가던 황족 응우옌이 호앙이 산과 강이 만나는 경치에 반해 하케 언덕 위에 절을 짓고 그 이름을 띠엔무 사원이라 한 것. 1601년 건립된 띠엔무 사원은 중국 남방 불교의 색채가 짙으며, 경내에는 후에에서 가장 높은 종교 건축물인 21m 높이의 팔각칠층석탑, 2톤이 넘는 동으로 만든 종, 비석 등 볼 만한 것이 많다. 띠엔무 사원에는 불교 탄압에 항거한 틱꽝득 스님의 사연도 전해진다. 남베트남 정부가 반불정책으로 불교를 탄압할 때 종교의 자유를 위해 소신공양, 즉 분신을 했던 것. 경내에서는 당시 스님이 분신 투쟁을 위해 호찌민 시까지 몰고 갔던 파란색 오스틴 자동차도 전시되어 있다.

Data 지도 248p-A
가는 법 후에 시내에서 서쪽으로 4km, 흐엉 강변에 위치
운영시간 08:00~17:00
요금 무료

하나의 베트남 불교가 시작된 곳
뚜땀 사원(자담사) Chùa Từ Đàm / Tu Dam Pagoda

규모가 크거나 화려하기보다는 베트남 불교 역사에서 의미가 큰 사원이다. 1951년 여섯 불교 종파의 승려 51명이 모여 베트남에 통합된 불교회를 만들기 위한 회의를 개최한 곳으로, 현재까지 베트남 불교회의 지부 역할을 하고 있다. 17세기 중국인 승려 민호앙 등이 설립하였으며 응우옌 황조의 3대 국가 사찰 가운데 한 곳으로 베트남 중부의 종교적 중심지 기능을 했다. 1960년대에는 남베트남 정권과 전쟁에 반대하는 투쟁본부 역할을 하기도 했다. 여러 차례 보수와 확장 공사가 이루어졌다. 앞마당에는 1939년 심어진 보리수가 품위를 지킨다. 시내에 위치한 사원으로 가볍게 둘러볼 수 있으며 입구에 1달러를 요구하는 사람이 있으나 공식 입장료는 아니다.

Data 지도 248p-D 가는 법 후에 기차역 근처 주소 1 Su Lieu street
전화 0234-389-8561 운영시간 제한 없음(일몰 후 관람 어려움)
요금 무료 홈페이지 chuatudam.org.vn

나라를 지키는 사원
바오꾸옥 사원(보국사) Chùa Báo Quốc / Bao Quoc Pagoda

나라를 지키는 사원이라는 뜻의 바오꾸옥 사원은 뚜땀 사원과 함께 응우옌 황조의 3대 국가 사찰로 꼽히는 유서 깊은 절이다. 흐엉강 남쪽의 함롱 언덕 위에 지어졌으며 언덕 꼭대기에서는 맑은 샘물이 솟아난다. 1670년 중국 승려 작퐁이 창건한 이후로 몇 차례 이름이 바뀌었는데 1824년 민망 황제가 방문하면서 지금의 이름으로 개칭했다. 3개의 불상이 있는 대웅전 뒤편에서 3층으로 된 작퐁 스님의 무덤을 볼 수 있다. 1858년 뚜득 황제 시기에는 황가의 재산으로 대대적인 보수공사가 이루어졌고, 1930년대부터 베트남 불교 교육의 장이 되었다. 지금도 불교 학교가 운영되고 있어 승려의 길을 걷는 동자승들을 만나볼 수 있다.

Data 지도 248p-B
가는 법 후에 기차역 근처, 뚜땀 사원과 가까움
주소 Bao Quoc street
운영시간 제한 없음
(일몰 후 관람 어려움)
요금 무료

 Writer's Pick! 내시의 제사를 지내는 사원
투히에우 사원(자효사) Chùa Từ Hiếu / Tu Hieu Pagoda

후에 시내 외곽의 소나무숲에 자리한 투히에우 사원은 환관들의 무덤과 독특한 형태의 석탑들이 기묘한 분위기를 자아내는 절이다. 우리 식으로 읽으면 '자효사慈孝寺'인 절에는 효성 깊은 아들의 이야기가 전해진다. 옛날에 병든 노모를 모시는 아들이 있었는데 생선 요리가 병에 도움이 될 것이라는 말을 듣고 10리가 넘는 길을 걸어 시장에 가서 생선을 사다 어머니께 생선죽을 끓

Data 지도 248p-D
가는 법 후에 시내에서 남쪽으로 6km, 뜨득 황릉 근처
주소 Thuy Xuan ward
운영시간 제한 없음
(일몰 후 관람 어려움)
요금 무료

여 드렸다고 한다. 미담이 뜨득 황제의 귀에 전해졌고, 깊이 감명 받은 황제는 절의 이름을 자효사라 하고 효자의 극진한 마음을 치하했다. 이런 효성에 대한 사연 때문일까, 투히에우 사원은 후사가 없는 내시들의 제사를 모시는 절이 되었다. 1843년 승려 낫딘에 의해 창건된 이후 황가의 환관들에 의해 경제적 지원을 받았고 사후에 그들의 무덤을 경내에 안치한 것이다. 투히에우 사원에는 미음(ㅁ)자 형태의 중정을 중심으로 가운데에는 납골당이 있고 좌측에는 제사를 지내는 사당이, 우측에는 묘역이 있다. 뜨득 황릉, 응우옌 황가의 후궁들이 묻힌 무덤들과도 가까운 거리에 있는데 아름다운 주변 경관으로 후에 사람들의 나들이 장소로도 인기 있는 명소다. 그럼에도 관람객은 상대적으로 적어 참선하기 좋은 고요한 절이다.

산속의 고즈넉한 태국불교 사원

후엔콩 사원(현공사)

Chùa Huyền Không Sơn Thượng / Huyen Khong Son Thuong Pagoda

관광객들은 잘 모르지만 후에 사람들에게는 이색적인 나들이 장소이자 데이트 코스로 인기 많은 절이다. 전나무와 유칼립투스가 빽빽한 해발 309m의 산중턱에 위치해 가파른 고갯길을 한참 올라가야 도착한다. 고요한 주변 환경과 꽃나무 만발한 사원 내부가 아름답게 어우러진다. 승려들이 부지런히 가꾼 정원은 후에의 전통적인 정원 양식을 반영하고 있다. 희귀한 품종의 꽃들이 향기를 내뿜고, 난초와 살구나무, 우아한 침엽수들은 이끼 낀 바닥과 대조를 이루어 이국적인 느낌도 난다. 절 입구에서 중앙 탑으로 가는 길에는 둘레에 수선화가 잔뜩 핀 연꽃 연못이 있고, 그 앞에는 대나무와 등나무로 지어진 작은 단층 건물이 하나 있다. 건물에 걸려 있는 시와 격언, 문장을 쓴 서예 작품들은 후엔콩 사원의 승려와 방문객들이 절 주변의 아름다운 자연 풍광과 깨끗한 공기, 고요함에 반해 적은 문장들이다. 후에에는 후엔콩 사원이 두 곳 있는데 후엔콩 1사원은 시내에 있는 띠엔무 사원에서 멀지 않은 곳에 있지만 방문해볼 만한 매력도는 높지 않다. 후엔콩 2사원이라고도 부르는 후엔콩 손드엉 사원은 참 산 중턱에 위치해 시내에서 차나 오토바이로 20분 정도 걸린다.

Data 지도 248p-C
가는 법 후에 시내에서 12km
주소 Cham mountain, Huong Tra district, Thua Thien Hue province
운영시간 08:00~17:00
요금 무료
홈페이지 huyenkhongsonthuong.blogspot.com

> **Tip** 사원과 성당은 종교 시설인 만큼 따로 입장료가 없지만 가끔 입구에서 기부금을 요구하거나 구걸하는 사람이 있는 경우가 있다.

한국에도 없는 성모 마리아 대성당
노트르담 대성당 Nhà Thờ Đức Bà / Notre Dame Cathedral

베트남이 흥미로운 이유는 한 도시에서 서양 기독교 문화의 정수인 노트르담 대성당과 중국에서 시작된 유교 문화의 문묘와 사당, 인도에서 온 불교 사원, 베트남 인민의 영웅 호찌민 박물관 등을 다 볼 수 있다는 점이다. 파리, 브뤼셀 등 유럽의 주요 도시마다 있는 노트르담 대성당을 후에에서도 만나볼 수 있다. 성모 마리아를 뜻하는 불어 '노트르담'은 아무 성당에나 붙일 수 있는 이름이 아닌데, 베트남에 남부의 호찌민과 중부의 후에 두 곳에 노트르담 대성당이 있다. 후에에 있는 노트르담 대성당이 더 규모가 크고 웅장한데, 프랑스식 건축 기법에 베트남 양식이 조화되어 불탑과 비슷하게 생긴 첨탑 등 흥미로운 건축물을 볼 수 있다. 후에 사람들은 이곳을 프란시스코 대성당이라고 부르기도 한다.

Data 지도 247p-L
가는 법 후에 시내 흐엉강 남쪽
주소 80D Nguyen Hue street
운영시간 05:00~17:00

두 개의 기둥이 있는 독특한 성당
뿌깜 성당 Giáo Phú Cam / Phu Cam Church

베트남에는 프랑스 식민지 시절의 영향으로 당시 베트남에 머물르던 프랑스인들을 위한 성당 등 천주교 관련 시설이 많이 남아 있다. 후에 시내에만 해도 여러 성당이 있는데 한 군데를 골라보려면 전면부에 양쪽으로 2개의 기둥이 독특한 건축미를 이루는 뿌깜 성당을 추천한다. 현대적인 외관과 고전적인 스테인드글라스로 장식된 내부는 건축가 응오비엣득의 작품으로 1975년 종탑이 설치되며 완공된, 비교적 최근에 지어진 독특한 성당이다.

Data 지도 248p-D
가는 법 후에 시내 흐엉강 남쪽
주소 Phuoc Vinh ward
운영시간 제한 없음
(일몰 후 관람 어려움)

| 시내 |

마지막 태후의 집
안딘 궁(안정궁) Cung An Định / An Dinh Residence

후에 황궁이 응우옌 황조의 공식적인 정궁이라면 시내의 안딘 궁은 까이딘 황제의 개인 저택이다. 1902년 지어진 안딘 궁은 까이딘 황제가 즉위 전에 살던 집으로, 황위에 오른 후 1917년 대대적인 개축을 거쳐 아들인 빈튜이 황태자가 살도록 하였다. 후에 바오다이 황제가 된 황태자는 즉위 후 황궁으로 옮겨 갔는

Data 지도 247p-L
가는 법 흐엉강의 지류인 안쿠 강변
주소 7 Phan Dinh Phung street
운영시간 07:00~17:00
요금 2만 동

데 1945년 베트남이 프랑스로부터 독립한 이후 퇴위당해 어머니 뚜꿍 태후, 아내와 아이들을 데리고 다시 안딘 궁으로 돌아와 살았다. 이후 바오다이 황제가 프랑스로 이주해 정착하면서 1954년 남베트남 정권이 이곳을 점령하기 전까지 안딘 궁에는 뚜꿍 태후 혼자 살았다. 응우옌 황조의 마지막 태후 뚜꿍은 이후 아들을 다시 만나지도 못하고 인근의 작은 집에서 1980년까지 살다가 비운의 생을 마감했다. 프랑스 식민지 시기에 개축된 안딘 궁은 당대의 화려한 프랑스식 건축 양식을 잘 반영하고 있다. 까이딘 황릉과도 느낌이 비슷해 황제의 취향이 짐작된다. 내부는 베르사유나 루브르 같은 프랑스의 궁전들처럼 꾸며져 있으며 섬세한 장식미가 뛰어난 것이 특징. 전쟁을 거치며 건물의 기능에 잦은 변화가 생겼고, 특히 내부 벽면에 새로운 그림이 계속 덧그려지면서 훼손이 심했는데 현재는 상당 부분 복원되어 방문객을 맞고 있다.

하늘에 제사를 지내던 제단
남짜오 제단(남교단) Đàn Nam Giao / Nam Giao Esplanade

후에 시내 남쪽에 위치한 남짜오 제단은 응우옌 가의 황제들이 나라의 번영과 황조의 안녕을 위해 희생제를 지내던 곳이다. 1806년 쟈롱 황제 때 지어졌으며, 1807년부터 1890년까지 매년 봄 이곳에서 희생제를 치렀다. 1891년부터는 3년마다 희생제를 지냈다. 군주 국가에서 하늘에 지내는 제사는 통치자의 정통성과 황제의 권력을 증명하는 가장 중요한 의식이었다. 응우옌 황조 시기의 제단 가운데 유일하게 훼손되지 않은 채 남아 있는 곳으로 직경 40m의 원과 각 변의 길이가 83m인 정사각형, 각 변이 165m인 정사각형 등 총 3단으로 이루어진다. 이는 각각 하늘과 땅, 인간의 세계를 의미한다.

Data 지도 248p-D
가는 법 후에 시내에서 남쪽으로 4km
운영시간 07:00~17:00
요금 무료

교육 도시 후에의 자부심
꾸옥혹(국학) Quốc Học / Quoc Hoc Highschool

후에는 베트남의 대표적인 교육 도시로 여러 대학교와 유명한 명문 고등학교들이 소재한다. 1897년 응오딘카가 설립한 꾸옥혹은 후에뿐 아니라 베트남 전역에서도 첫손에 꼽는 명문 고등학교다. 호찌민이 잠시 공부하기도 했으며 베트남의 수많은 인재들을 길러낸 요람으로 유명하다. 캠퍼스는 중국풍의 붉은색 건물들로 이루어져 있다. 1996년 건학 100주년을 맞아 건물 전체를 보수하고 본관 앞에 호찌민 동상을 세웠다. 현재도 학생들이 다니고 있는 고등학교이므로 수업이 없는 날에 개방되어 둘러볼 수 있다. 꾸옥혹은 남고이며 베트남 최고의 명문 여고로 꼽히는 하이바쭝Hai Bà Trưng도 후에에 있다.

Data 지도 246p-F
가는 법 흐엉강 남쪽 강변
주소 12 Le Loi street
운영시간 제한 없음
(일몰 후, 수업 중 관람 어려움)

어린 호찌민이 실제로 살았던 집
호찌민의 집 Nhà Hồ Chí Minh / Ho Chi Minh House

호찌민이 어린 시절 실제로 살았던 집이 시타델 안에 남아 있다는 것을 아는 사람은 많지 않다. 아명 응우옌신꿍으로 불리던 어린 호찌민이 부모님과 함께 1895년부터 1901년까지 거주했던 작은 집이다. 후에 살던 시절 응우옌신꿍의 어머니는 남편의 공부를 뒷바라지하기 위해 실크를 만들어 팔았는데 당시 사용했던 베틀을 볼 수 있다. 부엌에는 그릇과 생활용품이 남아 있다. 호찌민의 아버지 응우옌신후이가 쓰던 방, 어머니가 쓰던 방이 있다. 옛날 사람들은 이런 곳에서 어떻게 살았나 싶을 정도로 작은 공간이다. 지도에도 나오지 않을 정도로 알려지지 않았다. 대단한 볼거리는 없으나 베트남의 인민 영웅 호찌민의 발자취를 살피고자 한다면 들러보자.

Data 지도 246p-B
가는 법 후에 황궁 북쪽
주소 112 Mai Thuc Loan street
운영시간 화~일 07:00~11:00, 13:00~16:30
요금 무료

연꽃 만발한 호수
띤땀 호수 Hồ Tịnh Tâm / Tinh Tam Lake

황궁을 제외한 후에 시내의 볼거리는 대부분 흐엉강 이남의 신시가지에 모여 있다. 하지만 황궁보다 높은 건물도, 호텔도 없어 관광객들의 손을 타지 않았고 아직도 전통적인 생활양식을 지켜가고 있는 고대 도시를 산책하는 것 또한 무척 매력적인 여행법이 될 것이다. 시클로를 타거나 걸어도 좋지만 무작정 산책하기가 막연하다면 호찌민의 집에서 걸어서 10분 정도 거리에 있는 띤땀 호수를 둘러보자. 연꽃이 가득 핀 호수인데, 대단한 특징이 있는 곳은 아니지만 계절에 따라 만개한 연꽃의 아름다움을 감상할 수 있다.

Data 지도 246p-B
가는 법 후에 황궁 북쪽
운영시간 제한 없음

| 박물관 |

유서 깊은 도시 후에의 도립 박물관
후에 역사 혁명 박물관 Bảo Tàng Lịch Sử Và Cách Mạng Tỉnh Thừa Thiên Huế /
Historical and Revolutionary Museum of Thua Thien Hue Province

도시마다 지역의 역사와 문화를 보여주는 공립 박물관이 있기 마련이다. 오랜 기간 베트남 역사의 주 무대였던 후에에는 유서 깊은 도시의 역사와 베트남전, 혁명에 대한 유물을 전시하는 후에 역사 혁명 박물관이 있다. 후에 시가 속한 뜨아티엔 후에 도 전체에 해당하는 도립 박물관으로 1989년 세워졌다. 흔히 후에 박물관이라고 부르는 박물관이 이곳. 베트남전의 격전지였던 후에에 남아 있는 전쟁 관련 유물들, 고대 도시 후에에서 발굴된 고고학적·역사적 의미가 큰 문화유산 및 후에의 오늘을 살펴볼 수 있는 전시가 진행된다.

Data 지도 246p-B
가는 법 후에 궁정 박물관 맞은편
주소 No.1, 23 Thang 8 street
전화 0234-522-397,
0234-534-340
운영시간 화~일 07:00~11:00,
13:30~17:00
요금 2만 동

후에의 호아저씨를 만나는
호찌민 박물관 Bảo Tàng Hồ Chí Minh / Ho Chi Minh Museum

호찌민은 베트남의 국부이자 인민의 영웅으로, 인도의 간디나 한국의 김구 선생에 비견되는 베트남 역사에 있어 중요한 인물이다. 베트남의 웬만한 도시에는 대부분 호찌민 박물관이 있어서 베트남의 현대사에 대한 이해를 돕는다. 후에의 호찌민 박물관은 수도 하노이의 박물관에 비해 규모가 작은 기념관 수준이지만 시내에 위치하고 있고 입장료도 따로 없으니 가볍게 둘러보기에 좋다. 다낭의 호찌민 박물관이 전시 수준에 비해서 입장료가 비싸기 때문에 베트남 중부의 호아저씨를 후에에서 만나보는 것도 괜찮다.

Data 지도 246p-J 가는 법 후에 시내 남쪽 강변 주소 6 Le Loi street
전화 0234-822-152/820-445 운영시간 화~일 07:30~11:30,
13:30~16:30 요금 무료

| 외곽의 볼거리들 |

지붕 덮인 중국인 다리
딴또안 다리 Cầu ngói Thanh Toàn / Thanh Toan Tile-roofed Bridge

얼핏 호이안의 내원교와 비슷한 느낌이지만 살펴보면 크게 다르다. 중국과 일본 양식이 결합된 딴또안 다리는 희귀한 목재가 근사한 아치 형태를 이루고 있으며 도자기로 장식된 지붕, 고대 베트남어와 중국어가 새겨진 현판으로 화려한 모습이다. 호이안의 내원교가 일본풍이라면 딴또안 다리는 중국 느낌이 강하다. 1776년 르히엔통 황제 때 궁정 고위 관료의 아내였던 짠띠다오에 의해 지어졌다. 이 마을에서 나고 자란 짠띠다오는 사람들이 강을 사이에 두고 서로 오가기 불편한 것을 안타깝게 사비를 털어 여기다가 직접 다리를 놓았다. 이 소식을 전해 듣고 기특히 여긴 황제는 마을에 조세를 면제해주었다는 이야기가 전해진다. 딴또안 다리는 독특한 건축 양식과 아름다움을 인정받아 1990년 국가 문화재로 지정되었다. 시내에서 거리는 꽤 떨어져 있지만 시골길을 달리는 느낌도 좋기 때문에 가볼 만한 교외 방문지다.

Data 지도 248p-B
가는 법 후에 시내에서 동쪽으로 7km
주소 Thanh Thuy Chanh, Thanh commune, Huong Thuy town, Thua Tien Hue
운영시간 제한 없음
요금 무료

딴또안 마을의 작은 박물관
딴또안 박물관
Nhà Trưng Bày Nông Cụ / Thanh Toan Museum

딴또안 다리만 둘러보고 바로 시내로 돌아가기 아쉽다면 다리 건너편의 딴또안 박물관에 들러보자. 농기구 전시장이라고 부를 정도로 마을의 농경문화에 대한 소개가 주를 이루는 작고 귀여운 박물관인데 비교적 최근에 지어져 관리가 잘 되고 있다. 800가구 3,000여 명의 인구 대다수가 벼농사에 종사하는 마을의 문화를 엿볼 수 있다.

Data 가는 법 딴또안 다리 건너편 **주소** Thanh Thuy Chanh, Thanh commune, Huong Thuy town, Thua Tien Hue Province **전화** 012-0601-7296 **운영시간** 07:30~17:30 **요금** 2만 동, 학생 1만 동 **홈페이지** www.facebook.com/thanhtoanmuseum **이메일** htxthanhtoan@gmail.com

후에 시내를 한눈에 내려다보는
봉칸 언덕 Đồi Vọng Cảnh / Vong Canh Hill

후에에서 가장 전망 좋은 곳을 꼽으라면 단연 뜨득 황릉 근처의 봉칸 언덕을 들 수 있을 것이다. 베트남전 시기 사용되던 미군 벙커가 남아 있는 모습을 볼 수 있고, 흐엉강이 한눈에 내려다 보인다. 흐엉강을 유람하는 배들이 떠다니며, 근처에는 농라와 향을 만드는 민속마을이 있어서 투어를 이용하면 대부분 둘러볼 수 있다. 길가의 노점 내지는 전시장 같은 공간에서 전통 방식으로 농라와 향을 만드는 모습을 구경할 수 있다.

Data 지도 248p-C
가는 법 후에 시내에서 남쪽으로 7km, 뜨득 황릉과 띠에우찌 황릉 사이

호랑이와 코끼리의 싸움터
호원 경기장 Hổ Quyền / Tiger Arena

고대 로마의 원형 경기장을 연상시키는 유적으로, 호랑이와 코끼리가 죽을 때까지 싸웠던 결투 장소다. 예로부터 코끼리는 황제의 상징이었기 때문에, 경기장에 넣을 호랑이는 며칠간 굶겨 체력이 떨어진 상태에서 싸우도록 했다. 때문에 당연히 코끼리가 승리하곤 했다고. 인간의 본성에 대해 생각해보게 하는 고대 유적으로, 관리인이 있기는 하지만 입장료를 받는 정식 관광지가 아니라서 개방이 되지 않는 날도 있다.

Data 지도 248p-A
가는 법 후에 시내에서 서쪽으로 3km
운영시간 제한 없음
(공식 개방 하지 않음)
주소 373 Bui Thi Xuan street, Thuy Bieu ward

|Theme|
DMZ 투어

비무장 지대 DMZ

베트남은 알면 알수록 우리나라와 닮은 점이 많다. 치열한 남북 이념 전쟁의 흔적인 DMZ가 남아 있다는 점 또한 그렇다. 베트남의 DMZ는 1954년부터 1975년 사이에 설정되었던 북위 17도의 군사 분계선 일대를 말한다. 벤하이강을 기점으로 폭 10km, 연장은 60km에 달하는 구간으로, 곳곳에 버려진 탱크와 무기들, 폐허가 된 건물들이 남아있다.

DMZ는 차량과 가이드가 포함된 투어로 돌아볼 수 있다. 1966~1968년의 격전지였던 동하에서 시작해 베트남전 당시 고엽제 투하로 삼림이 파괴된 돌무더기, 전쟁으로 피폐해져 지금도 빈곤하게 살아가는 소수민족 반께오족 마을, 라오스 국경에서 20km 거리에 위치한 닥롱 다리, 호찌민 트레일, 케산 전투 기지 등 베트남전의 격전지들을 살펴보게 된다. 투어의 하이라이트는 호찌민의 꾸찌 터널에 버금가는 지하 땅굴인 빈목 터널. 이는 당시 북베트남 농민들이 미군의 폭격을 피하기 위해서 판 114개의 땅굴 중 하나로, 지하에는 병원, 식당, 화장실, 목욕탕, 창고 등을 갖추어 약 6년 간 300여 명이 생활했던 공간이다. 땅굴이 워낙 깊고 복잡해 최신 무기를 갖춘 미군이 두 손을 든 게 이해가 간다.

DMZ 투어 신청하기

DMZ 투어는 여행자거리에 즐비한 현지 여행사에 신청하면 쉽게 참가할 수 있다. 여러 여행사에서 손님을 모아 진행하기 때문에 어디서 신청하든 비슷하다. 일정은 보통 오전 6~7시 호텔 픽업 후 약 12시간 뒤 후에 시내로 돌아온다. 영어 가이드와 차량, 입장료가 포함된 투어 비용은 보통 20달러 안팎. 점심식사는 식당에 데려다주지만 비용은 불포함이라 각자 지불해야 한다. 꼬박 하루가 걸리는 투어다. 후에에서 DMZ까지 이동하는 것만 2~3시간이 걸리고, 도로 사정이 나빠 길이 울퉁불퉁하기 때문에 체력과 인내심이 요구되는 여정이다. 어린 아이들이나 노약자가 있는 경우 가격이 더 비싸더라도 고급 차량을 이용하는 프라이빗 투어를 추천한다.

남베트남 사람, 북베트남 사람

DMZ 투어의 또 다른 재미 요소는 남베트남과 북베트남 사람들의 차이를 느껴볼 수 있다는 것. 다낭과 후에가 있는 베트남 중부 사람들은 기질이 유순한 편이지만 호방한 남베트남 사람들이나 꼿꼿한 북베트남 사람들은 훨씬 성격이 강하다. 후에에서도 북쪽으로 더 올라가는 DMZ 투어는 대부분 북베트남 출신의 가이드가 설명을 해주는데, 힘찬 어조로 "우리 농부들이 맨 주먹으로 땅굴을 파서 빈목 터널을 만들었다"고 설명하는 대목에서는 북베트남인 특유의 강한 자부심이 읽히기도 한다. 이러한 베트남 사람들의 끈기와 강한 자긍심 또한 한국인을 닮았다. 베트남의 DMZ가 과거형이자 이제는 역사를 잊지 않기 위한 답사 장소로 남은 반면, 우리나라의 DMZ는 아직도 현재진행형이라는 사실은 안타깝기도 하다.

DMZ 투어 코스

1번 국도
1 동하 Dong Ha Town
2 벤하이강, 히엔르엉 다리 Ben Hai River, Hien Luong Bridge
3 독미에우 기지 Doc Mieu Base
4 빈목 터널 Vinh Moc Tunnels

9번 국도
5 돌무더기 Rock Pile
6 닥롱 다리 Dak Rong Bridge
7 소수민족(반꼐오족) 마을 Bru Van Kieu
8 호찌민 트레일 Ho Chi Minh trail
9 케산 전투 기지 Khe Sanh Combat Base

진행 여행사
여행자거리 곳곳의 여행사에서 쉽게 투어를 신청할 수 있으며 내용은 대동소이하다. 약간의 흥정이 가능한 경우도 있다.

딴투 여행사 Thanh Tu Travel
Data 주소 13 Vo Thi Sau street 전화 0234-369-2222
요금 19달러 운영시간 10:00~23:00 홈페이지 thanhtutravel.com 이메일 huethanhtutravel@gmail.com

| 시장과 거리들 |

다낭에는 없는 여행자거리
여행자거리 Tourist Area

배낭여행을 즐기는 사람들이 좋아할 만한 후에의 여행자거리. 다낭에 이렇다 할 여행자거리가 없어 아쉬웠던 사람이라면 후에 여행자거리의 밤을 그냥 보낼 수 없을 것이다. 방콕에 카오산로드, 시엠립에 펍 스트리트가 있다면 후에에는 여행자거리가 있다. 삼삼오오 모여든 배낭여행자들과 함께 후다Huda 맥주잔을 부딪히며 여행의 정취에 한껏 취할 수 있는 곳이다. 호텔, 호스텔이 즐비한 거리들 사이로 식당과 펍, 기념품 가게, 옷가게, 여행사 등이 운집해 있고, 빨래방, 카메라 수리점 등 여행자들에게 필요한 모든 편의시설을 찾아볼 수 있다. 일찍이 관광지가 된 후에답게 상인들이 영어를 잘한다는 장점도 있지만, 요령 있는 호객꾼들이 많아 귀찮다는 단점도 있다. 밤 10시까지는 떠들썩하게 불야성을 이루지만 11시가 넘으면 언제 그랬냐는 듯이 대부분 가게가 문을 닫고 조용해진다. 새벽까지 영업하는 클럽도 있지만, 후에의 치안은 다낭에 비해서 다소 미흡한 편이므로 너무 늦은 시간에 혼자 돌아다니기보다는 숙소와 가까운 곳에서 간단하게 즐기는 것이 좋다.

Data 지도 247p
가는 법 흐엉강 남쪽, 팜응오라오 거리Pham Ngo Lao street를 중심으로 레러이 거리 Le Loi street와 흥브엉 거리 Hung Vuong street 사이

강변의 야시장
야시장 Chợ Đêm / Night Market

흐엉강 남쪽의 차 없는 거리, 사이공 모린 호텔 맞은편의 워킹 스트리트Walking Street를 따라서 저녁에 야시장이 선다. 해가 지고, 뜨거운 낮의 열기가 가시고 나면 하나둘 상설 매장들이 문을 열고 행상들은 좌판을 깔아 자리를 잡는다. 여행을 추억할 수 있는 기념품을 파는 매장이 많으며 전통음악을 연주하며 악기를 파는 곳, 헤나 타투를 할 수 있는 곳도 있다. 규모가 크지 않아서 5분이면 다 볼 수 있을 정도. 여행자거리에서도 멀지 않으니 저녁 산책 겸 돌아보기 적당하다.

Data 지도 247p-G
가는 법 흐엉강 남쪽, 푸쑤언 다리와 쯩띠엔 다리 사이의 강변
운영시간 19:00~22:00

후에의 대표적인 재래시장
동바 시장 Chợ Đông Ba / Dong Ba Market

후에에서 가장 규모가 큰 시장 중 하나로 흐엉강 북쪽 강변에 위치한다. 동바 버스 터미널과 붙어 있어 찾는 사람들이 많다. 베트남의 다른 재래시장과 크게 다를 것이 없어 보이지만, 후에 특산품을 찾아볼 수 있다는 점이 특별하다. 후에의 특산품인 참깨 과자, 도자기 등의 공예품을 손쉽게 구할 수 있는 곳으로 유명하다. 관광객이 많아지면서 로컬 재래시장다운 분위기는 부족해졌지만 금은방, 약국과 같은 편의시설 등 없는 게 없는 곳이니 한번 들러보는 것도 괜찮다.

Data 지도 247p-C
가는 법 흐엉강 북쪽, 쯩띠엔 다리 건너편 강변
운영시간 05:00~일몰

| 마사지 |

시원한 일본식 발마사지
히카루 발마사지 Hikaru Foot Massage

더운 날 하루 종일 관광을 다닌 후 쌓인 피로를 푸는 데는 발마사지만 한 게 없다. 후에에는 제대로 된 마사지숍은 많지 않은데, 히카루 발마사지는 여행자거리에서 드물게 훌륭한 서비스를 제공하는 곳. 깔끔한 일본식 마사지숍으로 마사지사 실력이 상당히 뛰어나고 요금은 저렴하여 만족스럽다. 하지만 팁을 다소 많이 요구하기도 하므로 예산 계획을 세울 때 감안하는 게 좋다.

Data 지도 247p-H
가는 법 시내 미드타운 호텔 근처
주소 31B Doi Cung street
전화 0234-6260-0888
운영시간 10:00~23:00
요금 발마사지 30분 13만 동/1시간 20만 동, 권장 팁 2~4달러

라 레지던스 호텔 스파의 품격
아제라이 스파 Azerai Spa

후에 최고의 럭셔리 스파로 라 레지던스 호텔 부속 시설이다. 엠갤러리가 담당하던 라 레지던스의 매니지먼트를 아제라이가 맡게 되면서 2019년 르 스파에서 아제라이 스파로 이름이 바뀌었지만 스파의 품격은 변하지 않았다. 6개의 트리트먼트룸이 있으며 그 중 4개는 싱글룸이라 프라이빗하게 관리받을 수 있다. 베트남식은 물론 타이 마사지, 스웨디시 마사지 등 다양한 메뉴를 갖추고 있으며 네일 관리나 페이셜, 헤어 트리트먼트를 받을 수 있는 뷰티 스튜디오도 운영하고 있다. 사우나와 스팀룸도 있어 관광거리 많은 후에에서의 하루 끝에 피로를 풀기에 딱. 라 레지던스 호텔에 묵지 않더라도 추천한다.

Data 지도 246p-J **가는 법** 라 레지던스 호텔 내 **주소** 5 Le Loi street **전화** 0234-383-7475 **운영시간** 10:00~22:00 **요금** 아로마 바디 터치 60분 115만 동, 핫스톤 마사지 60분 130만 동(봉사료 5% 및 세금 10%)
홈페이지 www.azerai.com/la-residence-hue
이메일 info.laresidence.hue@azerai.com

EAT

| 후에 궁중 요리 전문점 |

연꽃 식당에서의 만찬
쏭 흐엉 Song Huong Floating Restaurant

흐엉강 전망과 함께 후에 궁중요리를 즐길 수 있는 레스토랑. 음식도 맛있고 분위기가 좋아 관광객뿐 아니라 현지인들에게도 인기가 많은 명소이다. 강 위에 피어난 연꽃 모양으로 멀리서도 눈에 띈다. 3층 규모의 500석이 넘는 대형 음식점이라 각종 모임 장소로도 이용된다. 메뉴도 무척 다양해서 베트남 음식뿐만 아니라 서양식, 해산물 등을 고루 갖추고 있다. 후에식 만두와 오징어 요리 등이 포함되는 베트남 세트 메뉴가 있으며 제대로 된 후에 전통 궁정음악 공연도 즐길 수 있다(75분 공연 기준 160만 동 별도).

Data 지도 247p-G **가는 법** 흐엉강 남쪽 쭝띠엔교 선착장 근처 **주소** 2/3 Park, Le Loi street **전화** 0234-383-1197 **운영시간** 07:00~22:30 **가격** 베트남 세트 메뉴 12만 동~, 후에 세트 메뉴 14만 동~ **홈페이지** nhahangnoisonghuong.com **이메일** info@nhahangnoisonghuong.com

오랜 역사의 궁중요리 전문점
남쩌우 호이꽌 Nam Chau Hoi Quan

응우옌 왕조 시대 때부터 내려오는 후에 퓨전 전통요리집. 후에 스타일의 궁중요리를 맛있게 하는 곳으로 유명하다. 쏭 흐엉 플로팅 레스토랑과 함께 벤탄 그룹에 속한 식당으로 평균 이상의 음식과 서비스로 만족스럽게 식사할 수 있다. 잘 가꿔진 정원 속의 야외 좌석과 에어컨이 있는 실내 좌석 모두 넉넉해 단체 손님도 많은 편이다. 라이스 페이퍼에 싸먹는 돼지고기 꼬치 요리인 넴루이, 후에식 오징어 요리 먹싸오뚬까, 스프링롤 등 후에 음식을 맛볼 수 있는 세트 메뉴를 주문하자.

Data 지도 246p-E **가는 법** 띠엔무 사원 가는 길 흐엉 강변 위치 **주소** 4 Kim Long street **전화** 0234-351-0587 **운영시간** 06:00~22:00 **가격** 넴루이 7만 동, 후에식 오징어 요리 12만 동 **홈페이지** namchauhoiquan.com **이메일** info@namchauhoiquan.com

부담 없이 즐기는 로얄 디너
로얄 파크 Royal Park

비교적 부담 없는 가격에 정통 궁중요리를 즐길 수 있어 인기가 많은 식당이다. 궁중요리 세트 메뉴를 주문하면 밥과 국을 기본으로 돼지고기 요리, 후에식 오징어 요리와 생선 요리, 후에 전통 파파야 요리, 스프링롤 등이 푸짐하게 차려진다. 황제의 밥상답게 당근을 깎아 만든 봉황 등 장식미를 중시하는 후에 궁중요리의 정수를 느낄 수 있다. 황제의 옷을 입어 보는 복식 체험, 악사들이 연주하는 궁정음악 공연이 포함되는 코스 메뉴도 갖추고 있다. 수많은 후궁들을 두었던 민망 황제의 이름을 딴 '민망주'를 재미 삼아 한 잔 곁들이기에도 분위기가 나는 곳.

Data 지도 247p-D 가는 법 흐엉강 북쪽 구도심에 위치
주소 03 Nguyen Sinh Sac, Vi Da 전화 0234-381-2761
운영시간 11:00~23:00 가격 궁중요리 세트 26만 동~,
단품 메뉴 5~20만 동 홈페이지 www.royalpark.com.vn
이메일 cungdinh@royalpark.com.vn

황제의 호텔, 황제의 만찬
임페리얼 호텔 로얄 다이닝 코스 Royal Dining Course at Imperial Hotel

황제의 도시 후에에서 가장 제대로 된 로얄 디너 코스를 즐기려면 황제의 호텔로 가자. 후에 최초의 5성급 호텔로 자부심이 충만한 임페리얼 호텔의 로얄 다이닝 코스는 확실히 다른 식당들에 비해 수준이 높다. 예약으로만 운영되는 1층의 로얄 다이닝 레스토랑에서는 복식 체험, 악사들의 궁정음악 연주와 함께 황제의 식사를 할 수 있다. 예약을 하지 않았거나 식사만 하고자 할 때는 16층으로 가면 된다. 흐엉강과 응우빈 산의 뛰어난 경치를 즐기며 황제가 된 기분으로 로열 다이닝을 즐길 수 있다. 꽃과 초로 장식된 테이블, 용과 봉황을 상징하는 정통 궁중요리 코스는 로맨틱하기까지 하다.

Data 지도 247p-G
가는 법 임페리얼 호텔 내
주소 8 Hung Vuong street
전화 0234-388-2222
운영시간 런치 10:00~14:30,
디너 17:00~23:00
가격 로얄 디너 40만 동
(봉사료 5% 및 세금 10% 가산),
복식 체험과 궁정음악 연주 비용 별도
홈페이지
www.imperial-hotel.com.vn
이메일
info@imperial-hotel.com.vn

| 후에 음식을 맛보자 |

 Writer's Pick!

단연 후에의 넘버원 로컬 식당
꽌한 Quán Hạnh

정통 후에 스타일의 특산 요리를 맛보려면 찾아가자. 여행자들 사이에서 유명하고 현지인들도 그 맛을 인정해 믿고 찾아갈 수 있다. 다양한 후에 특산 요리를 제공하는데 혼자 가도 여러 가지 음식을 맛볼 수 있는 세트 메뉴가 있어 고민하지 않아도 된다. 후에식 새우만두 반베오, 반쎄오에 후에 스타일이 가미된 팬케이크 반꼬아이, 라이스 페이퍼에 싸먹는 꼬치 요리 넴루이, 돼지고기 스프링롤인 반꾸온팃느엉 등 골고루 나온다.

Data 지도 247p-H
가는 법 여행자거리 근처
주소 11-13-15 Pho Duc Chinh street
전화 0234-383-3552
운영시간 09:00~21:00
가격 세트 메뉴 11만 동, 반꼬아이 2만5천 동, 넴러이 7만 동, 반베오 6만 동

채식주의자를 위한 곳
보데 Bồ Đề

베트남의 불교 신자들은 매월 초하룻날과 보름날에 고기를 먹지 않는 풍습이 있다. 그래서인지 채식요리 전문점을 심심치 않게 찾아볼 수 있다. 채식 식당 보데에서는 베트남의 풍족한 쌀과 채소, 두부, 생선 등을 이용한 채식 메뉴를 제공한다. 그렇지 않아도 메뉴판이 복잡한 베트남에서 생소한 채식 메뉴를 고르기가 어렵다면 싱싱한 채소와 버섯, 두부를 끓여 먹는 전골Hot Pot을 추천. 가느다란 분 국수를 함께 넣어먹으면 고기 생각이 싹 가시게 해준다.

Data 지도 246p-J
가는 법 흐엉강 남쪽 강변 근처
주소 11 Le Loi street
전화 0234-382-5959/3939
운영시간 07:00~21:00
가격 두부 튀김 2만5천 동, 버섯 전골 10만 동

| 로컬 쌀국수 열전 |

진정한 로컬 국숫집
넘버5 Quán Số 5

와이파이는 물론이고 전화번호조차 없는 로컬 국숫집으로, 아침 일찍 문을 열고 재료가 떨어지면 닫는다. 원래는 맥줏집인데 오전에만 국수를 판다. 식당 이름보다는 '우체국 앞 분보후에 집'으로 알려져 있다. 쇠고기와 선지, 어묵이 올려져 나오는 얼큰한 분보후에 맛이 끝내준다. 가격은 우리 돈 1천 원도 채 되지 않으니, 그야말로 로컬 맛집. 단, 영어는 한 마디도 통하지 않는다. 쌀국수로 아침식사를 하며 하루를 시작하는 베트남 사람들의 일상 풍경을 구경하는 재미도 더해져 더욱 즐거운 곳이다.

Data **지도** 247p-G **가는 법** 후에 시내, 우체국 맞은편 **주소** 5 Hoang Hoa Tham street **운영시간** 04:00~10:00 **가격** 분보후에 1만5천 동

숯불구이 돼지고기 국수
후엔 안 Huyền Anh

딱 3가지 요리만 적혀 있는 메뉴판에서부터 맛집의 기운이 느껴진다. 띠엔무 사원 가는 길, 찾기도 힘든 골목길에 있지만 꾸준히 손님이 찾아오는 데는 다 이유가 있는 법. 숯불에 구운 돼지고기 요리 팃느엉과 팃느엉을 얹은 국수 분팃느엉, 후에식 스프링롤이라고 할 수 있는 반으엇 등 맛좋은 로컬 특산요리를 제공한다.

Data **가는 법** 띠엔무 사원 근처 **주소** 50 Kim Long street **전화** 0234-352-5655 **운영시간** 08:00~18:00 **가격** 반으엇 1만5천 동, 분팃느엉 2만 동, 팃느엉 5만 동

후에 특산 게살 국수 맛집
흐엉 반깐 Hương Bánh Canh

색다른 후에 국수를 맛보고 싶다면 중부 지역의 특산 게살 국수를 파는 흐엉 반깐으로 가자. 게살이 들어간 어묵, 얼큰한 생선 육수는 베트남 소고기 쌀국수와는 사뭇 다른 느낌이다. 테이블 위에 놓여 있는 메추리알과 연잎에 싸인 찰떡은 돈을 따로 받으니 먹지 않는다면 돌려보내자.

Data **지도** 247p-G **가는 법** 후에 시내, 우체국 건너편 골목에 위치 **주소** 30 Pham Hong Thai street **전화** 012-2450-3789 **운영시간** 06:00~20:00 **가격** 반깐꾸아로이(게살 어묵 국수) 3만 동

| 익숙한 맛이 그리울 때, 서양식&한식 |

맛좋은 프랑스 가정식
레 쟈뎅 델 라 까람볼
Les Jardins De La Carambole

베트남은 의외로 제대로 된 프랑스식 정찬을 맛볼 수 있는 곳이다. 황궁 근처 주택가 골목에 위치한 레 쟈뎅 델 라 까람볼은 호텔 레스토랑 부럽지 않게 깔끔하면서도 맛있는 프랑스 가정식을 제공한다. 식전 빵부터 파스타, 요리 메뉴, 디저트에 이르기까지 모두 맛이 뛰어나고 서비스 또한 수준급이다. 프랑스인 손님들이 많으니 제대로 된 프렌치 레스토랑인 점은 입증되는 듯. 코스 메뉴를 선택하는 것도 좋다.

Data 지도 246p-F
가는 법 흐엉강 북쪽, 황궁 서쪽의 주택가 골목
주소 32 Dang Tran Con street
전화 0234-354-8815~6
운영시간 07:00~23:00
가격 라 까람볼 샐러드 13만 동, 까르보나라 파스타 16만 동, 코스 메뉴 34~46만 동
이메일 jardins.carambole@gmail.com

후에에서도 한식은 필요하니까
서울식당 Seoul Restaurant

후에는 다낭과 달리 교민도, 한식당도 많지 않은 곳이다. 시내에 위치한 서울식당은 교민이 운영해 제대로 된 맛을 내는 한식당으로, 한식 붐을 타고 현지인들에게도 인기가 많다. 된장찌개, 김치찌개, 두부김치, 삼겹살, 양념치킨 등 웬만한 한식 메뉴는 다 갖추고 있고 맛도 기본 이상은 하기 때문에 후에 여행 중 한국 음식이 그리워질 때 주저 없이 찾아갈 수 있는 곳이다.

Data 지도 247p-H
가는 법 후에 시내, 임페리얼 호텔 근처
주소 73 Ben Nghe street
전화 0234-393-1789
운영시간 08:00~22:00
가격 생삼겹살 11만 동, 된장찌개 10만 동, 비빔밥 9만 동
이메일 nhahangscoul@gmail.com

| 여행자거리 바&레스토랑 |

이곳은 비무장지대
DMZ 바&레스토랑 DMZ Bar&Restaurant

여행자거리에서 가장 눈에 띄는 DMZ 바&레스토랑은 후에 관광이 막 시작된 1994년 문을 열어 일찍부터 일대의 터줏대감으로 자리잡았다. 베트남 음식도 팔지만 피자, 파스타, 버거 등의 서양식 메뉴가 주를 이루며 맛도 괜찮은 편. 목도 좋고 음식 맛도 좋아서 손님이 늘 많다. 바&레스토랑 외에 호텔, 여행사를 함께 운영해 투어 신청에도 도움을 받을 수 있다.

Data **지도** 247p-D **가는 법** 센츄리 리버사이드 호텔 바로 앞 **주소** 60 Le Loi street **전화** 0234-382-3414 **운영시간** 07:00~일요일 02:00 **가격** 베이컨 치즈버거 10만4천 동, 뉴욕 클럽 샌드위치 9만6천 동 **홈페이지** www.dmz.com.vn **이메일** dmzbar@dmz.com.vn

조용하고 아늑한 골목집
선라이트 바&레스토랑
Sunlight Bar&Restaurant

여행자거리에서도 비교적 저렴한 숙소가 모여 있는 골목길의 아담한 바&레스토랑으로, 떠들썩한 메인 거리에서 살짝 벗어나 있어 조용하고 아늑한 곳이다. 서양식 식사와 음료 메뉴를 갖추고 있고 베트남에서 생산된 달랏 와인도 글라스로 판매한다. 맛은 기대하지 않는 것이 좋지만 호기심이 많은 여행자라면 도전해보자.

Data **지도** 247p-H **가는 법** 여행자거리 메인 거리 팜응오라오 길로 들어서면 골목 끝 가게 **주소** 21 Vo Thi Sau street **전화** 0234-383-1050 **운영시간** 07:00~23:00 **가격** 달랏 와인 글라스 3만5천 동, 레몬 주스 2만5천 동

무난하게 다 갖춘 관광객용 식당
후에 스프링 바&레스토랑
Hue Spring Bar&Restaurant

특별히 내세울 건 없어도 있을 건 다 있는 곳이랄까? 분보후에, 넴루이 같은 후에 음식 맛이 괜찮고 전골, 바비큐 등 다양한 메뉴를 즐길 수 있는 식당이다. 고구마튀김, 돼지갈비, 쇠고기구이와 김치 등 한국인이 선호하는 메뉴와 한국어 메뉴판도 있다. 고기와 함께 신선한 채소가 곁들여 나오는 바비큐 메뉴는 한국식으로 숯불에 구워준다. 저녁식사와 함께 시원한 로컬 맥주를 곁들이며 후에의 밤을 보내기에 적당한 장소다.

Data **지도** 247p-D **가는 법** 센츄리 리버사이드 호텔 바로 앞 **주소** 64 Le Loi street **전화** 0234-368-4999 **운영시간** 06:00~일요일 01:00 **가격** 분보후에 3만5천 동, 해산물 샐러드 5만5천 동, 돼지갈비 9만5천 동 **이메일** huespring@gmail.com

| 카페 |

에어컨 빵빵, 팝 음악 빵빵
원 커피&베이커리 The ONE Coffee&Bakery

개성 있는 인테리어와 맛있는 음료로 후에의 젊은이들에게 인기가 많은 현대적인 커피숍 겸 베이커리다. 베트남식 핀 커피를 파는 로컬 카페는 보통 에어컨이 없고 메뉴에는 볶음밥까지 갖추고 있을 정도로 한국의 카페와는 다른 점이 많다. 에스프레소 커피 메뉴를 기본으로 하는 원 커피&베이커리는 한국에서 흔히 볼 수 있는 현대적인 커피숍과 메뉴와 분위기가 비슷해 익숙한 느낌으로 편히 쉬어갈 수 있다. 대중적인 팝 음악이 흘러나오고 에어컨을 시원하게 틀어주며 편안하고 아늑한 좌석도 넉넉하게 갖췄다. 맛있는 디저트류, 시원한 과일 스무디와 밀크쉐이크는 물론 베트남식 카페 스어다 사이공도 맛볼 수 있다.

Data **지도** 247p-G **가는 법** 임페리얼 호텔 맞은편 **주소** 03 Hung Vuong street **전화** 094-934-5979 **운영시간** 06:30~22:30 **가격** 카페 스어다 사이공 2만8천 동, 망고 스무디 3만2천 동 **이메일** quythuan1102@gmail.com

진정한 로컬 길다방
길카페

진정한 베트남의 커피 문화를 체험하려면 길거리의 목욕탕 의자 같은 자리에 앉아서 카페 스어다를 마셔봐야 한다. 더운 나라의 특성일까. 뜨거운 날씨 속 시원한 커피 한 잔 간절한 사람들이 삼삼오오 길거리 카페의 그늘 아래 모여, 달고 진한 연유 커피를 마시곤 한다. 커피를 주문하면 입가심을 할 수 있는 차가운 녹차가 같이 나오는 것도 특징. 사이공 모린 호텔 옆 골목의 노점은 시내 한복판에 위치해 접근성도 좋고 커피 맛, 가격 모두 무난해 현지인들에게 사랑받는 장소인데 이곳이 아니라도 베트남 길거리 카페의 카페 스어다는 꼭 한 번 즐겨보자.

Data **지도** 247p-G **가는 법** 사이공 모린 호텔 정문으로 나와 왼편으로 호텔 건물을 돌면 보이는 파리 카페 왼쪽의 골목 **주소** 4 Hoang Hoa Tham street 왼쪽 **가격** 카페 스어다 1만5천 동

BUY

| 기념품 |

여행자거리의 괜찮은 옷가게
아 동 부티크 A Dong Boutique

후에에서 쇼핑은 여행자거리 주변의 옷가게와 기념품가게, 저녁마다 열리는 야시장 정도에서 할 수 있다. 자잘한 기념품을 사기에는 야시장이 좋고, 여행자거리에서는 동남아 여행에서 빠뜨리면 섭섭한 코끼리바지나 화려한 무늬의 원피스를 다양하게 찾아볼 수 있다. 여행자거리 옷가게 중 하나인 아 동 부티크는 옷이 전반적으로 괜찮고 친절하며, 입어보고 구입할 수 있으며 융통성 있게 에누리도 해준다. 세탁 서비스도 운영하는 곳으로 숙소가 근처라면 편리하게 이용해보자.

Data 지도 247p-D **가는 법** 센츄리 리버사이드 호텔 맞은편 골목으로 들어가 바로 우측에 위치 **주소** 24 Pham Ngu Lao street
전화 094-876-5057 **운영시간** 10:00~22:00

후에의 색깔 담은 기념품
랑 응에 후에&프엉남 서점
Làng Nghề Huế&Phuong Nam Book Store

후에의 색깔을 보여주는 고급 기념품 가게로 디자인과 품질이 뛰어난 아트 상품을 다수 갖추고 있다. 가방, 파우치, 쿠션 등 베트남의 자연환경과 전통문화에서 영감을 얻은 수공예품과 그림 등이 있다. 조악한 품질의 길거리 기념품과는 달리 제대로 된 선물을 살 수 있는 곳이다. 한편에 위치한 서점에서는 영어로 된 베트남 관련 서적이나 지도, 엽서 종류도 다양하게 갖추고 있고 책을 읽으며 쉴 수 있는 좌석도 마련되어 있다. 구경거리, 살 거리가 쏠쏠하며 가격대도 합리적이라 추천하는 기념품숍. 저녁에는 2층에서 아오자이 쇼를 진행해서 다소 시끄럽다.

Data 지도 247p-G **가는 법** 강변 야시장 근처
주소 15 Le Loi street **운영시간** 06:00~21:00
가격 후에 관광 지도 1만1천 동, 시티 캔버스 백 37만 동

| 마트 |

후에에서도 마트는 필요하니까
빅씨 Big C

여행 중 가방이 망가졌다거나 생필품이 필요할 때 고민을 단박에 해결할 수 있는 것은 역시 빅씨 마트. 베트남의 국민 마트 빅씨는 다낭뿐만 아니라 후에에도 지점이 있다. 먹을 거리나 생필품 등을 저렴하게 구입할 수 있으며, 물가가 저렴하여 카트 가득 쇼핑해도 부담이 없다. 후에 시내의 복합 쇼핑몰인 풍푸 플라자에 위치하고 있는데, 빅씨뿐만 아니라 여러 음식점과 롯데 시네마 영화관 등의 시설이 모여 있다. 20만 동 이상 구매 시 무료 배달 서비스 제공.

Data 지도 247p-H
가는 법 인도차이나 팰리스 호텔 옆
주소 Phong Phu Plaza, Hung Vuong-Ba Trieu street
전화 0234-3936-900, 0234-3936-923
운영시간 08:00~22:00
홈페이지 www.bigc.vn

어디서든 반가운 한국 마트
K마트 K-Mart

외국 여행 중 한국 마트를 만나면 언제나 반갑다. 고수 향 가득한 쌀국수에 물려 한국 라면이 그리워지거나, 한국 음료나 간식거리가 생각나면 제일 먼저 찾아가야 할 곳. 긴 여행으로 한국 물건이 필요해질 때도 요긴한 K마트는 한류를 타고 현지 젊은이들 사이에서도 인기가 상당하다. 편리하게 쇼핑할 수 있는 편의점 느낌의 깔끔한 한국 마트. 다낭의 K마트와는 무관하다.

Data 지도 247p-G
가는 법 흐엉강 남쪽, 여행자거리와 가까운 시내 중심에 매장 두 곳이 가까이 있음
주소 본점 13 Ben Nghe Hue street, 분점 54 Tran Cao Van street
전화 0234-3833-789
운영시간 07:30~22:30
홈페이지 www.facebook.com/K-mart-Huế-285375278471802

SLEEP

| 5성 |

 프렌치 콜로니얼과 인도차이나의 만남
인도차이나 팰리스 호텔 Indochine Palace Hotel ★★★★★

인도차이나 팰리스 호텔은 프랑스 식민지 시절의 궁전을 연상시키는 우아한 분위기, 현대적으로 편리하게 갖춰진 각종 설비, 섬세한 고객 서비스로 감동을 자아낸다. 디럭스 130실, 스튜디오 24실, 스위트 12실, 장애인 전용실 2실 등 168개의 객실을 운영한다. 강변과는 거리가 있어 리버 뷰가 없는 시내 호텔이지만 전망이 아쉽지 않을 정도로 객실 수준과 룸 컨디션이 뛰어나다. 객실 내 비치품과 어메니티에 부족함이 없을뿐더러 객실 곳곳에 콘센트도 넉넉하고, 카드키를 뽑아도 전기가 들어오는 콘센트를 표시해놓은 것 등 사소한 부분까지 고객 편의를 배려했다. 욕실 공간이 개방형이라 침실과 명확하게 분리돼있지 않은 것은 호불호가 갈린다. 타월과 비슷한 줄무늬가 있어 때타올 수영장이라는 별명을 갖고 있는 야외 수영장은 후에에서 가장 크다. 라 브라세리에서는 수영장 전망을 즐기며 아침식사를 할 수 있다. 유럽에 온 듯한 기분을 만끽할 수 있는 르 바, 서양식 베이커리를 즐길 수 있는 르 쁘띠 카페 등 식음료장도 다양하다. 사우나와 스파, 체력단련실 등의 부대시설이 있다.

Data 지도 247p-H
가는 법 시내 빅씨 옆
주소 105A Hung Vuong street
전화 0234-393-6666
요금 디럭스 10만 원~, 스튜디오 13만 원~, 스위트 16만 원~
홈페이지 www.indochinepalace.com
이메일 info@indochinepalace.com

프랑스 총독이 살던 호텔
아제라이 라 레지던스 후에 Azerai La Residence Hue ★★★★★

Writer's Pick!

1920년대 프랑스 총독이 살았던 건물의 흰색 외관이 멀리서부터 시선을 사로잡는다. 라 레지던스 후에는 고상한 아르데코 스타일의 부티크 호텔로 슈피리어 93실, 디럭스 22실, 콜로니얼 스위트 3실 등 총 122개의 객실이 있다. 록시땅 욕실용품과 라 바짜 커피 머신, 질 좋은 잎차와 다기 세트까지 비치된 콜로니얼 스위트룸은 객실마다 디자인이 달라서 진정한 프렌치 콜로니얼의 정수를 느낄 수 있다. 고전적인 느낌을 살린 부티크 호텔이지만 현대적인 편리성 또한 섬세하게 충족시키며, 체계적으로 관리되고 있다. 원래 엠갤러리 브랜드였다가 최근 아제라이로 매니지먼트가 바뀌었다. 흐엉강과 건너편 고대 도시의 깃발탑까지 보이는 전망 또한 매력적. 멋진 레스토랑과 바, 피트니스 센터, 해수 수영장, 테니스 코트, 도서관과 아트 갤러리, 부티크 등 투숙객 편의를 위한 부대시설도 탄탄하다. 후에 최초의 하이엔드 스파로 사우나와 자쿠지를 갖추고 있는 르 스파 역시 퀄리티가 높아 투숙객이 아니더라도 이용해 볼 만한다.

Data 지도 246p-J
가는 법 후에 기차역 근처
주소 5 Le Loi street
전화 0234-383-7475
요금 슈피리어 25만 원~,
디럭스 37만 원~,
디럭스 콜로니얼룸 41만 원~
홈페이지 www.azerai.com/la-residence-hue
이메일 info.laresidence.hue@azerai.com

황제의 호텔
임페리얼 호텔 Imperial Hotel ★★★★★

후에 최초의 5성급 호텔다운 격조와 자부심이 드높은 임페리얼 호텔에 머무는 동안에는 황제와 황후가 되어볼 수 있다. 동아시아의 우아함과 후에 황실 문화의 특색을 조화시켜 195개의 객실 하나하나를 황제의 방처럼 꾸며 놓은 디자인이 매력적이다. 모든 객실의 바닥에는 고급 목재가 깔려 있으며 가구에는 섬세한 황실의 문양이 조각되어 있다. 전 객실에 샤워 부스와 욕조가 각각 설치돼 있고, 전기로 온도 조절을 해 김이 서리지 않게 설비한 욕실 거울 하나에 이르기까지 고객을 황제처럼 모시는 섬세함이 느껴진다. 후에에서 드물게 16층의 고층 건물이라 전 객실에서 뛰어난 흐엉강과 응우빈산 전망을 볼 수 있다는 것도 큰 장점. 객실에 따라 황궁이 보이기도 한다. TV를 틀면 후에 궁정 음악도 들을 수 있어 그야말로 완벽한 황제의 시간을 보낼 수 있다. 황제와 황후의 의상을 입어보고 궁중 음식을 맛볼 수 있는 로얄 디너 프로그램은 놓치지 말자. 부대시설로는 야외 수영장과 피트니스 클럽, 로얄 스파, 일식당 등이 있다.

Data 지도 247p-G
가는 법 후에 여행자거리
주소 8 Hung Vuong street
전화 0234-388-2222
요금 디럭스 10만 원~
주니어 스위트 14만 원~
홈페이지
www.imperial-hotel.com.vn
이메일
info@imperial-hotel.com.vn

| 4성 |

베트남 중부 최초의 유서 깊은 호텔

사이공 모린 호텔 Saigon Morin Hotel ★★★★

1901년 지어진 베트남 중부 최초의 호텔로 100년이 넘는 세월 동안 후에 시내 한가운데를 지켜왔다. 다낭의 바나산 유원지 개발에도 참여했던 프랑스인 모린 형제가 1907년부터 호텔 소유권을 갖고 후에에서 가장 좋은 호텔로 운영했다. 1945년까지 호황을 이루며 찰리 채플린, 앙드레 말로 등의 유명인들이 머물기도 했던 곳이다. 이후 베트남 현대사의 격동을 함께 겪으면서 프랑스 레지스탕스 시기에는 프랑스인들의 피난처로 쓰였고, 1957년부터 1972년까지는 후에 대학교 건물로 이용되기도 했다. 1997년 전면 리노베이션을 거친 뒤 18실의 스위트룸을 포함한 180개의 객실을 갖춘 후에 최고급 호텔로 재탄생했다. 각국 정상과 왕족 등의 유명인이 머문 기록도 가지고 있는 유서 깊은 호텔로 우리나라에서는 2008년에 임채정 국회의장이 투숙하기도 했다. 시설이 오래되어 불편한 점도 있고, 더 시설이 좋은 호텔들도 많이 생겼지만 고전적인 운치가 남다른 호텔이다. 찰리 채플린이 1936년 신혼여행 때 묵었던 방은 그를 기념하며 스위트룸으로 운영되고 있다.

Data 지도 247p-G
가는 법 흐엉강에서 쯩띠엔교 건너 남쪽 **주소** 30 Le Loi street
전화 0234-382-3526
요금 콜로니얼 디럭스 8만 원~, 프리미엄 리버 디럭스 9만 원~, 콜로니얼 스위트 16만 원~
홈페이지 morinhotel.com.vn
이메일 info@morinhotel.com.vn

흐엉강과 가장 가까운 호텔
센츄리 리버사이드 호텔 Century Riverside Hotel ★★★★

유유자적한 흐엉강의 경치와 여행자거리의 활기를 모두 즐길 수 있는 강변의 호텔이다. 예스러움을 지닌 고대 도시 후에의 분위기와 잘 어울리는 오래된 호텔이지만 대부분의 객실은 최근 리노베이션을 거쳐 편리함을 더했으며, 무엇보다 전망이 최대 강점이다. 디럭스와 패밀리 디럭스, 스위트 등 총 135개의 객실을 갖추고 있다. 호텔에서 길 하나만 건너면 여행자거리라 편의시설도 많고 후에의 밤공기에 흠뻑 취하고 돌아오기에도 딱 좋은 위치다. 하지만 주변 환경이 조용한 곳을 원한다면 다시 생각해 봐야 할 곳.

Data 지도 247p-D **가는 법** 후에 여행자거리, 쭝띠엔교 남쪽 강변
주소 49 Le Loi street **전화** 0234-382-3390~1
요금 디럭스 가든뷰 4만 원~, 패밀리 9만 원~, 리버뷰 스위트 10만 원~
홈페이지 www.centuryriversidehue.com
이메일 res@centuryriversidehue.com

관광에 집중하고픈 실속파라면
무엉탄 홀리데이 후에 호텔 Muong Thanh Holiday Hue Hotel ★★★★

동서양이 조화된 분위기의 깔끔하고 현대적인 시설과 합리적인 가격으로 베트남 전역에서 사랑받고 있는 무엉탄의 후에 호텔이다. 흐엉강과 황궁을 내려다볼 수 있는 디럭스 리버 뷰, 디럭스 시티 뷰를 비롯해 총 108개의 객실을 보유하고 있다. 일찍부터 여행자가 많았던 후에의 특성 때문인지 다낭이나 호이안의 무엉탄에 비해서도 룸컨디션이나 서비스가 더 나은 편. 후에 전통 음식과 인터내셔널 요리를 제공하는 레스토랑과 카페, 바, 수영장과 피트니스 센터, 스파 시설을 운영한다.

Data 지도 247p-C
가는 법 여행자거리, 흐엉 강변 위치
주소 38 Le Loi street
전화 0234-393-6688
요금 디럭스 6만 원~,
프리미엄 디럭스 9만 원~
홈페이지 www.holidayhue.muongthanh.com
이메일 info@hue.muongthanh.vn

| 리조트 |

후에에도 리조트가 있다
필그리미지 빌리지 Pilgrimage Village ★★★★★

후에의 숙소는 관광이 편리한 시내 호텔이 주를 이루고 있지만, 드물게 훌륭한 시설과 서비스를 갖춘 리조트가 틈새시장을 파고들었다. 외곽의 투히에우 사원 근처 산기슭에 있는 필그리미지 빌리지는 후에 시내에서 가장 가까운 휴양형 웰니스 리조트로, 다낭이나 호이안처럼 바닷가에 있는 럭셔리 리조트는 아니지만 고대 도시 속의 아담한 부티크 리조트로서 충분히 매력적인 곳이다. 후에에도 좋은 리조트들이 있지만 시내와 거리가 멀어 다낭에서 후에 관광을 목적으로 잠시 올라온 여행자들에게는 메리트가 떨어진다. 하지만 필그리미지 빌리지는 후에 시내에서 4km밖에 떨어져 있지 않은데다 매일 무료 셔틀 버스도 운행하기 때문에 관광과 휴양을 모두 잡고 싶은 후에 여행자에게 적합한 선택지. 디럭스 72실, 허니문 방갈로 15실 등 총 101실을 운영하며 투숙객을 위한 태극권과 요가 수업 등 스파와 웰니스에 초점을 맞춘 프로그램이 제공된다.

Data 지도 248p-D
가는 법 후에 시내에서 남쪽으로 4km
주소 130 Minh Mang road
전화 0234-388-5461
요금 디럭스 9만 원~,
허니문 방갈로 12만 원~
홈페이지
www.pilgrimagevillage.com
이메일
info@pilgrimagevillage.com

여행준비 컨설팅

여행을 계획하고, 하루하루 손꼽아 기다리며 꿈꾸는 것이야말로
일상의 낙이 아닐까? 여행의 설렘도 배가된다.
차근차근 준비해서 떠나면 더욱 알뜰하고 알차게 다녀올 수 있다.

D-80

MISSION 1 여행 일정을 계획하자

1. 여행의 테마와 스타일을 결정하자

같이 갈 동행에 따라서 여행의 테마와 스타일을 정하자. 관광보다 휴양에 초점을 맞추고 싶다면 자유여행이나 에어텔을 이용하는 것이 좋고 온 가족이 함께 하는 여행이라면 패키지여행이 편할 수도 있다. 단체 패키지가 저렴하긴 하지만 옵션 등 추가되는 비용을 따지면 결국 비슷하다. 패키지의 편리함을 취하면서도 일행끼리만 오붓하게 다니고 싶다면 단독 투어를 이용하는 것도 방법이다.

2. 출발 시기를 고려하자

여행 계획을 세울 때는 계절과 날씨를 고려해야 한다. 다낭은 사계절 여름이긴 하지만 6~8월에는 무척 덥다. 빡빡한 일정보다는 느긋한 휴양 일정으로 계획하는 것이 좋다. 다낭은 8~2월이 우기인데 특히 10~2월에 비가 많이 온다. 강수량이 많지 않고 소나기 정도라서 관광에는 큰 지장이 없지만 수온이 떨어지고 물빛이 탁해 호핑투어나 해수욕을 할 수 없는 날이 많다. 한겨울은 한국의 늦가을 정도의 날씨이니 꼭 긴팔 겉옷을 준비하자. 해수욕보다는 후에 유적지 투어 등 관광 일정에 집중하면 알차다. 다낭보다 내륙에 있는 후에는 여름 기온이 40°C를 넘어갈 정도로 무덥지만 겨울철에는 30°C 미만으로 떨어져 관광하기 좋다.

3. 여행 기간을 결정하자

한국에서 4시간 반 거리의 다낭은 금요일 하루만 연차를 쓰면 3박 5일 여행 후 월요일 오전 출근이 가능하고, 항공권이 쌀 때는 2박 4일로 짧게 다녀오는 경우도 있다. 연휴와 휴가를 이용해 호이안과 후에, 혹은 베트남의 다른 도시를 묶어서 여행하는 것도 좋다. 일정에 여유가 있다면 기차를 이용한 베트남 종주 등, 색다른 여행에 도전해 보자.

4. 성수기 여행은 미리 준비하자

워낙 인기가 많은 다낭, 연휴나 성수기에 여행한다면 미리 준비하는 것이 좋다. 항공권과 리조트 가격이 두 배 가까이 뛸 뿐더러 그나마도 매진되기 일쑤. 한국인 비율이 높은 다낭은 여느 휴양지처럼 여름과 겨울이 성수기이며, 베트남 사람들 사이에서도 인기가 높아 베트남의 휴가철도 고려해야 한다. 베트남은 6~8월이 휴가철이며 음력 설을 길게 쉰다. 승전기념일인 4월 30일부터 5월 2일까지, 독립기념일인 9월 2일 전후로 연휴이며, 크리스마스와 연말연시 또한 호텔과 리조트에 추가 비용이 붙는 특수기다.

D-70

MISSION 2 여권을 체크하자

1. 여권은 항공권 구매 전에

국제선 항공권을 구입하려면 여권 번호가 필요하다. 기존 여권이 만료되지 않았는지 확인해보고 필요하다면 여권부터 준비하자. 여행 출발일 기준 유효기간이 6개월 이상 남아 있어야 하며, 만료된 경우 여권을 처음 만들 때와 마찬가지로 신규 발급받아야 한다(여권 유효기간 연장 제도는 폐지되었음).

2. 어디에서 만들까?

외교부 여권과 혹은 각 시군구청의 민원여권과나 민원실에서 발급받을 수 있다. 주민등록상 주소지에 관계없이 편리한 기관에서 발급이 가능하다. 외교부에서 운영하는 여권 안내 홈페이지에서 접수처 전체 목록을 확인할 수 있다.
외교부 여권 안내 홈페이지
www.passport.go.kr

3. 어떻게 만들까?

전자여권은 여행사 발급 대행이 불가능하기 때문에 직접 방문해서 접수해야 한다. 신분증과 여권용 사진 1매를 지참하고 가까운 여권 접수처를 가면 만들 수 있다. 여권발급신청서는 접수처에 구비돼 있으며, 여권발급 수수료는 10년 복수여권 기준 24면 5만 원이다.

구비서류
- 여권용 사진 1매(6개월 이내 촬영한 사진)
- 신분증(주민등록증이나 운전면허증)
- 여권발급신청서(외교부 여권 안내 홈페이지에서 받을 수 있으며 여권 접수처에도 구비)
- 병역관계서류(필요 시)

4. 군대 안 다녀온 사람은?

만 25~37세의 병역 미필 남성은 여권 발급 시 국외여행 허가서가 필요하다. 병무청 홈페이지에서 신청하면 이틀 정도 후 발급받을 수 있다. 모든 지방병무청 민원실에서도 발급받을 수 있다.
병무청 홈페이지 www.mma.go.kr

5. 미성년 자녀의 여권은?

만 18세 미만 미성년자의 여권은 부모 포함 2촌 이내의 친족이나 법정대리인의 배우자가 대리 신청할 수 있다. 이 경우 여권발급신청서와 여권용 사진 외에 가족관계증명서와 법정대리인 동의서가 필요하며 신분증은 제출하지 않아도 된다.

6. 비자가 필요한 경우

베트남은 한국과 비자면제협정이 되어 있어 15일 미만의 단기 체류 시 왕복항공권만 있으면 비자가 필요 없다. 하지만 출국 후 30일 이내 재방문하는 경우나 15일 이상 체류할 때는 비자를 받아야 한다. 1개월 단수, 1개월 복수, 3개월 단수, 3개월 복수 등의 관광비자가 있다. 공항에 도착해서 스탬프를 받는 도착 비자가 편리하다. 25달러와 초청장, 사진 1장을 준비하고 입국심사대 전에 있는 비자 스탬프 창구에서 수속하면 된다. 도착 비자 창구는 대체로 한산하다. 베트남 비자 초청장은 비자 전문 대행업체에서 1개월 단수 기준 4만 원 이하의 저렴한 비용으로 받을 수 있으며 처리 기간도 길지 않아 출국 일주일 전에 준비해도 충분하다.
에어비자 airvisa.co.kr
탑비자 www.topvisa.net

D-60

MISSION 3 항공권과 숙소를 예약하자

1. 항공권을 확보하자

한국에서 출발하는 다낭 항공권은 저가항공의 경우 20~40만 원, 풀서비스 항공의 경우 50~80만 원 선이다. 저렴한 저가항공 표는 미리 확보해두는 게 좋다. 스카이스캐너에서 가격을 체크한 후 해당 항공사 홈페이지에서 예매하는 것이 알뜰하다. 가격 비교 사이트에는 나오지 않는 자체 특가 프로모션이 있기 때문. 한국에서 다낭까지는 대한항공, 아시아나항공, 베트남항공, 진에어, 제주항공, 티웨이, 에어부산 직항이 다닌다. 가격 비교가 귀찮다면 여행사 홈페이지도 좋다. 일반적으로 와이페이모어나 인터파크투어가 가격이 괜찮은 편.
스카이스캐너 www.skyscanner.co.kr
와이페이모어 www.whypaymore.co.kr
인터파크투어 tour.interpark.com

2. 초특가 항공권을 노리자

6개월 후의 여행을 계획하는 슈퍼 얼리버드라면 특가항공권을 노려보자. 항공권은 가격에 따라 특가항공권과 할인항공권, 일반항공권으로 나뉘며 보통 특가항공권은 6개월 전, 할인항공권은 3개월 전에 판매가 시작된다. 매년 1월과 7월경 6개월 뒤 출발하는 특가항공권이 풀리는데 편도가 10만 원도 채 되지 않는 파격적인 가격의 표가 나와 항공사 홈페이지가 마비되곤 한다. 진에어의 진마켓, 제주항공 찜특가 등의 프로모션이 유명한데 가격이 무척 저렴한 대신 수하물 허용량이 없는 등 제약 조건이 있다. 꼼꼼히 따져보고 구입하자.
진에어 www.jinair.com
제주항공 www.jejuair.net
에어부산 airbusan.com

3. 얼리버드 특가를 노리자

숙소도 얼리버드 프로모션으로 저렴하게 예약하자. 특히 성수기 여행이나 인원이 많은 가족여행은 미리 예약해두는 것이 안심. 호텔스컴바인과 같은 가격 비교 사이트가 있지만 각 예약 사이트와 호텔마다 저렴한 회원 전용 자체 특가를 제시하는 경우가 많다. 따라서 원하는 호텔 공식 홈페이지에 들어가 자체 프로모션이 있는지 확인해보자. 익스피디아, 아고다, 호텔스닷컴 등의 예약 사이트 가격이 호텔 공식 가격보다는 저렴한 편. 괜찮은 국내 사이트로는 가자발리&베트남, 특가 호텔 예약 서비스를 제공하는 베트남스토리 등이 있다.
호텔스컴바인 hotelscombined.com
가자발리&베트남 www.gajabali.kr
베트남스토리 www.vietnamstory.co.kr

4. 들어는 봤나 BRG? 최저가격보장제

호텔 예약을 가장 저렴하게 하는 방법은 최저가격보장Best Rate Guarantee 제도를 활용하는 것. 대부분의 예약 사이트와 체인 호텔은 BRG 제도를 시행하고 있다. 이는 같은 조건의 숙박을 다른 곳에서 더 저렴하게 판매하고 있는 것을 발견하면 그 가격에 맞춰서 할인해주고, 추가 할인도 해주는 것. 한 마디로 '더 싸게 파는 곳 발견하면 그보다 더 싸게 드립니다'인 셈. BRG 제도를 활용하기 위해서는 예약한 금액보다 더 저렴한 가격으로 판매하는 사이트의 화면을 캡쳐해 이메일로 BRG 리포트를 보내야 하며, 취소불가나 조식포함 등 조건이 모두 일치해야 한다. 번거롭기도 하고 100% 보장도 아니지만 호텔 홈페이지에서 예약 후 BRG를 성공하면 인터넷 최저가보다도 더 저렴하게 예약을 할 수 있다. 여행 고수들의 비법!

D-30

MISSION 4 여행 정보를 수집하자

1. 가이드북을 보자
다낭 교민 뺨치는 정보력과 여행자의 시선으로 쓰인 다낭여행 가이드북 〈다낭 홀리데이〉를 살펴보며 내가 원하는 여행의 개요를 잡아보자.

2. 입소문을 참고하자
핫하디 핫한 다낭. 주변에 다녀온 사람 한 명쯤은 있다. 생생한 후기를 들어보자.

3. 인터넷을 뒤지자
네이버 카페와 블로그, 인스타그램 등을 참고해 실시간 다낭 정보를 얻자. 자세한 리뷰를 살펴볼 수 있고, 질문과 답변을 통해 구체적인 궁금증도 해결할 수 있다. 상업적으로 운영되는 카페나 블로그, 광고성 게시물은 걸러서 보는 눈이 필요하다. 개인 블로그는 내용이 틀린 경우도 많고 주관적인 평가이므로 가볍게 참고만 하는 것이 현명하다. 날씨나 행사 같은 실시간 정보는 인스타그램을 통해 확인하는 것이 가장 빠르다.

다낭 관광청 공식 웹사이트(영문)
danangfantasticity.com/en
다낭 자유여행 커뮤니티 다낭 투데이
cafe.naver.com/innisfree14
〈다낭 홀리데이〉 저자 블로그 베짱이닷넷
bezzangi.net
베트남 전반 정보 커뮤니티 베트남 그리기
cafe.naver.com/vietnamsketch

D-20

MISSION 5 세부 일정을 계획하자

1. 베트남 내 교통편을 예약하자
후에를 가는 경우나, 베트남의 다른 도시를 함께 여행하는 경우 국내선 비행기나 기차, 장거리 버스를 예약해두자. 다낭 내에서의 이동은 택시를 이용해도 되지만 인원이 많은 경우 일정 동안 편리하게 쓸 수 있는 렌터카를 대절하면 편리하다. 공항 픽업도 필요한 경우 미리 예약해두자.

2. 현지 투어와 마사지를 예약하자
현지 여행사의 홈페이지나 네이버 카페를 참고하여 현지에서 진행할 데이투어를 예약해두자. 마사지는 1~3일 전에 예약해도 충분하다. 현지 여행사나 마사지숍에서 카카오톡 계정을 운영하는 경우가 많기 때문에 한국에서 편리하게 예약할 수 있다. 스파 포함 리조트에 투숙하는 경우에도 원하는 시간에 스파를 받을 수 있도록 미리 예약해두는 게 좋다.

D-10

MISSION 6 알뜰하게 환전하자

1. 환전은 100달러 지폐로
여행 경비 환전은 달러로 해야 한다. 국내에서 베트남 동을 직접 환전할 수 있는 은행이 많지 않고 환율이 좋지 않기 때문이다. 한국에서 달러로 환전을 한 뒤 현지에 가서 베트남 동으로 다시 바꾸면 되며, 호텔이나 레스토랑에서는 대부분 달러도 사용 가능하다. 베트남은 소액권과 고액권의 환율이 달라, 일부 잔돈을 제외하고는 100달러짜리 미화로 바꾸어 가야 베트남 동 환전 시 손해를 보지 않는다.

2. 네트워크 환전으로 환율 우대 받기
명동의 사설 환전소, 서울역의 은행 지점 등 환율 좋기로 유명한 곳들이 있었지만 최근에는 온라인 환전이 더 유리해졌다. 인터넷뱅킹이나 모바일뱅킹을 통한 네트워크 환전을 이용하면 은행에 따라 80~90%까지 환율우대를 받을 수 있다. 무료 혹은 저렴한 비용으로 여행자보험에 가입할 수 있는 경우도 있으니 주거래은행의 서비스를 확인해보자.

3. 신용카드 사용하기
해외 결제 가능한 신용카드가 있으면 호텔과 레스토랑, 쇼핑센터는 물론 택시에서도 사용할 수 있다. 살 때 환율이 아니라 전신환 매도율이 적용되므로 환율 자체는 현금보다 유리하지만 비자 혹은 마스터카드의 네트워크 수수료 1%가 따로 지불된다. 또한 달러와 베트남동으로 이중 환전되는 경우에는 환전 수수료가 두 번 빠져나가므로 오히려 불리할 때도 있다. 신용카드를 쓰지 않더라도 호텔 체크인 시 디파짓으로 신용카드를 요구하는 경우가 많고 혹시 모를 상황에 대비해 준비해가는 것이 좋다.

4. 현금 인출을 할 수 있을까?
국내 계좌와 연결된 국제현금카드를 이용하면 베트남 은행 ATM에서 바로 현지 통화 출금이 가능하다. Visa, MasterCard, Cirus 등의 마크가 있는 ATM 이용 시 당일 전신환 매도율 기준으로 환전된 현지 통화로 인출이 가능하며 ATM 수수료 및 거래액의 1%에 해당하는 네트워크 수수료가 청구된다. 베트남에서 사용할 국제현금카드로는 우리은행의 EXK카드가 가장 유리하다. 네트워크 수수료가 따로 없으며 300달러 이하 출금 시 수수료는 단돈 500원. 게다가 거래 당일 최초 고시 전신환 매도율 기준 30%나 환율우대가 되기 때문에 가장 저렴하게 환전과 현금 인출을 할 수 있는 방법이다. 하나은행과 씨티은행, 신한은행에서도 비슷한 혜택의 EXK카드를 만들 수 있다.

EXK 해외 현금인출 서비스 exk.kftc.or.kr

베트남 내 EXK 국제현금카드 사용 가능 은행
(현지에서 흔히 볼 수 있는 대부분의 시중은행에서 사용 가능)
- Agribank
- Sacombank
- ACB
- SaigonBank
- AB Bank
- Vietinbank
- SeABank
- HD Bank
- BIDV

5. 해외 카드 사용은 조심, 또 조심

금융 보안 전문가들은 해외에서 신용카드를 사용한 경우 카드를 재발급 받으라고 권유하고 있다. 해외 신용카드 사기를 방지하기 위해 호텔이나 유명 레스토랑 등 믿을 만한 곳에서만 카드를 사용하자. 호텔 체크인 시 신용카드를 요구받을 경우에도 찜찜하다면 대신 현금으로 디파짓해도 된다. 베트남에서는 아직 사례가 많지 않지만 태국이나 인도네시아 등지에서는 ATM 카드 복제 사기가 기승을 부린다. 단기간의 여행이라면 가급적 현금 인출을 하지 않도록 하고 ATM 사용 시 카드 투입구에 수상한 장치가 달려 있지는 않은지 확인하자. 국제현금카드와 연결된 계좌에는 당장 사용할 금액 외에 많은 돈을 넣어두지 않는 것이 좋다.

6. 두고두고 도움 되는 환전 상식

전신환 매도율? 매매기준율? 환전을 하러 은행에 가보면 그날의 환율이 딱 정해져 있지 않고 실시간으로 변동되며, 한 가지 수치가 아니라 '현금 사실 때' '현금 파실 때' '송금 보내실 때' '송금 받으실 때' 등 복잡한 환율 표가 게시된 것을 볼 수 있다. 가장 비싼 환율은 현금을 거래하는 금액이며, T/C(여행자수표)를 사고파는 환율, 송금 시의 환율, 매매기준율 순으로 가격이 저렴해진다.

환율 명칭	설 명
매매기준율	외환시장에서 거래의 기준이 되는 환율을 말한다.
현금 - 살 때 / 팔 때	은행에서 현찰을 환전 시 거래되는 금액이다. 환율우대를 받고 환전하는 경우 현금 살 때 환율을 기준으로 할인된다. 환율우대를 80~90%까지 받으면 거의 전신환 매도율과 비슷한 금액에 환전하게 된다.
T/C - 살 때 / 팔 때	여행자수표의 가격이며 베트남에서는 사용률이 매우 낮다.
송금 - 보낼 때 / 받을 때	송금을 보낼 때의 환율을 '전신환 매도율'이라고 하며 현지에서 신용카드를 사용하거나 ATM을 통한 인출 시 이 전신환 매도율을 기준으로 계산된다.

D-7

MISSION 7 여행자보험에 가입하자

1. 들어두면 안심! 여행자보험

해외여행 시 만일의 사태에 대비해 여행자보험에 가입해두자. 하루 1~2천 원으로 안심을 얻을 수 있다. 여행자보험은 질병이나 사고뿐만 아니라 휴대품 도난, 분실 및 파손에 대해서도 보상받을 수 있다. 보상 한도와 자기부담금은 보험 상품에 따라 다르다.

2. 이런 경우도 보상? 생각보다 더 유용하다

보험이라고 하면 흔히 상해사고를 떠올리지만 스마트폰 액정이 깨지는 등 파손 사고도 보상받을 수 있다. 스마트폰 소매치기 사고는 경찰서에 가서 도난 증명서를 받아두면 보상받을 수 있다. 항공기 결항이나 장시간 지연이 발생했을 때 쓴 호텔비와 식사비도 청구할 수 있다. 기체결함 등 항공사 귀책사유인 경우에는 항공사에서 호텔과 식사를 제공해주는 것이 원칙이나 저가항공의 경우 해당되지 않을 수 있고, 기상 악화로 인한 결항의 경우 항공사에서 책임지지 않는다. 이런 상황에서 발생한 비용은 날짜와 시간, 내역이 명시된 영수증과 항공사의 결항·지연 확인서를 받아두면 추후 보험사에 청구해 환급받을 수 있다. 수하물이 분실되어 생활용품을 구입한 경우에도 영수증, 항공사의 확인서를 받아두면 약관에 따라 보상받을 수 있다.

3. 여행자보험은 어디서 들까?

여행사 혹은 인터넷에서 쉽게 가입할 수 있다. 출국 직전 공항에서도 들 수 있지만 가격이 비싸다. 최근에는 환전 시 무료로 여행자보험을 제공하는 은행도 많다.

4. 증빙 서류를 챙기자

보상을 위해 가장 중요한 것은 증빙 서류. 가입할 때 받은 보험증서를 잘 챙겨두고 현지에서 일어난 상황과 피해 금액을 증빙할 수 있는 자료를 꼼꼼하게 챙기자. 병원에 간 경우에는 진단서와 치료비 영수증을 받고, 분실이나 도난 사고가 생겼다면 경찰서에서 도난 신고서 Police Report를 받아야 한다. 분실 Lost과 도난 Stolen의 경우가 다르니 정확한 기재를 요청하자.

MISSION 8 출국 전 마지막 준비하자

1. 땡처리 특가를 노리자

갑작스레 여행 계획이 생긴 경우, 땡처리 특가를 찾아보자. 현지 여행사에서 미리 대량으로 호텔방을 계약해놓은 경우 남은 객실을 평소보다 저렴한 땡처리로 처분하곤 한다. 가장 저렴한 요금은 얼리버드지만 땡처리 특가도 저렴하다. 현지 여행사나 익스피디아 같은 예약 사이트를 뒤져보자.

2. 미리 하는 면세점 쇼핑!

복잡한 공항에서 탑승 시간을 앞두고 초조하게 쇼핑하지 말고, 미리 시내 면세점이나 인터넷 면세점을 통해 여유롭게 쇼핑을 해두자. 할인 쿠폰과 포인트를 이용하면 가격도 더 저렴하다.

D-1

MISSION 9 완벽하게 짐 꾸리자

1. 챙기자

여권, 항공권, 바우처	여권 첫 페이지와 항공권 이티켓은 휴대폰 사진을 찍어 파일로도 보관해 두자. 호텔 바우처 등 각종 예약 확인증도 모바일에 캡쳐하면 편리하다.	**애프터선 제품**	알로에 젤을 가져가 객실 내 냉장고에 넣어두고 사용하면 햇볕에 자극받은 피부 진정에 도움이 많이 된다. 마스크팩도 몇 장 챙기면 유용하다.
여행 경비	현찰은 미화 100달러짜리로 준비하되 첫날 택시비나 팁을 줄 때 쓸 소액권도 약간 준비해가자. 호텔 디파짓, 비상용으로 사용할 신용카드도 챙기자.	**화장품**	필요한 만큼 작은 용기에 덜어서 가져가거나 샘플을 챙겨 가자.
카메라, 가이드북	메모리카드와 배터리, 충전기를 챙기자. 여행 중에 틈틈이 참고할 수 있는 가이드북도 가방에 쏙 챙겨가자.	**세면도구**	고급 호텔에는 어메니티가 잘 갖춰져 있으므로 세안용품 정도만 챙기면 된다. 헤어 컨디셔너는 없는 곳도 있으므로 필요하다면 챙겨가자. 구비된 일회용 칫솔은 품질이 떨어질 수 있으니 평소 쓰던 것을 가져가도 좋다.
가방	캐리어 외 지갑과 휴대폰, 여권 등을 넣고 다닐 크로스백을 준비하면 편리하다.	**우산**	우기에는 스콜이 자주 내리니 양산으로도 쓸 수 있는 접이식 우산을 준비하면 유용하다. 리조트에는 객실 내에 장우산이 비치되어 있거나 리셉션에 요청해서 빌릴 수 있다.
옷	휴양지 날씨와 분위기에 맞는 옷을 준비하자. 땀을 많이 흘리게 되므로 여유 있게 준비하는 것이 좋다. 겨울에는 긴팔을 준비하고, 여름이라도 바나 힐스는 고도가 높아 서늘하다.		
신발	응우한선에 간다면 미끄러지지 않는 편한 신발을 준비하는 것이 좋고, 해변에서 신을 샌들이나 아쿠아슈즈도 준비하자.	**비닐봉투**	젖은 수영복이나 세탁물을 담을 비닐봉투를 챙겨 가면 유용하다.
		물티슈, 손수건	더운 나라인 만큼 물티슈와 손수건의 활용도가 높다.
모자, 선글라스	필수! 모자는 현지에서 농라를 구입해도 좋다. 선글라스는 반드시 챙겨가자.	**개인 위생용품**	생리용품이나 콘택트렌즈 등 개인의 컨디션에 따라 필요한 것들을 챙겨 가자.
수영복, 물놀이용품	방수팩, 튜브, 스노클 등. 튜브는 리조트에 부탁하면 바람을 넣어준다.	**상비약**	종합감기약, 해열진통제, 소화제, 지사제(정로환), 연고, 반창고 등. 평소 잘 듣는 약이 있다면 준비하자. 현지 한인마트에서도 간단한 한국 약품류를 판다.
자외선 차단제	자외선차단지수가 높은 것으로 준비하자. 스프레이 타입도 준비해 3시간마다 덧뿌려주면 좋다.		

2. 두고 가자

한국음식 컵라면, 햇반, 소주 등의 한국음식을 현지 롯데마트, K마트 등에서 판매한다. 가격도 한국과 비슷하거나 오히려 더 저렴하기도 하니 바리바리 싸갈 필요가 없다.

껌, 과자 한국에서보다 절반 이상 저렴해 오히려 사오고 싶을 정도다.

과도
면봉, 빗, 화장솜
헤어 드라이어
어댑터

나이프는 호텔에 부탁하면 빌려준다. 5성급 리조트 위주로 투숙할 예정이라면 따로 준비할 필요가 없.
다낭에서는 헤어드라이어가 없는 숙소를 찾아보기 어렵다.
베트남은 한국과 콘센트 모양이 같아 따로 어댑터가 필요하지 않다.

> **Tip 국제선 항공기 수하물 규정**
> 대한항공, 아시아나항공, 베트남항공 일반석의 위탁수하물 허용량은 20kg, 진에어, 제주항공, 에어부산, 티웨이 등 저가항공사는 15kg으로 초과 시 추가 금액을 내야 한다. 용기당 100ml를 초과하는 액체, 젤류, 에어로졸류는 국제선 항공기 내에 반입할 수 없어 반드시 수하물로 부쳐야 한다.

©Nguyen Xuan Duy ⓒtourism.danang.vn

D-day

MISSION 10 다낭으로 입국하자

1. 2시간 전, 여유 있게 공항 가기

인천국제공항(ICN)까지는 공항철도, 부산의 김해국제공항(PUS)까지는 도심 경전철로 교통 체증 없이 빠르게 이동할 수 있다. 국제선은 출발 예정 시각보다 최소 2시간 전에 공항에 도착해야 하며, 성수기의 인천공항에는 3시간 전에 도착하는 것이 좋다. 서울역과 삼성동의 도심공항터미널을 이용하면 붐비지 않는 곳에서 탑승수속을 하고 공항으로 이동할 수 있다. 대한항공의 경우 인천공항 제2터미널을 이용하므로 제1터미널로 가지 않도록 유의하자.

2. 자동 출국 심사로 3초 만에 출국하기

항공사 카운터에서 탑승권을 발급받은 뒤 보안검색대와 출국 심사대를 지난다. 전자여권을 소지하고 있다면 자동 출국 심사를 통해 긴 줄을 설 필요 없이 출국할 수 있다. 지문과 얼굴을 인식하는 시스템이다.

3. 베트남 입국하기

한국인은 베트남 입국 시 입국신고서를 작성할 필요 없이 여권만 제시하면 입국 심사를 받을 수 있다. 도착 비자를 받는 경우 입국심사대 전의 도착 비자 카운터에 들러 비자 초청장과 스탬프 피를 내고 비자를 받아 입국 심사대에 줄 서면 된다.

4. 심카드 구입하기

심카드는 공항에서 사는 게 편리하다. 입국장 안팎에 모비폰Mobiphone, 비나폰Vinaphone, 비엣텔Viettel 등 다양한 통신사 부스가 있으며 직원들이 알아서 설치와 테스트까지 해준다. 중부 지역은 모비폰이 잘 터진다. 국내 통화와 데이터를 쓸 수 있는 선불 충전 심카드는 20만 동 정도에 구입할 수 있다. 기본 제공량을 소진하면 추가로 충전도 할 수 있다. 물론 인터넷 속도와 통화 품질은 한국에 비해 떨어진다.

베트남 → 한국 전화걸기
한국 국가코드 0082 + 지역번호를 포함한 전화번호(지역번호 앞의 0은 제외)

5. 환전은 어디서?

다낭 공항에 환전소가 있지만 환율이 나쁜 데다 수수료를 따로 받는 경우도 있어 리조트에서 환전하는 게 낫다. 대부분 리조트에서 당일 고시된 은행 환율로 환전 서비스를 제공한다. 롯데마트 4층의 환전소도 환율을 잘 쳐주는 편이며, 시내 한 시장 근처의 금은방의 환율이 가장 좋다. 1달러 당 환율 약 2만3천 동(2019년 기준)으로 단위가 커서 헷갈리기 쉽다. 돈을 받자마자 액수를 확인하자. 큰 액수가 아니라면 택시비와 시간을 들여 금은방을 찾기보다는 리조트에서 환전하는 편이 이득이다.

6. 여행 불편 신고 및 여행자 센터

택시 바가지 등 여행 불편은 다낭 관광청으로 신고할 수 있다. 한 시장 옆에 있는 다낭 여행자 센터에서는 투어나 교통편 예약도 할 수 있다.

Danang Visitor Center
주소 108 Bach Danang street
전화 0236-355-0111

꼭 알아야 할 베트남 필수 정보

베트남은 인도차이나 반도의 동쪽에 위치해 있으며 남북으로 길쭉하게 생긴 나라다. 북부의 하노이와 하이퐁, 남부의 호찌민, 중부의 다낭이 주요 도시다. 수도는 하노이이며 경제적 수도는 과거 사이공이라 불렸던 호찌민이다. 중국, 라오스, 캄보디아와 국경을 맞대고 있다.

정식 명칭 베트남 사회주의 공화국(The Socialist Republic of Vietnam)이다.

언어 베트남어를 쓰며 중국어처럼 성조가 있어 외국인이 발음하기 어렵다. 문자는 로마자를 차용한 시스템으로 프랑스어와 비슷하게 생겼다.

시차 한국보다 2시간 느리다. 한국이 오전 10시일 때 베트남은 오전 8시이다.

면적 330,341km³로 남한의 약 3.3배이다.

인구 약 1억 명으로 계속 늘어나는 추세다.

종교 불교, 기독교, 까오다이교, 호아호교 등이 있으며 불교와 가톨릭 신자가 많은 편이다. 종교의 자유는 있으나 포교는 불법이다.

기후 연평균 22~27℃로 따뜻한 편이지만 국토가 남북으로 길어 지역차가 크다. 북부에 위치한 하노이의 경우 연교차가 12℃에 달해 추운 겨울을 가지고 있다.

통화 베트남 동dong을 쓰며 표기는 ₫ 혹은 VND으로 한다. 관광지에서는 달러도 흔히 통용된다. 숫자 단위가 무척 커서 헷갈리기 쉬우니 유의하자. 1달러가 2만2천 동 정도이며, 한화와 비교할 때는 1/20으로 계산하면 쉽다. 가장 큰 지폐 단위인 50만 동이 우리 돈 2만5천 원 정도인 것. 지폐 단위는 50만 동, 20만 동, 10만 동, 5만 동, 2만 동, 1만 동, 5천 동, 2천 동, 1천 동, 500동이 있으며 동전은 없다. 1천 동 이하는 잘 쓰지 않으며 잔돈을 주지 않는 경우도 많다.

전압 한국과 같은 220V, 50Hz로 따로 어댑터를 준비할 필요가 없다.

전화 현지 유심을 구입해 끼우면 바로 사용할 수 있다. 국가번호는 84, 다낭 지역번호는 0236, 호이안이 있는 꽝남 성의 지역번호는 0235, 후에 지역번호는 0234이다.

인터넷 대부분의 호텔과 레스토랑에서 무료로 제공하며 공공 와이파이도 잡혀서 이용이 어렵지 않다.

긴급 상황 발생 시 일차적으로 머물고 있는 숙소에 도움을 청하자. 심각한 상황인 경우 의사를 불러달라고 부탁할 수도 있으며, 현지인과의 의사소통 문제에도 도움을 받을 수 있다. 현지 한인 여행사에서 도움을 받을 수도 있다.

긴급 전화번호
재외공관
주 베트남 대한민국 총 영사관(호찌민)
+84-28-3822-5757
주 베트남 대한민국 대사관(하노이)
+84-24-3831-5110~6
주 베트남 대한민국 대사관 영사과(하노이)
+84-24-3771-0404

외교부 영사 콜센터
+82-2-3210-0404 (24시간 연중무휴)
해외 사건사고 접수, 신속 해외 송금 지원 제도 안내, 가까운 재외공관 연락처 안내 등 영사 민원 상담 전반

신속 해외 송금 지원 제도란? 외국 여행 중인 한국인이 해외에서 도난, 분실 등으로 긴급 경비가 필요한 경우 최대 미화 3천 달러까지 긴급 송금을 받을 수 있는 제도로 재외공관이나 영사 콜센터에 문의해 안내받을 수 있다.

베트남 여행 회화

	뜻	베트남어	발음
기초 회화	안녕하세요	Xin chào	신짜오
	미안합니다	Xin lỗi	씬로이
	감사합니다	Cảm ơn	깜언
	네	Đã	야
	아니오	Không	콩
	만나서 반갑습니다	Rất vui được gặp anh	젙 부이 드억 깝 아잉
	또 만나요	Hẹn gặp lại	헨갑라이
	계산할게요	Tính tiện	띵띠엔
장소	공항	sân bay	썬바이
	호텔	khách sản	깍산
	병원	bệnh viện	벤비엔
	식당	nhà hàng	냐항
	카페	tiệm cà phê	띠엠카페
	박물관	bảo tàng	바오땅
	은행	ngân hàng	응안항
숫자	0	sợ không	소콩
	1	một	못
	2	hai	하이
	3	ba	바
	4	bốn	본
	5	năm	남
	6	sáu	사우
	7	bảy	바이
	8	tám	땀
	9	chín	찐
	10	mươi	므어이

여행 필수 영어 회화

공항에서

방문 목적이 무엇입니까?	What is the purpose of your visit?
여행하러 왔습니다.	I am here to travel.
여기서 환전 할 수 있나요?	Could I exchange money here?
오늘 환율이 어떻게 되나요?	How much is the exchange rate today?
여기서 유심 카드를 살 수 있나요?	Could I buy a Sim-card here?
가격이 얼마인가요?	How much is the price?
마이린 택시를 타고 싶습니다.	I want Mai Linh taxi.
노보텔로 가주세요.	Go to Novotel, please.

호텔에서

오늘 숙박 예약을 했는데요.	I have a reservation for tonight.
지금 바로 체크인 할 수 있나요?	Could I check in right now?
레이트 체크아웃 할 수 있을까요?	Could I do late check-out?
방에 문제가 좀 있는 것 같은데요.	I think my room has some problem.
제 방에 달아주세요.	Please charge it to my room.
지금 방 청소 좀 해줄 수 있을까요?	Could you clean my room now?
지금 체크아웃 할 수 있나요?	Could I check out now?

식당에서

세 명 자리 있나요?	Do you have table for three?
에어컨 근처에 앉고 싶어요.	We would like to seat near the air conditioner.
메뉴를 추천해주시겠어요?	What would you recommend?
이걸 먹어 볼게요.	I will try this one.
제 음식 언제 나오나요?	When do I get my food?
계산서 좀 주실래요?	Could I get the check?
남은 것 좀 싸주실래요?	Could you pack it?

긴급상황

여권을 잃어버린 것 같아요.	I think I lost my passport.
가방을 도둑맞았어요.	My bag was stolen.
가장 가까운 약국이 어디인가요?	Where is the nearest pharmacy?
의사를 불러줄 수 있나요?	Could you call on a doctor?
아픈 것 같아요.	I feel sick.
속이 메스꺼워요.	I feel nauseaus.
열이 나요.	I have fever.
목이 아파요.	I have sore throat.

다낭 여행 체크리스트

☑ **여행의 목적** 힐링? 휴양? 액티비티? 주요 테마를 정하고 가면 더 알차다.

☑ **같이 가는 사람** 동행에 따라서 여행의 느낌이 달라진다.

☑ **여행 기간**

☑ **항공편, 숙소**

☑ **여권, 비자** 여권 유효기간이 6개월 이상 남아 있는지 확인한다.

☑ **여행자보험** 혹시 모를 사고에 대비해 가입해두면 안심.

☑ **신용카드** 해외 사용 가능한 비상용 신용카드를 준비한다.

☑ **짐싸기** 캐리어 체크, 100ml 넘는 액체류는 기내 반입 안 되므로 수하물로 부쳐야 한다.

☑ **계절에 맞는 의류** 현지 날씨를 확인해 계절에 맞는 복장을 준비하고, 두꺼운 겨울 코트는 인천공항 내 보관소에 맡기고 가는 것도 좋다.

☑ **공항 가기** 공항까지 오고 갈 교통편 확보하기. 여유 있게 도착하도록 차편의 출발·도착 시간을 확인하자.

☑ **휴대폰 컨트리락 해제** 현지 심카드를 사용할 예정이라면 컨트리락이 해제돼 있는지 미리 확인하자.

☑ **모바일 데이터 사용 해제** 휴대폰 요금 폭탄을 맞지 않으려면 현지에 도착해서 스마트폰이 자동 로밍되기 전에 모바일 데이터 사용을 해제해두자. **비상연락처** 한국 내 가족이나 친구에게 대략적인 일정을 알려두자.

☑ **여행 시기별 챙겨야 할 일정** 주말에 다낭에 있을 예정이라면 저녁 9시의 롱교 불&물쇼를 놓치지 말고, 음력 14일에 호이안에 가게 된다면 평소와는 다른 전설의 밤을 만나보자. 워터 액티비티는 계절별로 가능 여부가 다르므로 미리 체크하자.

☑ **이것만은 반드시** 예쁜 젤 네일 하기, 우리 가족 스냅사진 촬영, 오토바이 투어 등 꼭 해보고 싶은 미션 하나 정도는 챙겨서 진한 추억을 남기자.

INDEX

ENJOY

DMZ	057, 269
고가	196
깃발탑	252
까오다이교 사원	110
까이딘 황릉	256
꼰 시장	113
꾸옥혹(국학)	264
끄아다이 비치	207
남짜오 제단(남교단)	264
내원교	194
노아 스파	129
노트르담 대성당	262
누이탄타이 온천	128
다낭 대성당	109
다낭 박물관	112
동딘 박물관	107
동바 시장	273
디엔타이호아(태화전)	252
딴또안 다리	267
딴또안 박물관	267
뚜담 사원(자담사)	259
뜨껌탄(자금성)	252
뜨득 황릉	255
띠에우찌 황릉	257
띠엔무 사원(천모사)	258
띤탐 호수	265
라엘 스파&네일	131
랑꼬 비치 오토바이 투어	124
롱교(용다리)	111
린응사	106
미선 유적지	055, 208
미스 비의 쿠킹 스쿨	204
미케 비치	104
민망 황릉	254
바나 힐스	120
바오꾸옥 사원(보국사)	259
봉칸 언덕	268
뿌깜 성당	262
사이드카 트립	202
아시아파크	115
아제라이 스파	274
안딘 궁(안정궁)	263
안방 비치	207
야시장	273
여행자거리	272
오드리 네일&스파	131
응오몬(오문)	252
응우한선(오행산)	118
중국인 회관	194
중앙시장	192
지프 투어	123
진씨 사당	198
짜끼에우 대성당	210
쫌 마사지	129
참 섬 호핑 투어	126
참 조각 박물관	112
쿨 스파	130
탄하 도자기 마을	201
투본강 유람선	200
투히에우 사원(자효사)	260
파이브 센스 스파	211
팔마로사 스파	211
포핸즈 스파	130
하이반 고개	117
한강	108
한 시장	108
해수관음상	107
헬리오 센터	114
호아부탄 래프팅	125
호원 경기장	268
호이안 수상 인형극	200
호이안 야시장	192
호이안 에코투어	203
호찌민 박물관(후에)	266
호찌민 박물관&5사단 박물관	116
호찌민의 집	265
후에 궁정 박물관	253
후에 성과 황궁	250
후에 역사 혁명 박물관	266
후엔콩 사원(현공사)	261
히카루 발마사지	274

EAT

DMZ 바&레스토랑	280
고리랑샤브랑	153
고향집	152
골든 파인	150
길카페	281
꽌한	277
꽌 홍	141
남쩌우 호이꽌	275
넘버5	278
노보텔 스카이 36	149
느 이터리	215
더 다운	151
동즈엉	136
땀땀 카페	212
라이스 드럼	213
라이프리아	147
람비엔	135
랑카	137
레 자텡 델 라 까람볼	279
로얄 파크	276

롯데마트	142
리엔 까오러우	217
리칭 아웃 티하우스	218
마담란	135
모닝글로리 오리지널	213
몰리 커피	147
미스리 카페 22	214
바빌론 스테이크 가든	134
반쎄오 바즈엉	140
발레웰	216
밤부 2 바	150
버거 브로스	138
보데	277
봉홍짱	216
빈컴 플라자	142
서울식당	279
선라이트 바&레스토랑	280
소울 키친	220
손호이안	221
스타벅스	146
시트론	133
쏭 흐엉	275
아로이	146
안지아 코티지	221
알라까르테 더 톱	148
예가	152
왕스 펍	151
워터프런트	132
원 커피&베이커리	281
응옥치 채식 레스토랑	140
인도차이나 리버사이드 몰	143
임페리얼 호텔 로얄 다이닝 코스	276
쩨비엣	136
카고 클럽	215
코코박스	219
콩카페	145
타이 마켓	139
틋톳, 무쇠 스타일	153
패밀리 인디안 레스토랑	139
퍼박 63	141
풀먼타운	220
퓨전 카페	214
포쓰아(포슈아)	212
피 반미	217
피자 포 피스	137
하일랜드 커피	144
해피 브레드	138
헬리오 센터	143
호이안 로스터리	219
후에 스프링 바&레스토랑	280
후엔 안	278
흐엉 반깐	278

BUY

K마트(다낭)	156
K마트(후에)	283
다낭 수브니어&카페	157
딘딘	224
랑 응에 후에&프엉남 서점	282
롯데마트	079, 154
리칭 아웃 아트 앤 크래프트 숍	222
빅씨	079, 283
빅씨&팍슨 플라자	079, 155
빈컴 플라자	079, 155
아 동 부티크	282
아 동 실크	225
오 85	223
인도차이나 리버사이드 몰	156
테일러 메이드 드레스	224
팍슨 플라자	155

SLEEP

그랜드 머큐어 호텔 다낭	177
그랜드 투란 호텔	174
나만 리트리트	162
노보텔 다낭 프리미어 한 리버	175
다낭 리버사이드 호텔	176
라이즈마운트 프리미어 리조트 다낭	170
르벨하미 호이안 리조트&스파	230
멜리아 다낭	169
무엉탄 그랜드 다낭 호텔	176
무엉탄 홀리데이 호이안 호텔	235
무엉탄 홀리데이 후에 호텔	288
민토안 갤럭시 호텔	178
반다 호텔	175
반얀트리 랑꼬	167
부티크 호이안 리조트	230
빅토리아 호이안 비치 리조트&스파	231
빈펄 럭셔리 다낭	161
빈펄 리조트&스파 호이안	228
사노우바 다낭	179
사이공 모린 호텔	287
센타라 샌디 비치 리조트 다낭	170
선라이즈 프리미엄 호이안 비치 리조트	229
센츄리 리버사이드 호텔	288

INDEX

스테이 호텔	178
시가든 호텔	179
아난타라 호이안 리조트	232
아제라이 라 레지던스 후에	285
알라까르테 다낭 비치	172
알마니티 호이안 웰니스 리조트	233
앙사나 랑꼬	166
엠 호텔	235
오션 빌라	165
인도차이나 팰리스 호텔	284
인터컨티넨탈 다낭 선 페닌슐라 리조트	168
임페리얼 호텔	286
팜 가든 리조트 호이안	226
포시즌스 리조트 더 남하이	227
포포인츠 바이 쉐라톤 다낭	172
푸라마 리조트 다낭	159
풀만 다낭 비치 리조트	158
퓨전 마이아 다낭	164
퓨전 스위트 다낭 비치	173
프리미어 빌리지 다낭 리조트	163
필그리미지 빌리지	289
하얏트 리젠시 다낭 리조트 & 스파	160
호텔 로얄 호이안 엠갤러리 매니지드 바이 소피텔	234
홀리데이 비치 다낭 호텔&리조트	171

" 당신의 여행 컬러는? "

최고의 휴가는 **홀리데이 가이드북 시리즈**와 함께~

다낭 여행자를 위한 홀리데이 쿠폰

포핸즈 스파

건강 마사지
20% OFF
(90분 이상 메뉴에 한정됩니다.)

쿠폰 1장으로 일행 전원 할인, 타 이벤트와 중복 할인 불가
※ 예약 시 쿠폰 사용 여부를 미리 말씀해 주시기 바랍니다.
※ 쿠폰을 잘라서 업체에 제시하세요.

쿠폰 유효기간 : 2020년 12월 31일

파이브 센스 스파

마사지
20% OFF

쿠폰 1장으로 일행 전원 할인, 타 이벤트와 중복 할인 불가
※ 예약 시 쿠폰 사용 여부를 미리 말씀해 주시기 바랍니다.
※ 쿠폰을 잘라서 업체에 제시하세요.

쿠폰 유효기간 : 2020년 12월 31일

베트남스토리

단독 패키지 여행
5만 원 OFF

1팀 당 쿠폰 1장 적용
※ 예약 시 쿠폰 사용 여부를 미리 말씀해 주시기 바랍니다.
※ 쿠폰을 잘라서 업체에 제시하세요.

쿠폰 유효기간 : 2020년 12월 31일

베트남스토리

에어텔 예약 시 스타벅스 상품권
2만 원 증정

1팀 당 쿠폰 1장 적용
※ 예약 시 쿠폰 사용 여부를 미리 말씀해 주시기 바랍니다.
※ 쿠폰을 잘라서 업체에 제시하세요.

쿠폰 유효기간 : 2020년 12월 31일

베트남스토리

현지투어
1만 원 OFF

1팀 당 쿠폰 1장 적용(단독 투어에 한함)
※ 예약 시 쿠폰 사용 여부를 미리 말씀해 주시기 바랍니다.
※ 쿠폰을 잘라서 업체에 제시하세요.

쿠폰 유효기간 : 2020년 12월 31일

4Hands Spa

Massage **20% OFF** (90mins+ Only)

Add 76 Loseby street, Son Tra district, Da Nang
Tel 090-503-4338
Open 10:00~22:30
kakaotalk loveindanang

Five Senses Spa

Massage **20% OFF**

Add 14 Phan Boi Chau street
Tel 0356-022-423
Open 08:00~23:00
kakaotalk 5sensesspahoian

Vietnam Story

Packaged Tour **50,000 KRW OFF**

Web www.vietnamstory.co.kr
Tel 02-554-6565
kakaotalk plus 베트남스토리

Vietnam Story

Starbucks Voucher for Airtel Customer **20,000 KRW**

Web www.vietnamstory.co.kr
Tel 02-554-6565
kakaotalk plus 베트남스토리

Vietnam Story

Vietnam Story Day Tour **10,000 KRW OFF**

Web www.vietnamstory.co.kr
Tel 02-554-6565
kakaotalk plus 베트남스토리